Gerhard Szczesny

VOM UNHEIL DER TOTALEN DEMOKRATIE

Erfahrungen mit dem Fortschritt

Meinem Hans Georg

Weihnachten 83

Papa

List Verlag München

Umschlaggestaltung: Design Team, München

ISBN 3-471-78623-6

Satz: Otto Gutfreund, Darmstadt
Druck und Bindung: Kösel, Kempten

INHALT

VORBEMERKUNG

Wenn man den Zeitpunkt der Aufzeichnung (nicht den der Veröffentlichung) zugrunde legt, sind alle in diesem Band zusammengestellten Texte im Laufe von drei Jahrzehnten, nämlich zwischen 1950 und 1980, entstanden. Das ist ein langer Zeitraum, der sehr verschiedene, deutlich unterscheidbare Phasen der Gegenwartsgeschichte umfaßt und in dem sich die Einstellung des einzelnen Zeitgenossen – manchmal geringfügig, manchmal tiefgreifend – gewandelt hat. Dennoch beabsichtigt die vorliegende Auswahl nicht so sehr, eine Entwicklung vorzuführen; sie will vielmehr eine Position beschreiben. Die Sammlung enthält daher sehr viel mehr Zitate aus meinen neueren als aus den weiter zurückliegenden Arbeiten: 1974 oder 1980 habe ich meine Überzeugungen dem heutigen Stand der Diskussion angemessener formuliert als vor zwanzig oder dreißig Jahren.

Mein Wunsch, Überlegungen zu vergegenwärtigen, die ich gerade jetzt für erwägenswert halte, hatte auch eine den Gattungs-Charakter des Buches bestimmende Konsequenz. Ich habe nicht Stellen ausgesucht, die als Aphorismen konsumierbar gewesen wären, sondern Abschnitte, in denen bestimmte Einsichten und Ansichten zwar kursorisch, aber doch in einiger Ausführlichkeit erörtert werden. Entstanden ist also eine Anthologie von Kurz- und Kürzest-Essays, von denen ich mir vorstelle, daß sie sich wie die Eintragungen eines politischen Tagebuchs lesen lassen.

Die Textfolge ist im Ganzen chronologisch angelegt. Dabei schien es mir sinnvoll, an den Beginn einige auch im Original in der Ich-Form getroffene Feststellungen zu setzen: der Autor sollte von vornherein als Subjekt kenntlich sein. In Kapitel II sind in einem ersten Durchgang, beginnend mit Zitaten aus »Die Zukunft des Unglaubens« (1958), alle Stationen und Aspekte meiner Gesellschafts- und Lebens-Interpretation in Stichproben vorgestellt, in den folgenden Kapiteln dann ausführlich die Anschauungen, die ich in drei politischen Büchern zwischen 1970 und 1980 vertreten habe.

An den Texten selbst habe ich hier und dort geringfügige stilistische Änderungen vorgenommen. Entweder weil die wortwörtliche Fassung sich sprachlich gegen die Herauslösung aus dem Kontext sträubte oder weil mir die seinerzeit gefundene Formulierung nicht gut oder genau genug zu sein schien. Der »Quellennachweis« ermöglicht es jedem Leser, diese Eingriffe zu überprüfen; im »Stichwortverzeichnis« habe ich versucht, den Nachteil des chronologischen Aufbaus durch ein thematisches Sortieren der Textstellen auszugleichen.
Auf der Suche nach einem Titel, der den entscheidenden Ansatz meiner kritischen Beschäftigung mit der Neuzeit auf einen Nenner bringen könnte, bin ich auf den Begriff der »totalen Demokratie« gestoßen. Tatsächlich trifft diese Formel sowohl die sozialistisch-kommunistische Verabsolutierung der Gleichheits- und Gerechtigkeitsforderung als auch die liberalistischen Übersteigerungen des Freiheitspostulats. Und sie charakterisiert vor allem und zutreffend die beiden Fehlentwicklungen gemeinsame Grundtendenz, das gesellschaftlich-zivilisatorische Tätig- und Tüchtigsein zum eigentlichen Inhalt und Sinn menschlichen Daseins zu machen. In der Vision der vollkommenen Demokratie ist der Glaube des Menschen an die Herstellbarkeit einer heilen Welt zum unheilvollen Religionsersatz geworden. G. S.

I. ZUR PERSON

»Sind Sie Konvertit?« – Mit dieser Eingangsfrage versuchte mich heute ein ernsthafter junger Mann zu verblüffen, den eine linksliberale deutsche Studentenzeitung beauftragt hatte, mich zu interviewen.

Er stellte die Frage mit jenem aggressiv moralistischen und präpotenten Unterton (»Kommen wir gleich zur Sache, alter Junge«), von dem heutige Journalisten glauben, daß sie ihn ihrem Gewerbe schuldig sind.

Es wurde dann ein ganz kameradschaftliches Gespräch.

Mein Gesprächspartner hatte in Zeitungsarchiven aufbewahrte Dokumente meiner politischen Aktivität aus den sechziger Jahren mit Artikeln und Schriften aus den letzten Jahren verglichen und dabei feststellen zu müssen geglaubt, daß ich damals ein militanter Linker gewesen wäre, heute aber eher ein Konservativer sei.

Ich holte daraufhin jene Schrift aus dem Jahre 1946 aus dem Bücherschrank und las meinem Gesprächspartner ein paar Kapitel- und Zwischenüberschriften vor: »Das Verhängnis des Nationalismus«, »Der Rückkehr zur Natur folgt die Rache der Geschichte«, »Die Fabel vom Kollektivwesen«, »Politik ist Organisation des Lebens, nicht Leben selbst«, »Tragödie der Weltbeglückung«, »Nicht allen das Gleiche, sondern jedem das Seine«, »Man muß etwas besitzen«, »Der Sinn für Grenzen«, »Seele, Scham und Formalismus«. (1)

Ich habe ihn überfahren und war ein bißchen unfair. Woher sollte er dieses längst vergriffene Büchlein oder meine ersten Artikel für deutsche Zeitungen aus jener fernen Vergangenheit kennen?

Zwischen meinen damaligen Aktivitäten und meiner heutigen Haltung liegt natürlich eine Wende; die Wende besteht jedoch nicht aus einer »Konversion«, sondern in der Rückkehr zu meiner Ausgangsposition nach dem Ende des Hitlerismus und des Krieges, in einer Wiederaufnahme – nach entsprechender Erfahrung auf einer (wie ich hoffe) höheren Ebene der Reflexion

– von Anschauungen, die nur zeitweise zurückgedrängt worden waren.

Ich hätte keine Scheu, eine Konversion zuzugeben, wenn sie tatsächlich stattgefunden hätte.

Stattgefunden aber hat bei mir nur eine ganze normale Entwicklung.

Normal für jemand, der sein bewußtes Leben mit den Erfahrungen des Nazismus und des Krieges begann und dann von bestimmten, sich gleichbleibenden Grundpositionen aus auf die verschiedenen Ereignisse der letzten fünfunddreißig Jahre zu reagieren versuchte.

Die heute Dreißig- bis Vierzigjährigen sind gewohnt, die Hitler-Episode aus der Perspektive linker, zumeist marxistischer Faschismus-Theorien zu sehen: der Nazismus als Vollendung des bürgerlich-kapitalistischen Unterdrückungssystems. Wir erlebten ihn als Schreckensherrschaft von Fremden, ja von Wahnsinnigen.

Wir waren anti-nationalistisch und vor allem anti-kollektivistisch und damit selbstverständlich auch anti-kommunistisch und anti-sozialistisch und wären dies auch ohne die Belehrung gewesen, die die Sowjets als Siegermacht dann den von ihr Befreiten erteilte.

Was sich anbot, war die Anknüpfung an die idealistische Tradition abendländischen Denkens und abendländischer Moral, das Bekenntnis zu einem Welt- und Menschenbild, das die freie Entfaltung der menschlichen Einzelperson und ihrer Fähigkeit zu einer von kulturellen Werten geprägten Lebensform in den Mittelpunkt rückte.

Mit dieser Gesinnung gerieten wir selbstverständlich in die Aktivitäten des linken Lagers, das damals in der Bundesrepublik alle Gruppen einschloß, die für die Zurückdrängung des Klerikalismus und Konfessionalismus, für eine liberale Strafgesetzgebung, für den Wegfall der Zensur, für mehr soziale Gerechtigkeit und gegen die Politik der Adenauer-Regierung eintraten. Erst in der dann folgenden Phase der Renaissance des Marxismus, in der dieser das linke Lager usurpierte und radikalisierte, begann sich meine politische Entwicklung von der Einstellung der Mehrheit meiner linken Freunde zu lösen.

Soweit ich imstande bin für meinen Weg objektive Gründe anzugeben, sind es zwei:
Zunächst sah ich mich nicht in der Lage, dem Marxismus in irgendeinem alten oder neuen Aufguß Sympathie entgegenzubringen. Er war und er ist für mich der Prototyp eines materialistischen Dogmatismus, dessen Prinzipien zwangsläufig zur Mißachtung und Unterdrückung des Menschen führen.
Ich bin der Meinung, daß die Weltgeschichte ohne Marx einen freundlicheren Verlauf genommen hätte. Das vergangene Jahrhundert hat im bürgerlichen Lager genügend bedeutende Sozialreformer hervorgebracht, die das Proletariat auch ohne Marx und Engels aus ihrer Elendslage befreit hätten – und in den meisten westlichen Ländern ohne Marx und Engels befreit haben. Auch ein Rußland ohne Lenin hätte früher oder später einen sozialdemokratischen Kurs einschlagen müssen und wäre heute unzweifelhaft auf einem wesentlich höheren wirtschaftlichen, sozialen und kulturellen Standard, als ihn die Sowjets in mehr als einem halben Jahrhundert unter vielen Millionen Menschenopfern erreicht haben.
Von den weltweiten anderen heilsamen Folgen einer Entwicklung ohne marxistische Theorien und Praktiken erst gar nicht zu reden. Die zweite Ursache meiner abweichenden Entwicklung ist allgemeinerer Natur.
Ich glaubte zu entdecken, daß es eine historische Gesetzmäßigkeit gibt, auf Grund deren rein formale, die Zielrichtung geschichtlicher Prozesse artikulierende Ideale umkippen und sich in Bedrohungen verwandeln, wenn es nicht gelingt, sie auf ein inhaltlich beschreibbares Menschenbild und Wertsystem zu beziehen.
Mit dieser Entdeckung nahm ich Abschied nicht nur vom Marxismus, sondern auch von allen anderen Radikalisten: den radikalen Aufklärern, den radikalen Befreiern, den radikalen Selbst- und Mitbestimmern.
Ein am konkreten Menschen orientierter Humanismus enthält gleicherweise konservative wie liberale wie soziale Elemente; jedes davon wird also durch die beiden anderen begrenzt. Menschenwürdig existieren können wir weder ohne Sinn für Tradition, Stabilität und Dienstbereitschaft, noch ohne Frei-

heits- und Selbstbestimmungsdrang, noch ohne den Wunsch nach Gerechtigkeit. Sowohl den verschiedenen Phasen und Situationen des einzelmenschlichen Lebens als auch den verschiedenen historischen Konstellationen entsprechend tritt einmal dieser, einmal jener Aspekt in den Vordergrund. Eine solche Deutung und Handhabung der politischen Grundtendenzen ist wirklichkeitsgerechter und auch menschenfreundlicher als der Glaube, daß eines der drei Prinzipien den alleinigen Schlüssel zur Lösung aller Probleme liefert.

Wo solcher Aberglaube wirksam wird, entsteht aus dem Sinn für Bewahrung und Bindung die Ideologie des Konservativismus, aus dem Streben nach Freiheit und Selbstverwirklichung die Ideologie des Liberalismus und aus dem Willen zur Gleichheit und Gerechtigkeit die Ideologie des Sozialismus.

Freiheit, Gerechtigkeit und Ordnung können jedoch auch nicht durch bloße Orientierung an den sich spontan ergebenden Bedürfnissen des heutigen Menschen, sondern nur durch die Ausrichtung an einem verbindlichen Bild vom Menschen zur wünschenswerten Wirksamkeit kommen.

Erst wenn wir wissen, auf welchen Menschen wir hinauswollen, läßt sich sagen, wann und wieviel Freiheit, wann und wieviel Gerechtigkeit, wann und wieviel Ordnung wir brauchen. (2)

*

Seitdem ich als entschiedener Aufklärer und Progressist, Antifaschist, Antimilitarist, Rundum-Freiheitskämpfer bei unzähligen Aktionen gegen alle möglichen Beschränkungen und Bedrohungen der menschlichen Würde, Integrität, Selbstbestimmung usw. mitgewirkt habe, mußte ich entdecken, daß diese dramatischen Auftritte sehr oft mehr der unentwegten Selbstdarstellung von ein paar Dutzend Intellektuellen als der Beseitigung ernstlicher Humanitätsgefährdungen dienen.

Ich verabscheue Zwang, Unterdrückung, Zensur, Gleichmacherei, Dogmatismus, Bürokratismus, aber ich habe nur sehr kurze Zeit daran geglaubt, daß der Mensch auf das äußerste Niveau seiner Möglichkeiten gelangt, wenn man ihn seiner Begehrlichkeit und seiner Bequemlichkeit überläßt (und das dann als

»Recht auf freie Entfaltung« in den Rang eines höchsten Ideals erhebt). Der homo faber ist ein wirres Gemenge von sehr fragwürdigen und minderwertigen und sehr idealistischen und verstiegenen Antrieben.
Wer also nicht bereit ist oder dazu – durch Vorbilder, Erziehung, Konventionen und Institutionen – angehalten wird, immer wieder Zwang gegen sich auszuüben, dessen sogenannte Selbstverwirklichung wird zu einem deprimierenden Schauspiel der Selbstzerstörung. Oder der langsamen, aber unaufhaltsamen Verkümmerung. (3)

*

Ich bin für einen Staat, der gesetzlich und finanziell in der Lage ist, die öffentlichen Aufgaben wirklich zu lösen. Ich bin für die Vergesellschaftung wichtiger Produktionszweige und halte einen staatlichen Gesundheitsdienst und eine staatliche Altersversorgung für die unerläßliche Voraussetzung des Lebens in einer Demokratie; ich bin für den Ausbau öffentlicher und kostenloser Verkehrsmittel, Kindergärten, Schulen und Krankenhäuser, für Schulgeldfreiheit und Studienrente; ich meine, daß es die Pflicht eines sozialen Staates ist, Boden- und Wohnungsspekulation ebenso zu unterbinden wie umweltschädigende Fabrikationsmethoden und Erzeugnisse. Ich halte die unverhältnismäßige Prämiierung wirtschaftlicher Tüchtigkeit für ein destruktives Prinzip, bin für eine Begrenzung individueller Profitmöglichkeiten und eine Gewinnbeteiligung aller an der Gütererzeugung beteiligter Personen. Ich glaube, daß eine demokratische Gesellschaft, die mehr als permanente Steigerung des Wohlstands anstrebt, nicht darauf verzichten kann, außer Theater und Museen auch noch andere unrentable Kulturgüter zu subventionieren.
Also bin ich »progressiv«?
Ich bin für die (sachlich begrenzte und zeitlich befristete) Entscheidungsbefugnis einzelner, nicht für die Diskussion und Abstimmung aller über alles, ich bin der Meinung, daß es ohne Zwang des einzelnen sich selbst und der Gesellschaft dem einzelnen gegenüber ein zivilisiertes Leben nicht gibt; ich

glaube, daß schon nach Erreichung eines Minimums von Wohlstand und Freiheit – also nicht erst, wenn irgendein Maximum verwirklicht ist – die Fragen der Erziehung und Selbsterziehung des einzelnen zu einem geglückten Leben wichtiger sind als die (durchaus weiterzutreibenden) Versuche, noch mehr soziale Gerechtigkeit und materiellen Fortschritt zu bewerkstelligen.
Ich bin der Meinung, daß Gewalt dort, wo sie vermieden werden kann, vermieden werden muß, auch wenn sie »edlen« Motiven entspringt; ich halte Rassismen und Nationalismen auch dann für ein Übel, wenn sich Afrikaner oder Neger, Juden oder Araber ihrer bedienen; ich glaube, daß unterdrückte Menschen, Klassen und Rassen befreit, aber nicht glorifiziert werden sollten. Ich bin dafür, Menschen nach ihrem Verhalten, nicht nach ihrem Bekenntnis zu beurteilen und halte Sachlichkeit, Fairneß und Geduld, Verständnis- und Kompromißbereitschaft für unvergleich höhere Tugenden als Parteilichkeit und Eifertum.
Also bin ich »konservativ«? (4)

*

Ich bin immer Individualist gewesen. Mein bestimmendes Interesse galt nicht politischen und sozialen, sondern innermenschlich-subjektiven Vorgängen und Problemen. Das ist durch das Ereignis Hitler zurückgedrängt und überdeckt worden.
Der konkrete, einzelne Mensch hat nur dann die Möglichkeit, sein Personsein zu entdecken und zu entwickeln, wenn die gesellschaftlichen Zustände materiellen und immateriellen Spielraum gewähren.
Gerade der Individualist kann sich also der Mitwirkung bei der Schaffung solcher Zustände nicht entziehen. Alles Politische ist nur Voraussetzung für das, worauf es ankommt, aber unabdingbare Voraussetzung. Und Voraussetzung heißt: zeitlich rangiert Politik vor dem, was dem Inhalt nach Priorität hat. (5)

*

Wenn ich für das Gegebene bin, so heißt das nicht, daß mich eine Politik interessieren könnte, die pragmatisch die bestehenden Gegensätze auszubalancieren versucht.
Da immer Entscheidungen zwischen mehreren Möglichkeiten zu treffen sind, muß jeder Pragmatismus schließlich Opportunismus werden. Er wird auf die Seite der ohnehin stärkeren Tendenzen gedrängt. Sie garantieren den Frieden, weil sie die Macht haben, den Frieden zu diktieren.
Andererseits: Nur wenn man nicht vergißt, daß jede grundsätzliche These kein in die Praxis umsetzbares Rezept, sondern ein Leitstern am Himmel der Ideen für den beschwerlichen Marsch auf irdischem Gelände bleibt, ist es erlaubt, »grundsätzlich« zu denken. (6)

*

Ich entdecke den großen Vorzug dieser Aufzeichnungen.
Sie befreien mich von dem Zwang, schlüssige Gedankenketten aufbauen, beim Thema bleiben, alle Widersprüche schleunigst eliminieren zu müssen.
Sie bringen mich der Wahrheit näher, die immer vieldeutig, voller Unberechenbarkeiten ist.
Ich kann heute »Ja« und morgen »Nein« schreiben, und ich bemerke, daß beides (relativ) berechtigt ist – berechtigt sein kann.
Ich habe endlich nicht mehr jenes sich beim Abfassen von Vorlesungen, Referaten, Abhandlungen einstellende fatale Gefühl, an dem, was ich »eigentlich« sagen will, was ich »eigentlich« für richtig halte, gerade dann – gegen meinen Willen – vorbeizuschreiben, wenn ich am stimmigsten argumentiere. (7)

*

Ich will niemanden belehren und niemanden bekehren. Die Attitude des Erziehers ist mir unbehaglich. Das läßt mancherlei psychologische Deutungen zu. Aber die psychologische Relativierung individueller Einstellungen halte ich für eine unerlaubte

Rechtfertigung oder Entschuldigung. Das Problem wird auf eine falsche Ebene geschoben.

Jede Rückführung von Charaktereigenschaften auf Kindheitssituationen macht aus ihnen Abweichungen, die korrigiert werden müssen.

Wenn man von etwas überzeugt ist, sollte man sich nicht für die psychologische Genesis dieser Überzeugung interessieren; es ist ausreichend (und ungefährlicher), ihre prinzipielle Relativität im Auge zu behalten.

Meinen Mangel an Missions- und Erziehungseifer rechtfertige ich mit der Überzeugung, daß es irgendeine allein und absolut gültige Wahrheit nicht gibt.

Der andere soll seine Wahrheit finden, nicht die meine.

Das Grundübel des Intellektualismus und des von intellektuellen Meinungsmachern geprägten modernen Bewußtseins ist die Omnipotenz des Raisonnements, die Diktatur der Worte, der Begriffe und Ideologien. Nachdem man Gott die Wahrheit entrissen hat, meint man sie auch artikulieren zu können. Seitdem ist alle Welt begierig nach neuen Thesen. Diesmal könnte die Wahrheit ja dabei sein.

Nachdem man den Priestern nicht mehr glaubte, wurden die Intellektuellen die Agenten der Offenbarung. Jeder Leitartikler ein kleiner Savonarola, jeder Professor ein Sprachrohr des Weltgeistes.

Ich möchte den Intellektuellen in mir austreiben, dieses geschwätzige, nörgelnde, wehleidige, selbstgefällige Monstrum.

(8)

*

Wenn man mich heute vor die Wahl stellt, entweder als Reaktionär zu gelten oder aber der mit Händen zu greifenden Verrohung der Gefühlskultur »humanistischen« Beistand zu gewähren, werde ich mich ohne Zögern für die reaktionäre Rolle entscheiden.

Ich glaube, daß es die Pflicht jedes wirklichen Aufklärers ist, sich nicht zum Sprecher, sondern zum Widersacher der Unmündigen (und der Unmündigkeit in uns allen) zu machen. (9)

II. STATIONEN UND ASPEKTE

Weder läßt sich alles, was ist, ins Bewußtsein heben, noch alles, was bewußt gemacht werden kann, damit auch zur Vernunft bringen. Der Mensch ist ein Wesen, das niemals seine volle Identität erreicht, das heißt, die Vorstellung, seine Selbstentfremdung ließe sich irgendwann einmal restlos aufheben, bewirkt eine besonders gefährliche Art von Selbstentfremdung. Sich ganz als den darstellen, der er ist, kann der Mensch gerade nur dann, wenn die gesellschaftlichen Normen und Einrichtungen die Widersprüchlichkeit seiner Natur ausdrücklich in Rechnung stellen.

Für eine Lehre vom Menschen, die sich an die Tatsachen hält, ist es also nicht zweifelhaft, daß es gesellschaftliche Unzuträglichkeiten gibt, die die Projektion innermenschlicher Antagonismen sind und nicht umgekehrt diese die Ursache jener. Erfolgschancen für eine Verbesserung der menschlichen Dinge hat nur eine Politik, die weiß, daß es im Bereich des gelebten Lebens nicht um totale Rationalisierung geht, sondern um eine ausgewogene Selbstentfaltung des Einzelnen im Rahmen aller seiner Fähigkeiten und Bedürfnisse und um die Hervorbringung eines Optimums an Sozialität zwischen den zu solcher Ausgewogenheit gelangenden Individuen. Weder die Anhäufung von Wissen im Sinne von Faktenkenntnis noch die Steigerung von Intelligenz im Sinne von analytischer und spekulativer Intellektualität tragen unmittelbar zum Wohlbefinden des Einzelnen oder zur Befreiung der Gesellschaft bei. Die Vernunft einer Vernunft, die mehr ist als Verstand, besteht in der Respektierung der Un-Vernunft: Humanität geht vor Rationalität.

Zur natürlichen Un-Vernunft der menschlichen Dinge gehört auch die Tatsache, daß Kulturen, Völker, Individuen Geschichte haben, das heißt, daß ihre Widersprüche sich fest- und fortsetzen. Dieses Faktum gilt völlig unabhängig von der Frage, wie weit der Mensch, so wie er sich jeweils vorfindet, das Produkt gesellschaftlicher Umstände ist und wie weit sich in seiner Geschichtlichkeit anthropologisch vorgegebene Konstanten finden. In der

kurzen Zeitspanne, in der jede Generation wirken kann, läßt sich eine Vielzahl von Denk- und Verhaltensweisen nicht ändern, sondern nur als gegebene Größe in die verschiedenen Aufklärungs- und Reformpläne einsetzen. Das bedeutet keineswegs, daß man die Welt so hinnimmt, wie sie ist. Aber es bedeutet, daß man – bevor man sie umzubauen sucht – genau hinsieht: was läßt sich in der mir zur Verfügung stehenden Zeit und den mir zur Verfügung stehenden Mitteln ändern und was nicht.
Sogar diejenigen, die den Menschen »an und für sich« für ein unbeschriebenes Blatt halten, werden zur Kenntnis nehmen müssen, was die bisherige Geschichte darauf vermerkt hat. Auch wenn dies alles »nur« historisch bedingt sein sollte, läßt es sich bestenfalls in langen Zeiträumen abtragen, nicht aber wegwischen wie Kreide von einer Schiefertafel. Wer an das Weglöschenkönnen glaubt und wer es empfiehlt, empfiehlt die Weglöschung des lebendigen Menschen, der immer ein konkretes, ein von seiner Herkunft und Umwelt geprägtes Wesen und eben kein Mensch »an und für sich« ist, mit dem sich von irgendeinem Nullpunkt aus alles ganz neu und anders machen ließe.
Die »Selbstbewegung des Geistes zur Wahrheit hin« (Amery) ist nur dort möglich und erlaubt, wo es um nichts als geistige Wahrheiten geht. Sobald der Mensch und seine Probleme ins Spiel kommen, wird die Selbstbewegung des Geistes eine Veranstaltung, die schließlich auch über Leichen zur »Wahrheit« fortschreitet.
In einer freiheitlich organisierten Gesellschaft soll jeder verkünden, begründen und zur Diskussion stellen können, was immer ihm einfällt – im Zuge der vielen Umwege, die die Selbstbewegung des Geistes zur Wahrheit hin nötig hat. Wer aber versucht, in dieser Gesellschaft ein Konzept rigoroser Denkmodelle durchzusetzen, muß daran mit allen rechtsstaatlichen Mitteln gehindert werden. Es ist weder liberal noch demokratisch, sondern selbstmörderisch und lächerlich, die subversive, womöglich gar parteipolitisch-parlamentarische Tätigkeit von Gruppen zu sanktionieren, die ausdrücklich und glaubwürdig versichern, daß sie im Fall der Machtergreifung als erstes Liberalität und Demokratie abschaffen werden. (10)

Die Einsicht in die Priorität der individuellen vor der sozialen Problematik scheidet nicht etwa zwei gleichwertig und gleichberechtigt nebeneinanderstehende Lebens- und Kunstauffassungen, sondern ein reiferes von einem unreiferen, ein differenzierteres von einem undifferenzierteren Daseinsverständnis. Der reife Mensch ist jener Mensch, der sein Schicksal – von welchen Mächten es immer bestimmt sein mag – als sein persönliches begreift, annimmt und zu gestalten versucht, der eingesehen hat, daß diese subjektive Aufgabe nicht an eine kollektive Doktrin und Autorität weitergegeben werden kann, der die inneren Bedingungen seines Daseins ins Öffentliche einbringt, seine äußeren Bedingungen vom Öffentlichen ins Private wendet und beide Sphären seiner Existenz zu jener Einheit verschmilzt, die man »Persönlichkeit« nennt. (11)

*

Jede Liebesbeziehung, die mehr ist als Kopulation hinter Schlafzimmergardinen, nimmt ein Stück öffentlich-gesellschaftlichen Raumes in Anspruch. Sie bringt das Liebespaar in einen Gegensatz zur Gesellschaft, da sie von der Erfüllung sozialer Aufgaben ablenkt. Die über den bloßen Sexualakt hinausgehende Dauerbeziehung seelisch-geistiger Art löst den einzelnen nicht nur aus der Bindung an die Familie, sondern auch an die »Brüder« und »Schwestern« des sonstigen Lebens- und Arbeitskollektivs. Alle rigorosen Sozial-Ideologien versuchen daher die Rolle des Eros auf das Sexuelle zu reduzieren. Der einzelne steht dann für die gesellschaftlichen Aufgaben nur für die Dauer des Koitus nicht zur Verfügung und geht daraus unbelastet hervor. Der Ursprung dessen, was wir »Persönlichkeit« nennen, ist wahrscheinlich die spezifische Energie und Verhaltensweise, die der einzelne entwickeln muß, um eine solche Dauerbeziehung zu einem bestimmten anderen Menschen vor dem Zugriff der Gesellschaft zu schützen.

Je mehr man die eigene Triebwelt unterdrücken zu müssen oder ihr ausgeliefert zu sein glaubt, um so rigoroser muß die Ordnungsidee sein, die die Anarchie der Libido wenigstens aus dem öffentlich-gesellschaftlichen Leben verbannt. Der utopische Glaube an das System einer total heilen Welt rechtfertigt jedes persönliche Versagen in der realen Welt (bis auf den Ungehorsam dem System gegenüber), denn es ist ja nur folgerichtig, daß sich unter widrigen Umständen nur fragwürdige Subjekte entwickeln können.

Das, was die sogenannten Grundrechte in den Verfassungen freiheitlich-demokratischer Länder garantieren, ist diese Sphäre der unbefangenen Entfaltung der verschiedenen menschlichen Subjekte. Glaubensfreiheit und Meinungsfreiheit, die Freiheit der Rede, der künstlerischen Entscheidung und wissenschaftlichen Forschung werden in der Tat überflüssig, wenn man sich damit begnügt, seine individuellen Bedürfnisse und Talente in den vier Wänden der eigenen Wohnung auszuleben. Die Launen, die man als Ehemann oder Familienvater hat, die Art, wie man ißt, schläft und liebt, unterliegen auch im totalitären Staat keiner Kontrolle. Hier wird im Gegenteil ganz bewußt ein Ventil für Unlust und Aggressivität gelassen und auch über Verhaltensweisen hinweggesehen, die der offiziellen Moral widersprechen. In einer Gesellschaft, in der der Raum der Grund- und Persönlichkeitsrechte vom Staat, seinem Reglement und seiner Ideologie besetzt wird, ist also die Gefahr einer Demoralisierung der Privatwelt, in der allein noch sich Subjektivität entfalten kann, außerordentlich groß.

Andererseits ist jede autoritäre Gesellschaftsordnung die ideale Lösung für das Lebensproblem solcher Menschen, deren psychische Konstitution eine scharfe Trennung zwischen heimlich ausgelebter Subjektivität und öffentlich-objektiver Rolle erzwingt. Das Bekenntnis zu einem solchen System macht aus dem Mangel im Handumdrehen eine Tugend. Und es ermöglicht den Betroffenen, gegenüber der Welt des »haltlosen« Individualismus sogar ein Gefühl der Überlegenheit zu entwickeln. Hier liegt die Wurzel für die große Anziehungskraft, die alle autoritären Ordnungen auf unreife und gescheiterte Existenzen ausüben. Die Bewältigung des Lebens wird ihnen abgenommen, wenn sie sich mit dem System identifizieren und als dessen Vollstrecker fungieren. Je weniger eine Gesellschaftsordnung das Denken und Verhalten reglementiert, um so größere Ansprüche stellt sie an den individuellen Gestaltungs-, Entscheidungs- und Verantwortungswillen des einzelnen. Er muß nicht nur sein von niemandem beobachtbares und beurteilbares Privatleben, sondern auch ein großes Stück seiner öffentlichen, geistigen, sozialen und moralischen Existenz selbst gestalten. Er hat Entscheidungen zu treffen zwischen einer Vielzahl von möglichen Anschauungs- und Verhaltensweisen, und keine Autorität nimmt ihm die Verantwortung für die Richtigkeit und den Erfolg dieser seiner Entscheidungen ab. (12)

*

Übergangsepochen sind reicher als die Perioden gesicherter Überzeugungen und verläßlicher Konventionen, da sie auch alles das, was sich nicht einem bestimmten Lebensstil und Weltbild einverleiben läßt, mit ins Blickfeld rücken. Diesem bemerkenswerten Reichtum der allseitigen Aufnahme- und Verständnisbereitschaft entspricht jedoch notwendig ein Verlust an Intensität und Tiefe der Einsicht. Das Panorama, das sich dem modernen Menschen geöffnet hat, bietet immer neue Attraktionen, aber es fehlt der Schlüssel zu ihrem Verständnis. Den in rascher Folge wechselnden Eindrücken hingegeben, sucht der Mensch vergeblich nach einem festen Punkt, von dem aus er seine Eindrücke zu ordnen imstande wäre. Er dringt in immer neue Bereiche der Natur vor und durchstreift die letzten noch unbekannten Wüsten, Gebirge und Ozeane, ohne doch zu wissen, woher, wohin und warum. Das Tempo der Veränderungen, die ständig vor sich gehen, die Fülle der Erscheinungen, die unentwegt seine Aufmerksamkeit in Anspruch nehmen, und die Vielfalt der Anforderungen seines beruflichen, gesellschaftlichen und privaten Lebens rauben ihm jeden Überblick und jede Besinnung. Auf allen Gebieten und in allen Sphären zu Hause, gibt es doch nichts, was er wirklich genau kennt und zu beurteilen vermag. Das Leben gleitet bunt, aber flüchtig und unaufhaltsam an ihm vorüber wie die Landschaften unter einem Flugzeug. Ehe eine Einzelheit auszumachen ist, muß das Auge sich schon wieder von ihr trennen. Aber wie im Flug umfaßt der blind über Oberflächen gleitende Blick dann unverhofft doch ein Großes und Ganzes, stellt sich plötzlich ein überwältigendes

Gefühl der Entbundenheit und zugleich der Geborgenheit ein, das längst und für immer verloren schien. In einem neuen Raum- und Zeiterlebnis und in einer neuen Seinsbegegnung offenbart sich der Zusammenhang einer in Millionen von Phänomenen und Prozessen auseinandergefallenen Welt, und in den seltenen Augenblicken einer spontanen Einsicht leuchtet jenes Geheimnis auf, das die Religionen gerade dort verfehlen, wo sie es zu besitzen und beschreiben zu können glauben. (13)

*

Da das Leben in all seinen Erscheinungsformen mehr ist als ein rational erhellbares Forschungsobjekt, kann es niemals ganz, sondern eben nur so weit erschlossen werden, als es rational zugänglich ist. Um nun aber auch des »Anderen« und damit des »Ganzen« habhaft zu werden, macht man die Beschaffenheit eines begreifbaren und beschreibbaren Teilzusammenhangs zum Gesetz für das Ganze. Gräser und Tiere, Felsen und Meere, Sterne und Menschen sind nicht mehr Daseinsformen, die aus dem Unerforschlichen aufsteigen und in dieses immerfort hinabreichen, sondern Substanzen und Prozesse, die sich ohne Rest auf ein meßbares System von Quantitäten und Beziehungen zurückführen lassen. Jeder Monokausalismus verwechselt die aus der Erforschung einer Teilsphäre abgeleiteten Allgemeinbegriffe mit den Prinzipien einer universalen Daseinsgesetzlichkeit. Die Verabsolutierung historischer und biologischer Zusammenhänge ist nur dort möglich, wo man das wirklich Absolute aus den Augen verloren hat. (14)

*

Die abendländische Geistesgeschichte ist ein einziger Beweis für die Binsenwahrheit, daß sich sowohl dieses als auch jenes »beweisen« läßt. Für den Intellekt, der sich in abstrakten Schlußfolgerungen ergeht, gibt es keinen Maßstab, an dem man die Evidenz dessen, was er in einleuchtender Schlüssigkeit hervorbringt, ablesen könnte. Das Denken und Schließen, Analysieren und Beweisen kann zur reinen Artistik werden.

Man entschließt sich, das Leben monistisch oder dualistisch, statisch oder dynamisch, ästhetisch oder ökonomisch oder soziologisch zu sehen, und schon erhebt sich auf den so gelegten Fundamenten ein stattlicher Bau von Theorien, Behauptungen und Forderungen, die einem durchschnittlichen Gehirn so lange plausibel erscheinen, als ihnen nicht engegengesetzte, aber nicht minder plausible Konzeptionen und Programme gegenübergestellt werden. Die Fähigkeit des Intellekts, mit Aussagen auch dann logisch verfahren zu können, wenn sie auf Sand gebaut sind, hat den spekulierenden Geist zu einem zwar unerhört geschmeidigen, aber auch zutiefst fragwürdigen Instrument der Wahrheitsfindung gemacht. (15)

*

Der Mensch ist nicht nur das, was er »ist«, sondern ebensosehr, wenn nicht noch viel mehr und wesentlicher das, was er zu sein glaubt. Sein Wesen und sein Dasein werden von Vorstellungen, von Einbildungen, von Illusionen und Funktionen, von Ideen und Idealen bestimmt. Das Individuum ist nicht einfach die Summe seiner physischen und psychischen Anlagen, sondern das Produkt aus diesen Anlagen und jenen Intentionen, die seiner Phantasie entspringen. Das, was er tut, ist immer ein Kompromiß zwischen dem, wozu ihn seine psycho-physische Natur verleitet, treibt und zwingt, und dem, was ihn seine Einbildung zu tun veranlaßt. Ein von Natur feiger Mensch, der – vielleicht gerade deshalb – von der Tapferkeit fasziniert ist, wird in seiner Handlungsweise nicht immer und nicht völlig seiner feigen Natur entsprechen, sondern diese in Richtung der Tapferkeit überwinden und korrigieren. Hier liegt der Wert dessen, was man Erziehung nennt: die Konstituierung eines unzweifelhaft geglaubten Reiches von Wertvorstellungen und ideellen Motiven, die die »natürlichen« Anlagen des Menschen überformen. Die Geschichte eines Individuums ergibt sich aus dem Zusammenwirken von Trieb und Motiv, von Realität und Idealität; je nach Art und Kraft der den einzelnen beherrschenden Leitbilder wird sich sein angeborener Charakter durchzusetzen vermögen oder verwandelt werden.

Das, was in unserer Vorstellung existiert und vor sich geht, sind keine in den leeren Raum geschriebenen, nebelhaften und gepenstischen Zeichen, sondern wesentliche Bestandteile der menschlichen Wirklichkeit. Wie wir leben, wie wir auf unsere Umwelt reagieren, wie wir uns ihr anpassen oder aber sie bewältigen, alles das wird von Gedankendingen bestimmt und gelenkt. Bewußtsein als Bewußtsein dessen, was ist, gibt es auch in der vormenschlichen Welt, auch die pflanzlichen und tierischen Lebewesen registrieren bereits die Wirklichkeit, um sich auf sie einzustellen; im Menschen jedoch wird das Bewußtsein zum Geist, zu jenem denkerisch schöpferischen Vermögen, über die empirische Wirklichkeit hinauszugreifen und eine ideelle Welt zu schaffen. Erst mit der Phantasie, mit der Vorstellungskraft, mit der Fähigkeit, mehr zu sehen als das, was in der »Realität« vorhanden ist, wird der Mensch in einer über die bisherigen Seinsordnungen hinausgehenden Sphäre angesiedelt, wo weder materiell-mechanische noch organisch-biologische, sondern ideelle Gesetze gelten. (16)

*

Es ist die essentielle Identität: Die Einheit im Wesen und die existentielle Verwandtschaft: der Zusammenhang in den Unterschieden, der die menschliche Vernunft ins Recht setzt, der ihr Autorität verleiht. Die in Raum und Zeit entfalteten Daseinserscheinungen erweisen ihre metaphysische Identität durch ihren physischen Zusammenhang. Dies begreift die Vernunft in der Erfahrung, daß alle Dinge durch Ursache und Wirkung im Raum und in der Zeit verknüpft sind. Ohne Zeit gibt es keinen Raum, ohne Raum keine Zeit und ohne Raum und Zeit keine Kausalität. Die Erkenntnis der durchgehenden Prozeßhaftigkeit der Realität, die Auflösung aller Elemente und Substanzen in Kraftfelder zeigt den Kosmos als ein universales Kontinuum. (17)

*

Wenn man die bisherige Geschichte der Menschheit Revue passieren läßt, wird sofort deutlich, daß das, was sie an echter

Humanität enthält, durch Glaubensgehorsam oder Vernunft zwar einsichtig gemacht und verstärkt wurde, aber nur durch einen eingeborenen humanitären Trieb des Menschen hervorgerufen worden sein kann. Der durchschnittliche Mensch wurde und wird noch heute von spontanen Reaktionen gelenkt, die er in Anpassung an die geltenden Konventionen zu verwirklichen trachtet. Wenn zu seiner Triebausstattung nicht auch ein humanitärer Impuls gehören würde, wären kein Mythos und keine Gesetzgebung jemals imstande gewesen, die Menschen zu Taten zu bewegen, die sich gegen ihre unmittelbaren Daseinsinteressen richten.

Der Mensch ist kein intelligenter Affe, dem leih- und gnadenweise von übernatürlichen Mächten eine moralische Ausrüstung überlassen wird, sondern ein Lebewesen, das sich ganzheitlich von allen anderen Säugetieren unterscheidet und durch diesen Unterschied zwar nicht aus der Natur herausgenommen, aber nur durch ihn begriffen und charakterisiert werden kann. Es kann das Menschliche nicht abwerfen, wie ein Ballonfahrer einen Sandsack abwirft oder ein Motorbootfahrer einen Außenbordmotor abstellt.

Die Anwesenheit eines humanitären Impulses drückt sich in den spontanen Gefühlen der Scham und des Stolzes aus. Hier wird der Mensch unmittelbar und ohne Umweg über Vernunfteinsicht und Glaubensgehorsam der Übereinstimmung oder Nichtübereinstimmung seines Verhaltens mit seiner Natur gewahr. In allen Menschen ist das Gattungs-Thema »Mensch« angeschlagen. Das heißt, jeder Mensch findet in sich das Bild vor, auf das hin das Wesen Mensch angelegt ist. Dem widerspricht nicht die Tatsache, daß der Mensch seine Gattungsidee nur unvollkommen zu verwirklichen vermag, denn er bleibt ja weiterhin an alle vormenschlichen Schichten gebunden. Aber er weiß sehr wohl, daß es immer um eine spezielle Sache geht. Das Gefühl, dieser eigenen Sache zu entsprechen, drückt sich als Stolz, das Gefühl, sie zu verraten, als Scham aus. Es befriedigt ihn, das Menschliche zu fördern, und es kränkt ihn, wenn er es verfehlt.

Die Leitbilder, die Film und comic-strips produzieren, sind selbst in krimineller Verkleidung Heldenbilder und Idealgestalten. Sentimentalität oder auch Zynismus dieser Heldenverehrung erklären sich aus dem Zwiespalt zwischen einer sozial gedrückten und den banalen Handgreiflichkeiten des Lebens ausgesetzten Lage und der Sehnsucht nach dem »schönen« und »höheren« Leben. Der Hunger nach Helden- und Liebesgeschichten entspringt nicht zuletzt dem Bedürfnis, sich mit jenem Menschenbild, das zu verwirklichen die eigenen Kräfte nicht ausreichen und die eigene Situation nicht erlaubt, wenigstens in der Vorstellung zu identifizieren. Instinktiv und spontan lebt der Mensch auf ein Leitbild hin, das er bedingungslos glaubt und in dem Selbstsucht, Unwahrhaftigkeit und Feigheit überwunden sind.

Eine Gesellschaft wäre dann eine wahrhaft humane Gesellschaft, wenn es ihr gelänge, das soziale Prestige an die humane Leistung des einzelnen zu knüpfen. Die Humanisierung der Menschheit ist daher eine Aufgabe für Politiker, Nationalökonomen und Sozialpädagogen, nicht für Bußprediger und Leitartikler. Erst wenn nicht »die Tüchtigkeit im Lebenskampf«, sondern die vorbildliche moralische, geistige und allgemein kulturelle Leistung mit dem obersten sozialen Rang und der höchsten Einkommensstufe honoriert würde, könnte eine durchgehende humanitäre Strukturierung des gesellschaftlichen Lebens erreicht werden. (18)

*

Paradiese und goldene Zeitalter sind unsinnige und gespenstische Projekte, weil sie die Existenz einer Idealwelt voraussetzen, die aus den gleichen Elementen wie die reale besteht, jedoch Grenzen gehorcht, die diese Elemente existentiell vernichten.

Der Löwe, der nicht das Lamm frißt, sondern das Gras, auf dem es weidet, ist kein Löwe, sondern ein Schaf im Löwenpelz. Das Lämmerfressen des Löwen wird, solange es Löwen gibt, seine Löwenhaftigkeit ausmachen. Und der grasfressende Löwe ist auch kein höherer, sondern ein mißratener Löwe. Wer die essentielle Identität aller Dinge herstellen will, darf nicht nur die diese Dinge prägenden Gesetze und Bedingungen, er muß die Dinge selbst aufheben. Wer den Menschen aus seinen gesellschaftlich-geschichtlichen Bindungen herauszuheben wünscht, muß ihn entweder ins Animalische oder Vegetative hinabdrükken oder ins Göttliche befördern. Keine Erscheinung der Welt ist von der ihr gemäßen Daseinsform zu trennen. Sie ist nicht etwas Zusätzliches, eine von außen oktroyierte Verordnung, sondern das Ding selbst.

Das, was wir außerhalb von Raum, Zeit und Notwendigkeit vermuten, wird niemals einen Maßstab für das abgeben, was mit und durch uns in der Welt geschieht und geschehen soll. Jeder Pansophismus, der sich in der Welt zu entfalten trachtet, schläfert jene Fähigkeiten ein, um deren Ausprägung und Aktivierung es in der menschlichen Sphäre geht: Anteilnahme, Urteilsvermögen und Entscheidungsbereitschaft.

Die Formen und Inhalte des geschichtlich-gesellschaftlichen Lebens müssen als die Bedingungen begriffen werden, unter denen wir allein unsere Menschlichkeit realisieren können. Andererseits aber gibt die spezifische Struktur des menschlichen Lebens keinen Anlaß, sie ins Unendliche zu projizieren oder ihre Werte für absolut zu halten. Wie lange die Ewigkeit vor unserem Eintritt in und nach unserem Abgang aus der Welt dauern möge, solange wir leben, leben wir und sind gehalten, die Kommunikation mit dem Übermenschlichen und Außermenschlichen über die uns gemäßen Talente zu suchen. Die Verachtung der Geschichte und der Wissenschaft ist um nichts weniger verfehlt als die Meinung, es wäre alles oder auch nur das Wichtigste im rechten Forschen und rechten Handeln beschlossen. Die Metaphysik hebt weder die Physik noch die Geschichte auf, aber sie ist auch nicht eine Art Physik und Geschichte auf himmlischer Ebene. (19)

*

Der Fluß fließt. Der Physiker fragt nach den Ursachen und Bedingungen des Fließens, dem Philosophen wird das Fließen zum Sinnbild, und der Dichter besingt es. Der handelnde Mensch jedoch reguliert das Fließen; er baut Deiche und Dämme, Schleusen und Kanäle. Ein kanalisierter Strom ist bei weitem nicht so poetisch wie einer, der über die Ufer tritt. Aber er ist menschenfreundlicher, und auch er fließt. Das Geschäft des verantwortlich handelnden Menschen ist es nicht, den Fluß zum Fließen zu ermuntern, sondern das Fließen zu regulieren und zu kanalisieren. Und das, was bei diesem unpoetischen und unromantischen Geschäft herauskommt, nennt man Kultur und Zivilisation. Es beeinträchtigt im übrigen weder die Forschungen des Wissenschaftlers noch die Überlegungen des Philosophen; es beeinträchtigt aber unter Umständen die Möglichkeiten einer ästhetischen Kultur und Kulturphilosophie.

Humanität und Ethik sind Dämme gegen die Vitalität und gegen den Schmerz, gegen das zerstörerische Wuchern der Natur: im einzelnen Menschen und zwischen den Menschen. Nicht der Schmerz selbst, sondern der Wunsch, ihn zu vermeiden, ist das eigentliche Fortschrittselement des menschlichen Lebens.

Humanität und Ethik, Religion und Kultur – dies alles sind nur verschiedene Ausprägungen für den immer gleichen Versuch des Menschen, dem Leiden und der Angst eine Grenze zu setzen. Jede Ethik und jede Kultur und jede Religion ist ein solcher Versuch.

Der bis heute nicht ausgestandene Streit um die Richtigkeit und Reichweite der demokratischen Theorie und Praxis ist ohne die Tatsache, daß das christliche Abendland auch die politischen und moralischen Fragen ästhetisch bewertet und entschieden hat, gar nicht zu begreifen. Die demokratische Gesellschaftsverfassung ist un-ästhetisch und un-romantisch. Sie löst verständlicherweise bei der Konfrontation mit den traditionellen abendländischen Wertvorstellungen Unbehagen aus.

Alles wahrhaft Große in der Geschichte der Menschheit verdankt sein Zustandekommen dem rastlosen Bestreben des Menschen, Unsicherheit, Unglück und Angst zu überwinden; dem Bestreben also, eine Zone der verhältnismäßigen Sicherheit, des verhältnismäßigen Glücks und der verhältnismäßigen Furchtlosigkeit zu erreichen und zu errichten.

Kulturen sind nur dort entstanden, wo es in einer Gesellschaft oder doch wenigstens einer Schicht dieser Gesellschaft gelang, sich dem Existenzkampf, der zermürbenden Sorge um das tägliche Brot und das tägliche Überleben zu entziehen.

Der Schmerz ist Stachel und Sporn; er ist der Schock, der dem Menschen deutlich macht, daß er nur in der Geborgenheit wachsen kann. Der Kampf um diese Geborgenheit kann niemals wirklich gewonnen werden. Die das Leben zerreißenden Widersprüche sind prinzipiell nicht aufhebbar. Wenn das Elend hinzukommt, wird aus dem Stumpfsinn Brutalität, aus der Oberflächlichkeit Borniertheit, aus der Vergnügungssucht blinde Lebensgier und aus dem Materialismus nackte Amoralität. Den Unreifen und Unwissenden läutert das Unglück nicht; es richtet ihn zugrunde. (20)

*

Alle Tugenden, die unsere menschliche Welt tragen, sind aus sich selbst heraus Tugenden. Redlichkeit, Aufrichtigkeit, Fairneß, Gemeinsinn, Verständnis- und Hilfsbereitschaft stellen (ebensosehr wie Haß, Lüge und Brutalität) der menschlichen Natur innewohnende Möglichkeiten dar. Sie werden nicht erst dann zu Tugenden, wenn sie zusammen mit einem bestimmten Glaubensbekenntnis auftreten. Wenn Aufrichtigkeit eine Funktion christlichen Glaubens wäre, dann müßte man in der Tat alle Bemühungen darauf konzentrieren, die Menschen zum christlichen Glauben zu bekehren. Wenn aber Aufrichtigkeit eine vom Glauben unabhängige Möglichkeit des Menschen ist, dann muß sie vor der Koppelung auch an den »wahren Glauben« geschützt werden, weil man sonst verhindert, daß auch der einem »falschen Glauben« Anhängende sie sich zu eigen macht. Und dann besteht die Bewährung und Einübung der Aufrichtigkeit im Aufrichtigsein und Zur-Aufrichtigkeit-Auffordern allen Menschen gegenüber, gleich welchen »Glauben« oder »Unglauben« ihre Aufrichtigkeit zutage fördert. (21)

*

Entscheidung ist ein Akt der Repression des Menschen sich selbst gegenüber. Die Verwirklichung einer Person wie der Aufbau einer Kulturgesellschaft ist eine Willensleistung, ein Disziplinierungsprozeß und ganz und gar nicht das sich selbsttätig einstellende Resultat des »freien Spiels« aller subjektiv-einzelmenschlichen oder gesellschaftlichen Kräfte. Wenn man die Bedürfnisse des Menschen einfach sich selbst überläßt, also das tut, was von der Neuzeit als Aufklärung und Fortschritt vollzogen wurde, setzen sich die elementaren Impulse durch. Eine Gesellschaft, die auf die Selbstregulation der Bedürfnisse vertraut, wird notwendigerweise eine Gesellschaft, in der die sozial und ökonomisch Geschicktesten, die Unterhaltungsindustrie und die Pornowelle herrschen. (22)

*

Zunächst ist Repression nicht die Verinnerlichung einer dem Menschen wesensfremden äußeren Macht-Konstellation, sondern ein sich aus der Vielfalt und dem Widerstreit der Bedürfnisse zwangsläufig ergebender Entscheidungszwang im Menschen. Wer das angesichts der vorliegenden anthropologischen Befunde, angesichts der Geschichte und auf Grund der Erfahrungen, die er jederzeit mit sich selbst machen kann, nicht begreift, lebt entweder in einer Wahnwelt oder im Zustand infantilster Ahnungslosigkeit. Es kann also auch bei den heute allenthalben diskutierten Themen »Repression«, »Macht«, »Autorität« nicht um die Abschaffung jeder Repression und Autorität gehen, sondern nur um die Frage, wann, wo und wieweit sie legitim oder nicht legitim sind, ob sie die Voraussetzung von Humanität oder aber ihre Behinderung darstellen.
Die »Wahrheit« aller aristokratischen, elitären und heroischen Ordnungslehren liegt im anthropologisch vorgegebenen Zwang, die höheren Werte bewußt zu stärken, wenn die Hierarchie der Werte gesichert werden soll. Daß diese Konzepte dennoch nicht funktionieren und de facto inhuman sind, ist darin begründet, daß zur Alleinherrschaft gerade nicht die im Sinne der obersten Antriebskräfte Besten, sondern die sozial Stärksten und Tüchtigsten gelangen. Die Priorität der seelisch-geistigen Bedürfnisse läßt sich also nur funktional und institutionell sichern. Das wiederum ist nur in einer Gesellschaftsordnung möglich, in der jede persönliche Macht sachlich und zeitlich begrenzt ist, die Autorität der höheren Werte aber durch Verfassung, Recht, Wirtschafts- und Sozialordnung, Pädagogik und geltendes Menschenbild präsentiert wird. (23)

Wenn man die Geburt der modernen Demokratie mit der Geburt des liberalen Gedankens gleichsetzt und mit dem Liberalismus den Reigen der soziologistischen Ersatz-Religionen beginnen lassen will, sieht man, wie aus einer politischen und ökonomischen Theorie zwangsläufig ein Kulturprogramm wird, das sich als im Gegensatz zum Christentum stehend begreift und dem Prozeß der Verweltanschaulichung unterliegt. Der liberale »Gedanke« wird zum »Liberalismus«, verbindet sich mit vitalistischen und darwinistischen Theorien und entwikkelt ein Doppelgesicht, nämlich eine seiner politischen Zielsetzung entsprechende freiheitlich-idealistische und eine seine ökonomische Bedeutung offenbarende anarchistisch-materialistische Seite. Die Vereinigung des Postulats von der angeborenen Freiheit und Würde »alles dessen, was Menschenantlitz trägt« mit der Überzeugung vom gerechten Sinn des Daseinskampfes, in dem »der Tüchtige überlebt«, hat dem Liberalismus ein gewaltiges Wirkungsfeld erschlossen, ihn aber zugleich unfähig gemacht, ein geschlossenes System zu entwickeln. Damit wurde er vor dem Schicksal bewahrt, sich zur effektiven Ersatzreligion zu verhärten. Dennoch ist er die Mutter aller Soziologismen, denn mit ihm schieben sich die gesellschaftlichen und ökonomischen Aspekte des menschlichen Daseins zum ersten Mal in den Vordergrund des allgemeinen Bewußtseins.

Die Zwiespältigkeit des Liberalismus macht jedoch auch seine Tragik aus. Sein gewaltiger humanistischer Impuls, der im politischen Denken und Verhalten der Völker eine weltgeschichtliche Zäsur setzt, weckt die Massen der westlichen Länder aus Unwissenheit und Fatalismus, um ihre Hoffnungen dann zu enttäuschen. Die historische Situation, in der der Liberalismus entsteht, erweist sich stärker als sein humanitäres Anliegen. Er wird zur Weltanschauung des Besitz-Bürgertums, das, aus den feudalen und ständischen Abhängigkeiten befreit, das Zeitalter des Kapitalismus heraufführt und seinen Kampf um die Entwicklung der Produktionskräfte in Analogie zum biologischen Daseinskampf begreift. Die »Untüchtigen«, das heißt die große Masse, bleiben auf dem Kampfplatz zurück. Diese Widersprüchlichkeit erzeugt die sozialen Spannungen des Frühkapitalismus, aus denen sich nun die eigentliche Ersatz-Religion des Jahrhunderts erhebt: der Kommunismus. Ein legitimes Kind des liberalen und demokratischen Gedankens, deckt er die innere Unwahrhaftigkeit des historischen Liberalismus gerade durch konsequente Weiterführung und Anwendung der humanistischen Ausgangsposition und Zielsetzung auf. Der Liberalismus erscheint als Verrat an der liberalen Idee. Beweiskräftig und überzeugend wird diese Kampfparole in dem Augenblick, in dem sich zeigt, daß die biologische Deutung der ökonomischen und sozialen Vorgänge den Charakter einer wissenschaftlich nicht haltbaren Rechtfertigungsideologie hat. Man entdeckt, daß der Existenzkampf aller gegen alle nicht ein ökonomisch-soziales Naturgesetz, sondern die Glorifizierung der Moral der Männer mit den rücksichtslosen Ellenbogen und die Folge ihrer Weigerung ist, ordnende, planende und kontrollierende Vernunft und Menschlichkeit auch im ökonomischen Bereich walten zu lassen.

Es ist der mit wissenschaftlichen Methoden geführte Nachweis der Durchschaubarkeit und Regulierbarkeit auch der ökonomischen Prozesse, der aus der humanistischen Hoffnung des Liberalismus das politische Glaubensbekenntnis und Programm des Kommunismus macht. Frei von dem Zwang, sich bestehenden Verhältnissen anpassen zu müssen, kann der Kommunismus ein geschlossenes System von Deutungen und Voraussagungen entwickeln, die das Leben des einzelnen und der Menschheit vollständig umfassen. Diese Möglichkeit, einen bestimmten Bereich des Daseins, den historisch-sozialen, ganz und in sich widerspruchslos zu besetzen, macht ihn zur Ersatz-Religion. Seine universalistische Konzeption löst eine so starke Glaubensbereitschaft aus, daß sich ihr heilsgeschichtliche Elemente des zerfallenden Christentums zuordnen. (24)

*

Unsere Augen wollen sehen, unsere Ohren wollen hören, unsere Hände wollen greifen. Dieser Drang, uns mit allen Sinnen der Welt zu bemächtigen, Lust an der eigenen Existenz durch den Kontakt mit anderen Menschen und Dingen zu gewinnen, erwacht sehr früh und wird sehr früh gehemmt. So lernen wir sehr bald die Zielobjekte aller Sinne zum Inhalt unserer Tagträume zu machen. Unsere Phantasie ist jederzeit imstande, das Leben in allen seinen Bereichen und Dimensionen nachzubilden und besitzt diese Imaginationskraft in einem solchen Maß, daß die Einsicht in die Notwendigkeit wirklichen Lebensvollzugs verlorengehen kann.

Der Mensch wird das träumende, das literarische, das theoretisierende Tier. Vor der Vision der großen Leidenschaft verblaßt jede Alltags-Liebe genauso, wie vor den vorwärts oder rückwärts gewandten Utopien die bestehenden Staaten Stätten des Elends, der Ungerechtigkeit und Unterdrückung sind. In solcher Sicht hat das zu lebende Leben nur den Charakter einer Prüfung und Vorbereitung auf das »Eigentliche« (das im Geiste immer, in der Realität niemals stattfindet). (25)

*

Vernunft will, daß alles vernünftig ist. Der Geist als die umfassendere Bewußtseins- und Erkenntnisqualität begreift und durchdringt alle Dimensionen der Wirklichkeit; die Vernunft ist außerstande, aus dem Wißbaren Weisheit, aus Aufklärung über Sex Liebe, aus den Gesetzen der Optik und Akustik Schönheitsempfinden, aus Rezepten für die Gesundheit Genuß zu machen. In einem humanen Modell menschlicher Herausforderungen und Leistungen sind die Qualitäten des Verstandes und der Vernunft: Naturbeobachtung, Lust an der Entdeckung kausaler Zusammenhänge, Auswertung und Nutzung der Naturgesetze, ein Nebenprodukt dessen, was Weisheit und Einsicht leisten. Ein Nebenprodukt, dessen soziale Bedeutung gewaltig ist, solange es in diesem Modell seinen Platz kennt, dessen Gefährlichkeit aber ebenso gewaltig ist, wenn es seine humane Leistungsfähigkeit überschätzt. (26)

*

Was den totalitären Systemen immer wieder eine Chance gibt und die liberalen ebensooft gefährdet, ist der tief und fest sitzende Wunsch des Menschen nach Geborgenheit in einer klar überschaubaren, gut und böse, Freund und Feind genau bezeichnenden Ordnung. Faschismus wie Kommunismus zeigen, wie schnell und vollständig der Mensch wieder ins Horden- und Herdenhafte zurückfallen kann, wenn materielle und geistige Unsicherheit ein bestimmtes Maß überschreiten. Dabei täuscht in der marxistischen Konzeption der hohe Abstraktionsgrad der theoretischen Erörterung Subtilität bei der Behandlung menschlicher Dinge nur vor. Das Klassenkampf-Schema läßt diejenigen, die es verinnerlichen, sogleich auf die Stufe archaischer Brutalität regredieren. Die totale Identifizierung mit der Gruppe führt sogar zu einer äußersten Verschärfung der Aggressionen, da der Klassenkämpfer im allgemeinen isoliert ist und die humanisierende Wirkung des alltäglichen Lebens in der Gemeinschaft, der er sich ideologisch zugehörig fühlt, fehlt. Er ist gezwungen, ständig unter seinen »Todfeinden« zu leben. Das »Reflektieren« dieser eingebildeten Freund/Feind-Situation kann sich auf höchster gedanklicher Ebene vollziehen; da die Intellektualität des marxistischen Klassenkämpfers sich längst von seiner übrigen Existenz abgelöst hat und keine persönlichen Erfahrungen mehr verarbeitet, ist sie für den moralischen Reifungsprozeß nur noch von negativer Bedeutung. Die Persönlichkeitsbildung stagniert oder wird rückläufig. (27)

*

Da »Verantwortung« immer von übergeordneten Werten und Pflichten lebt, läuft die sich zum Selbstzweck und Endziel setzende Erziehung zum »mündigen Staatsbürger« auf die Massenproduktion eines Zeitgenossen hinaus, der überall mitreden und mitentscheiden will, sich unentwegt irgendwelcher Rechte und Freiheiten beraubt sieht, und für jedes Versagen und Unbehagen Gesellschaft und Staat, nur nicht sich selbst verantwortlich macht. Es wird der Typ eines ewig raisonnierenden und renitenten Radikaldemokraten herangezüchtet, dessen personale Humanisierung um so un- oder unterentwickelter bleibt, als er die Erlösung der ganzen Menschheit anzustreben behauptet. (28)

*

Die Geschichte der christlich-abendländischen Kultur ist in vielen Etappen und Bereichen die Geschichte der Verneinung und Zerstörung des Lebens durch den jeder Art von »Idealismus« hörigen Geist. Hat sich eine »Glaubenswahrheit« erst einmal in seiner Vorstellung eingenistet und von ihm Besitz ergriffen, kennt der Mensch nicht einmal jene Hemmungen mehr, die selbst Wölfe zu vergleichsweise moralischen Wesen machen. Er hat den konkreten Nächsten aus den Augen verloren, er liebt nicht mehr den Menschen, er liebt nur noch seine Idee von ihm. Und der »Wille zum Guten« ist nichts als die Besessenheit, Bekenntnis und Gehorsam zu erzwingen. Dabei ist die Antwort auf die Frage nach dem Guten bekannt, seitdem Menschen einander ansichtig wurden. Sie heißt zunächst ganz einfach: sich dem anderen zuwenden, ihn in seinen tatsächlichen Lebensumständen, Bedürfnissen, Fähigkeiten und Überzeugungen ernst nehmen. Aber für diejenigen, deren Zuneigung vor allem geistigen Liebesobjekten gilt, ist offenbar nichts schwieriger, als diesen konkreten Nächsten wieder in den Blick zu bekommen. (29)

*

»Das Herz schlägt links«: Die Vision einer Gesellschaft von freien und aufgeklärten und glücklichen Menschen hat ihren Ursprung in einem Idealismus, dessen Begeisterung keine Skepsis verträgt.

Wer jemals miterlebt hat, in welchem erniedrigenden Zustand Menschen unter einem totalitären oder autoritären Regime leben, ist geneigt zu sagen: welchen Gebrauch immer der Mensch dann von seinem Freisein macht, nur unter solchen Bedingungen lohnt es sich zu leben.

Hinweg also mit allem, was die Freiheit jemals gefährden könnte.

Und dennoch sind die Dinge falsch gelaufen.

Das freigesetzte Leistungsstreben hat einen krassen Materialismus, die freigesetzte Selbstbestimmung eine egoistische Begehrlichkeit zur Folge gehabt, die keiner größeren Belastung standhalten werden.

Und nicht anders als zur Weimarer Zeit ist die Zielscheibe des aggressiven Kritizismus aller Radikaldemokraten der demokratische Staat und alle jene Einrichtungen, die die Anarchie im Zaum halten und die erneute Machtergreifung irgendeines linken oder rechten Totalitarismus in kommenden Krisenzeiten verhindern könnten. (30)

*

Das gängige Demokratiemodell westlicher Prägung ist auf zwei Ziele fixiert: auf die Beseitigung aller die freie Entfaltung des einzelnen behindernden institutionellen und ideellen Zwänge (Selbstbestimmung) und auf die gleichberechtigte Mitwirkung aller bei der Entscheidung über alle gesellschaftlich bedeutsamen Fragen (Mitbestimmung).

Die Aufgabe freiheitlich-demokratischer Politik besteht demnach darin, jene rechtlichen, politischen und sozialen Bedingungen herzustellen, die es jedem Bürger gestatten, sein Leben frei von jedweder Weisung und Bevormundung nach Belieben zu gestalten.

Es ist schwer zu sagen, ob dieses Demokratiemodell seinen Siegeszug vor allem der aufklärerischen Überschätzung menschlicher Einsichtsfähigkeit verdankt oder sich einfach deshalb durchgesetzt hat, weil die programmatische und praktische Konzentration aller fortschrittswilligen Politik auf den Kampf um Rechte und Freiheiten schließlich jede andere Zielsetzung verdrängen mußte.

Die Eigengesetzlichkeit des Freiheitskampfes spielt wahrscheinlich die entscheidendere Rolle.

Dieser die Neuzeit bestimmende Freiheitskampf durchlief mehrere Phasen.

Im ersten Anlauf ging es darum, die rechtliche Autonomie und Gleichbehandlung des einzelnen – unabhängig von Stand und Konfession – zu sichern.

In der zweiten Phase wurde dann der menschliche Leistungswille freigesetzt: jeder sollte seine beruflichen und wirtschaftlichen Talente voll entfalten und den ungeschmälerten Ertrag seiner Tüchtigkeit in Anspruch nehmen können.

Die dritte Befreiungswelle, deren Höhepunkt wir gerade überschritten haben, vollzog sich als Forderung nach subjektiver Selbstverwirklichung bis hin zum Abbau aller sexuellen Konventionen.
Im Verlauf dieses jahrhundertelangen Kampfes gegen Unterdrückung, Reglementierung und Bevormundung geriet dabei ein Tatbestand immer mehr in Vergessenheit: daß es nämlich nicht nur die äußeren Zwänge gibt – verkörpert vom Staat, den Kirchen, den »Kapitalisten« –, sondern auch innere Zwänge.
Die allgemeine »Natur« des Menschen, seine individuelle körperliche und seelische Konstitution, schränken seine Entscheidungsfreiheit auch dann noch – und gerade dann – auf einen sehr kleinen Spielraum ein, wenn alle von außen kommenden Pressionen beseitigt sind. Das heißt, in dem Augenblick, in dem der Emanzipationsprozeß mit der Freisetzung der menschlichen Natur seiner Vollendung zustrebt, gerät der Mensch in die totale Abhängigkeit von dieser Natur, nämlich der ihn zwanghaft bestimmenden elementaren Triebe und Antriebe.
Hat sich der Befreiungskampf des Menschen zunächst als ein Ringen dargestellt, das zwischen äußeren Mächten und den nach Autonomie strebenden Individuen ausgetragen wurde, verlagert er sich nun ins Innere der Individuen.
Der Mensch ist gezwungen, sich zu spalten.
Seinem »Selbst« als Summe aller spontan naturwüchsigen Anlagen und Bedürfnisse tritt ein »Ich« gegenüber, das versuchen muß, sich gegen dieses »Selbst« durchzusetzen, wenn es seine Entscheidungsfreiheit bewahren oder gar stärken will.
Dem Gegenüber von Selbst und Ich entspricht der Gegensatz von Gesellschaft und Staat. (31)

*

Die Verengung des Blicks auf die zivilisatorischen Aufgaben, Hervorbringungen und Hoffnungen führt historisch zu einer Überbewertung der Zukunft und sozial zu einer Überbewertung des Kollektivs. Jeder individuelle Lebensversuch verliert seinen Antrieb und seine Rechtfertigung. Der Anspruch auf den Vorrang der individuellen Selbstbestimmung des Menschen

kann nur dort erhoben und verstanden werden, wo der horizontalen gesellschaftlichen Bindung eine vertikale »religiöse« Bindung übergeordnet ist.
Es ist die einsame Auseinandersetzung des Menschen mit den Fragen der Liebe und des Todes, der Unausdenkbarkeit von Raum, Zeit und Leben, die ihn aus den Fesseln des Kollektivismus und Konformismus erlöst und die zugleich der Sphäre der zivilisatorischen Aufgaben eine angemessene Bedeutung verleiht. Der Mensch ist von Natur und unabdingbar Gesellschaftswesen und damit zur Teilnahme am Prozeß des politischen und zivilisatorischen Fortschritts verpflichtet, aber er ist nicht nur Gesellschaftswesen. Wird ihm das suggeriert oder redet er selbst sich das ein, fließen die verdrängten religiösen Strebungen in die politische, soziale, wissenschaftliche und technische Aktion und führen zu all jenen romantischen und sadistischen, eschatologischen und materialistischen, anarchistischen und kollektivistischen Verzerrungen seines Denkens und Verhaltens, die wir in den letzten fünfzig Jahren kennengelernt haben. (32)

*

Die allgemeine Schulpflicht war – und ist immer noch – ein gewaltiger Eingriff, denn für viele Jahre bestimmen nunmehr weder die Eltern noch gar die Kinder und Jugendlichen, sondern der Staat, wo und womit letztere den Hauptteil ihrer Zeit zu verbringen haben.
Die Aneignung der Fähigkeit, Kenntnisse zu erwerben, und die Aneignung grundlegenden Faktenwissens wurde schon vor 300 Jahren für eine so unabdingbare Voraussetzung der Zivilisierung des Menschen gehalten, daß man nicht zögerte, Zwang anzuwenden.
Als der nächste und wichtigste Schritt zur »Erziehung des Menschengeschlechts« fällig gewesen wäre, nämlich die Durchsetzung einer verbindlichen Rangordnung der Wissensgebiete in den Schulen, war die aufgeklärte Welt bereits das Opfer eines falschen Bildungs- und eines falschen Freiheitsbegriffes.
Die wunderbaren Errungenschaften der wissenschaftlichen Welt-Eroberung würden – so glaubte man – den Menschen von

selbst zu einem nach den höchsten geistigen Erkenntnissen strebenden Wesen machen.
Sie taten es nicht.
Das Bewußtsein des Menschen wurde von immer neuen Fakten so sehr ausgefüllt, daß für geistige und gar spirituelle Bemühungen schließlich kein Platz mehr blieb.
Es war einer der folgenschwersten Mängel der westlichen Vorstellung von einer bestmöglichen Gesellschaftsordnung, daß sie sich in idealistischer Überschätzung der menschlichen Einsichtsfähigkeit und Willenskraft damit begnügte, den Besuch der Schule für obligatorisch zu erklären, nicht aber auch eine dort zu praktizierende allgemeinverbindliche Wissens- und Werteordnung.
Nachdem der gleiche Fortschrittsglaube, der allen Menschen den Schulbesuch zur Pflicht machte, die Religion desavouiert und zum Lebensinhalt die wissenschaftlich-technische und politisch-soziale Aktivität erklärt hatte, war die allmähliche Wandlung der Bildung in bloße Ausbildung unabwendbar.
Und jenes Versäumnis ist um so schlimmer, als der Westen mit seiner »Es-geht-alles-am-besten-von-selbst«-Philosophie schließlich die Wünsche und Überzeugungen der ganzen Welt prägte und damit einen Prozeß in Gang setzte, dessen niemand mehr Herr wird. (33)

*

Alle Ismen sind Verabsolutierungen des jeweils von ihnen entdeckten Sachverhalts. Sie nehmen den ganzen Menschen für ihr Ziel in Anspruch. Der einzige legitime Ismus ist daher der Humanismus, da sein Begriff tatsächlich auch den ganzen Menschen deckt. Die demokratischen Sozialisten wären daher gut beraten, wenn sie zukünftig auf den Begriff »Sozialismus« Verzicht leisteten. Die gängige und bis heute abschreckende Identifizierung von Sozialismus und Kommunismus liegt im Begriff und ist nicht einfach ein durch bessere Information zu beseitigendes Mißverständnis. Wer nicht den total vergesellschafteten Menschen, sondern die soziale Demokratie als Voraussetzung des ganz konkret zu sich selbst, seiner Individualität und Subjektivität befreiten Menschen will, sollte sich Sozialdemokrat nennen. Das ist eine Bezeichnung, die genau und nüchtern darüber informiert, was derjenige, der sie in Anspruch nimmt, tatsächlich anstrebt. Es ist einfacher zu erklären, daß sozialdemokratische Vorstellungen sich durchaus mit Einzelforderungen, die als »sozialistisch« firmieren, decken können, als den Verdacht zu zerstreuen, daß »Sozialismus« immer auf irgendein totalitäres und utopisches Denken hinausläuft. (34)

*

Selbst Luxus ist ein humanisierender Faktor. Es muß Menschen und Menschengruppen geben, die ohne Rücksicht auf materielle Umstände alle Möglichkeiten der Verfeinerung der Geschmackskultur erproben und repräsentieren können, um Maßstäbe zu setzen, Anreize zu geben und auch die Schaulust zu befriedigen. Die Entwicklung der Sensibilität für Farben und Formen, für ein »gepflegtes Äußeres« des Menschen und der Dinge, mit denen er sich umgibt, ist für ein geglücktes Leben nicht weniger wichtig als die Pflege der eigentlich so genannten Kulturgüter, denn für die Mehrzahl der Menschen ist die Praktizierung von Geschmack (von der Wahl des Nagellacks über die der Kleidung bis zur Einrichtung einer Wohnung und zur Zusammenstellung eines Menüs) die einzige Möglichkeit, Sublimierung von Natur zu Kultur aktiv zu vollziehen.
Wenn also die großen Vermögen verschwunden sein werden und auch die Filmstars Tarifverträge haben, wird man sich in den Demokratien überlegen müssen, welche Einrichtungen die bisher an feudale oder kapitalistische Zustände gebundene Produktion von Luxus ersetzen könnten. (35)

*

Un-Verschämtheit, Indiskretion und Aufdringlichkeit, Lebensgier und Geltungsdrang gehören zum Tugendrepertoire eines Konzepts, das sich für »Selbstverwirklichung« hält.
Aufklärung als innerweltliche Emanzipationsbewegung ist also nicht mehr der »Ausgang des Menschen aus seiner selbstver-

schuldeten Unmündigkeit«, sondern ganz im Gegenteil das Verbleiben des Menschen in einem Zustand umfassender und selbstgewollter Unmündigkeit.
Das zeitgenössische Demokratieverständnis ist gerade in diesem Sinn das klassische Produkt einer das tatsächliche Mündigkeitsproblem mehr und mehr verdrängenden Aufklärung. Als eigentliches Zeichen demokratischer Reife gilt, wenn jemand nachdrücklich Rechte geltend macht und unentwegt Ansprüche an Staat und Gesellschaft stellt.
Was heute die liberal-demokratischen, aufgeklärten Gesellschaften dem heranwachsenden Menschen bieten, ist nicht ein Lebensmodell der Reife, des Erwachsenseins und der wirklichen Mündigkeit, auf das hin er seine jugendliche Selbst- und Weltsucht überwinden könnte, sondern ein System, das eben diese Selbst- und Weltsucht praktiziert und empfiehlt. (36)

*

Ich meine durchaus nicht, daß ein Staatsmann darauf aus sein muß, die Menschen glücklich zu machen, denn die Menschen sind nicht imstande, glücklich zu sein. Aber er sollte darauf aus sein, Verhältnisse zu schaffen, die es vielen einzelnen erlauben, ein geglücktes Leben zu führen.
Nur dann, wenn man sieht, daß der verborgene Sinn menschlicher Existenz außerhalb seiner geschichtlichen Aufgaben liegen muß, bleibt Politik Mittel zum Zweck, kommen Ordnung, Bindung und Freiheit in die richtigen Relationen, gerät die Disziplinierung des Menschen nicht in die Gefahr, aus einem Akt der moralischen und geistigen Beförderung der Humanität zu einem Instrument ihrer Zerstörung zu werden.
Über das Nicht-Verfügbare kann auch der Staat nicht verfügen. Aber er kann (und er sollte) dafür sorgen, daß es als transzendent-immanenter Grund der menschlichen Existenz sichtbar und wirksam bleibt. (37)

*

Für Mord und Totschlag im großen Stil sind immer die »Idealisten« und Rigoristen von rechts und von links verantwortlich gewesen, nicht die Skeptiker und Realisten. Das heißt, der Preis, den wir bis zum heutigen Tage für die Überschätzung und Überforderung der menschlichen Möglichkeiten zu zahlen haben, ist sehr viel höher als die Übel im Gefolge von Geschichtsphasen, in denen man vom Menschen bescheidener dachte. Und zu diesem Preis gehören nicht nur die großen Glaubenskriege und Ausrottungsaktionen, sondern auch die subtileren Gewalttaten: die Dämonisierung des Feindes, der bekämpft werden muß, weil er böse ist, obwohl es ihm doch freistünde, nichts als gut zu sein.

Der Motor allen Fortschritts ist die Utopie einer Gesellschaft, in der Gerechtigkeit und Freiheit herrschen. Einen wirklichen Fortschritt gesellschaftlicher und einzelmenschlicher Humanität aber zeitigt die Utopie nur dann, wenn man sie eben als Utopie begreift, wenn man nicht vergißt, daß das Land Nirgendwo immer das Land Nirgendwo bleiben wird, der Mensch also nicht aufhören wird, sich zu irren, sich und anderen Leiden zuzufügen, zuviel oder zuwenig zu tun. Und deshalb ist die vollkommenste Gesellschaft jene, die es dem Menschen erlaubt, unvollkommen zu sein, seine Widersprüchlichkeit nicht zu verdrängen und auf irgendwelche Feinde oder Verhältnisse zu projizieren, sondern auszuleben. (38)

*

Die gleiche Zivilisation, die es fertiggebracht hat, einen großen Teil der arbeitenden Massen aus ihrer materiellen Elendslage zu befreien, hat sich als unfähig erwiesen, irgend etwas für ihre menschliche Entwicklung zu tun, da sie auf die Befriedigung von Bedürfnissen, die nur Kosten verursachen, aber keine Gewinne abwerfen – die freie Unternehmerinitiative also nicht durch entsprechende Profite belohnen –, nicht eingestellt ist. Hervorgebracht hat sie außerhalb des Konsumgütersektors eine riesige Freizeitindustrie, deren Produkte die Pause zwischen Arbeit, Essen und Schlafen ausfüllen hilft, aber wiederum nur jene Bedürfnisse erfaßt, die elementar sind und daher massenhaft auftreten.

Eine solche Entwicklung ist in einer Gesellschaft, deren Zentralprinzip der freie Wettbewerb ist, unausweichlich, denn in ihr werden alle Güter, die keinen »Marktwert« besitzen, unaufhaltsam an den Rand der Wertskala gedrängt. Es ist gar nicht anders möglich, als daß eine unter dem Gesetz des Erwerbs stehende Gesellschaft zwar immer mehr industrielle Güter in Umlauf bringt, Erzeugung und Verbrauch kultureller Güter jedoch denen überläßt, die bereit sind, dafür ihren Lebensstandard aufs Spiel zu setzen oder aber schon einen so komfortablen Lebensstandard besitzen, daß sie allen sozialen Anfechtungen enthoben sind. Für die große Masse führt die Konzentration auf Hebung und Erhaltung eines angemessenen Lebensstandards zu einer fortschreitenden Vernachlässigung und Verkümmerung aller geistig-kulturellen Anlagen und Interessen, die nicht mehr als eigentliches Ziel das menschliche Dasein akzentuieren, sondern zu einer abseitigen Unterhaltung für besonders Beflissene entarten. (39)

*

Wer Wesen und Geschichte des Menschen nüchtern sieht, weiß nicht erst seit den Greueltaten der Nazis und Stalinisten und der Verbrechen, die in unseren Tagen in Uganda, Kambodscha oder Vietnam geschehen sind und immer noch geschehen, daß in ihm beträchtliche und jederzeit aktivierbare zerstörerische Anlagen bereitliegen.

Alles, was sich die Menschen ausgedacht haben, um freundlich zueinander zu sein, und was bis heute eine gewisse humane Stabilität bewirkt, verdankt seinen Erfolg dem permanenten und berechtigten Mißtrauen des Menschen gegen sich selbst.

Ich glaube nicht an irgendeine natürliche Güte »des« Menschen, wohl aber an die Fähigkeit und die Bereitschaft einiger von ihnen, Regeln und Einrichtungen zu finden und durchzusetzen, die seine üblen Talente in Schach halten. Und die Entfaltung seiner auch vorhandenen angenehmen Seiten begünstigen.

Man kann den Menschen zu lieben behaupten, weil Liebe auch schwerwiegende Mängel nicht leugnet. An ihn zu glauben, ist entweder eine Phrase oder Einfalt. (40)

Es gibt nicht die uns von einem ideologisch erstarrten Liberalismus suggerierte Alternative zwischen jenem Humanität allein verbürgenden Zustand der Gesellschaft, der in permanenten Freiheitsakten, und einem nicht-humanen, der in der – wie immer – gearteten Herrschaft von Menschen über Menschen besteht, sondern nur die Wahl zwischen einer Interpretation und Praxis von Freiheit, die uns zu Sklaven unserer Begehrlichkeit macht, und einem Lebensmodell, das uns die Freiheit gibt, uns aus dieser Abhängigkeit zu befreien, indem wir unseren Willen mit den höherwertigen, aber vital unterlegenen Antrieben und Interessen verbünden.

Wenn der einzelne das, was er aus sich machen kann und machen soll, nicht in der Struktur und Funktionsweise der Gesellschaft, in der er lebt, wieder- und bestätigt findet, werden seine Kräfte nicht ausreichen, das Modell zu begreifen, geschweige denn, es zu verwirklichen. Streben wir einen Menschen an, der seine Situation in der Welt kennt, sie besteht und ausschöpft, müssen wir uns von der Vorstellung, die Aufgabe des Staates bestünde ausschließlich darin, Rechte und Freiheiten zu schützen, lösen und die nicht unbekannte, aber ins Gruselkabinett der Geschichte verbannte Tatsache neu entdecken, daß er seinen Bürgern auch Ideale, Pflichten und Anstrengungen zuzumuten hat. (41)

*

Wer nicht bereit ist, zu vergessen, daß auch – und gerade – viele der Ärmsten auf dieser Welt mit ihrem Leben und Sterben fertig werden müssen, bevor der Wohlstand sie erreicht, wird allen Versuchen der radikal-progressivistischen Heilsbringer, diese Menschen nicht nur von ihrer Not, sondern auch von ihren religiösen und kulturellen Traditionen zu befreien, Widerstand leisten müssen. Selbst vom Hinduismus bleibt dann, wenn man das Kastenunwesen uneingeschränkt verneint und eliminiert, immer noch genug übrig, was kein noch so hoher Lebensstandard und keine noch so gerechte politische Ordnung jemals ersetzen können.

Was wir als äußerste Herausforderung des Menschen beschrieben haben, muß er im Stande des Reichtums ebenso wie im

Stande der Armut bestehen. Daher kann kein politisches Programm human genannt werden, das der Sicherung der Bedingungen für die Bewältigung dieser den einzelnen betreffenden Aufgabe nicht die substantielle Priorität zugesteht oder gar leugnet, daß es solche Herausforderungen und Aufgaben überhaupt gibt. (42)

*

Was allen Menschen außerhalb gesellschaftlicher Tätigkeit begegnet, ist die Natur. Es ist verwegen, in der gegenwärtigen Phase eines anmaßenden und alles austrocknenden Intellektualismus ohne jede Absicherung von der Natur zu sprechen. »Naturschwärmerei« ist verpönt; sie zu äußern, verletzt jenes von den Ideologen über uns verhängte Tabu, das folgenschwerer ist als all die vielen anderen, von denen sie uns befreit haben. Wahrscheinlich werden auch Marxisten auf einer Maiwiese nicht ohne Empfindungen bleiben; aber sie werden sich hüten, davon etwas merken zu lassen. Ob sie es nun zugeben oder nicht, verdrängen oder verhöhnen: von der vom Menschen noch nicht total zersiedelten und verarbeiteten Natur geht für den, der unbefangen genug ist, sich dieser Wirkung auszusetzen, eine außerordentliche Regenerationskraft aus. Der Mensch ist ein soziales Wesen, aber die Sozialität wird zum Fluch und zur Plage, wenn er sich nicht von Zeit zu Zeit der Anstrengung, unter anderen Menschen zu sein, entziehen kann. (43)

*

Es gibt im Grunde nur ein Kriterium für die humane Leistung einer Zivilisation, eines Staates, einer Gesellschaft: wie vielen ihrer Angehörigen sie auf welchem Niveau erlaubt, die Welt physisch, psychisch und geistig zu bestehen. Da der einzelne, wie man ihn auch einordnet, gruppiert, manipuliert, immer ein einzelner bleibt, läßt sich der Erfolg eines Systems nur an der Zahl der zu größerer Einsichts- und Erlebnisfähigkeit gebrachten einzelnen messen. (44)

*

Dem Zeitalter der Demokratie und des Sozialismus, der Aufklärung und des wissenschaftlich-technischen Fortschritts, des unbegrenzten ökonomischen Wachstums und des ständig steigenden Lebensstandards liegt eine Idee zugrunde: die Überzeugung, daß das Heil des Menschen in der unbefangenen Entfaltung aller seiner körperlichen, seelischen und geistigen Anlagen besteht.

Diese Idee ist nicht falsch, aber sie bedarf ganz offenbar einer Ergänzung, um zu erzielen, was sie meint. Da alle Menschen von sehr verschiedenen Wünschen bewegt werden, die sich entweder ausschließen oder doch nicht zur gleichen Zeit erfüllbar sind, ist ein Leben unter dem Postulat der ungehemmten Bedürfnisbefriedigung einer ständigen Zerreißprobe ausgesetzt. Die Freisetzung der subjektiven menschlichen Bedürfnisse reguliert sich durch das Zusammentreffen der Bedürfnisse aller keineswegs von selbst und bringt das erhoffte Optimum von Selbstverwirklichung und Wohlbefinden für den einzelnen nicht hervor. Das größtmögliche Glück der größtmöglichen Zahl wird durch die universale Inthronisierung des Lustprinzips nicht erreicht, sondern verfehlt.

Es ist richtig, darauf zu bestehen, daß die Versprechen des demokratischen Zeitalters eingelöst werden: freie Entfaltung der Wissenschaften wie der Künste, der Glaubensüberzeugungen wie der Verhaltensweisen, der Intellektualität wie der Sexualität – aber es ist zuwenig. Wir müssen endlich versuchen, uns darüber klarzuwerden, was uns Düsenflugzeuge, Autos und Eisschränke, was uns Sport und Unterhaltung, Literatur, Kunst und Philosophie, Geschäftigkeit und Ruhe, Wälder und Wiesen, das Bruttosozialprodukt und die Zahl der Computer, was uns Vernunft, Gefühl und Körperlichkeit bedeuten und wert sind. Auf welchen Menschen wollen wir hinaus?

Wenn der Mensch sich außerstande zeigt, die von ihm in Gang gesetzten und dann sich selbst überlassenen ökonomischen, wissenschaftlich-technischen und existenziellen Prozesse zu beherrschen, d. h. zu planen, zu unterscheiden, zu verzichten – ist er am Ende, und es gibt keinen Grund zu wünschen, daß er seine Untaten und sein Unglück bis in alle Ewigkeit auf dieser Erde weiterschleppt. (45)

*

Der als Menschenrecht gepriesene Selbstbestimmungsanspruch der Völker verhindert jedes wirkliche Menschenrecht, weil es den einzelnen zum Willkürobjekt jeder nationalen Regierung macht, und es verhindert jede Weltpolitik, weil der absolute Autonomieanspruch des Nationalstaates wirklich verbindliche internationale Abmachungen nicht zuläßt.
Den eigentlichen Gewinn vom Selbstbestimmungsrecht haben die Diktatoren, die sich jeden Eingriff in ihre Schreckenskammern als Einmischung in innere Angelegenheiten verbieten dürfen, aber selbst nicht die geringste Hemmung haben, andere Länder zu okkupieren, wenn die Gelegenheit günstig ist.
Es ist nicht vorstellbar, daß die für einen Fortbestand der Menschheit unerläßlichen politischen, rechtlichen und wirtschaftlichen Voraussetzungen (Bevölkerungsplanung, Wirtschaftsplanung, Friedenssicherung) weltweit und rechtzeitig, d. h. noch vor dem Ausbruch eines atomaren Krieges oder vor dem Zustandekommen eines Ausgleichs zwischen den reichen und den hungernden Völkern oder vor einer Beendigung der Umweltzerstörung geschaffen werden könnten.
Auch wenn wahrscheinlich die Zahl der einzelnen Menschen in allen Ländern rasch wachsen wird, die die Überwindung der uneingeschränkten nationalstaatlichen Selbstbestimmung für notwendig halten, haben diese historischen Gegebenheiten ein so starkes Eigengewicht und bestimmt die durchgehend infantil bleibende Gefühlskultur der Massen und der sie manipulierenden Ideologen und Geschäftemacher überall auf der Welt so sehr den Verlauf der Geschichte, daß ein guter Ausgang höchst unerwartet wäre. (46)

*

Auf der Suche nach einem »Szenarium«, einer Situation, die es erlaubt, das Problem, um das es hier geht, deutlich herauszuarbeiten, bin ich auf eine Hypothese gestoßen.
Irgendein sekundenkurzer kosmischer Energiestoß macht eines Tages die Menschheit fortpflanzungsunfähig. Es kommen keine Kinder mehr zur Welt. In spätestens hundert Jahren ist also diese Geschichte, »told by an idiot, full of sound and fury, signifying nothing« unwiderruflich vorbei.

Die letzten hundert Jahre? – Natürlich ist das ein reines Gedankenspiel. (Aber als Situation keineswegs undenkbar.)
Was würde es bedeuten, wenn die Menschheit ihr absehbares und definitives Ende vor sich hätte?
Es gibt plötzlich keine Zukunft mehr.
Dabei würde sich für die lebenden und noch heranwachsenden Menschen gar nichts ändern. Es steht ja keine Apokalypse, kein Weltuntergang in Feuer und Schwefel bevor. Wer auf der Welt ist, hat sein ganzes ungeschmälertes Leben vor sich und keinen Anlaß, für sich und seine Kinder irgendwelche besonderen Schrecknisse zu befürchten.
Im Gegenteil.
Die Menschen und die Völker werden friedfertiger und vernünftiger werden.
Oder etwa aggressiver? Von Panik ergriffen aufeinander losgehen?
Aber warum?
Weshalb sollte man sich nun noch weiter anfeinden, Kriege führen, um Macht, Geltung, Einfluß, Marktanteile, Territorium streiten?
Natürlich werden die reichen Länder nicht von heute auf morgen ihren Überfluß verteilen. Das ist, wie man weiß, gar nicht so leicht zu bewerkstelligen.
Das Problem wird darin bestehen, die Nahrungsmittel- und Konsumgüterproduktion so zu organisieren, daß die rasch schrumpfende Menschheit ihren Lebensstandard bis zuletzt halten kann.
Wahrscheinlich werden auch die sozialen Spannungen ihre Sprengkraft verlieren. Man wird niemand seinen Anteil an den Lebens- und Kulturgütern streitig machen. Ohne viele Diskussionen werden die Regierungen und Parlamente für die Angleichung der Einkommen sorgen, den staatlichen Gesundheitsdienst und die allgemeine Altersrente einführen.
Jeder wird seine berufliche und gesellschaftliche Stellung als Aufgabe begreifen, die er zu erfüllen hat, damit der Zivilisationsapparat so gut und so lange wie möglich intakt bleibt.
Es geht weltweit nur noch darum, den durchschnittlichen Lebenskomfort der Industrienationen möglichst schnell mög-

lichst vielen zukommen zu lassen, nicht mehr um irgendwelche Fortschritte und Neuerungen.
Wozu denn und für wen?
Was die Menschheit in drei Generation noch brauchen wird und erreichen kann, läßt sich übersehen.
Die vorhandenen Ressourcen und Maschinerien reichen aus, um die Völker über die letzten Runden zu bringen. Sie sind endlich entlastet von der Drohung einer ständig wachsenden Zahl von Menschen, die nicht mehr zureichend ernährbar, bekleidbar und behausbar sind.
Die Planierraupen und Betonmischmaschinen stehen still.
Auch für die Fahrt ins All wird niemand mehr Begeisterung und Geld aufbringen wollen.
Ich habe nie begriffen, warum es selbstverständlich oder gar eine moralische Verpflichtung sein soll, den Fortbestand der Menschheit für unerläßlich zu halten.
»Die letzten hundert Jahre«: endlich muß man nicht mehr unnütze Debatten über irdische Paradiese, neue Reiche, klassenlose Gesellschaften führen, in denen es keine Verbrechen, keine Krankheiten und keine Probleme mehr geben wird.
Die Hektik der Fortschrittsprediger und Wachstumsmanager läuft leer. Der Kommunismus ist gegenstandslos geworden. Auch die sozialistischen Staaten müssen ihre politischen Anstrengungen auf das Wohlergehen der jetzt lebenden Menschen konzentrieren. Es wäre ohne Sinn, von ihnen Opfer an Freiheit und Bequemlichkeit zu verlangen, wenn die Früchte solcher Opfer nicht in Kürze ihnen selbst zugute kommen.
Auch wenn das Menschheitsende nicht bevorsteht: hundert Jahre sind ein vernünftiger Planungszeitraum. Durchaus keine kurze Zeit, aber übersehbar, konkret auf Kinder und Kindeskinder beziehbar.
Wer auf weitergehende Zukünfte planen zu müssen glaubt oder zu planen vorgibt, ist ein gemeingefährlicher Narr.
Aber ich weiche aus.
Es ist natürlich ein Unterschied, ob die nächsten hundert Jahre nur eine weitere Phase der in ferne Jahrtausende weiterlaufenden Menschheitsgeschichte oder aber der unwiderruflich letzte Akt menschlicher Betriebsamkeit sind. Wenn ich meine Genugtuung

an dem Gedankenspiel »Die letzten hundert Jahre« richtig deute, wünsche ich die Erde vom Menschen befreit zu sehen.
Aber das ist nur der ästhetisch-romantische Aspekt meiner Misanthropie.
Was ich vor allem hergestellt sehen möchte, ist eine Situation, in der die Menschen keine Chancen mehr haben, der Tatsache ihres ENDES auszuweichen.
Wie überstehen sie das? Was wird in ihnen vorgehen?
Nicht erst in hundert Jahren, wenn es für die letzten Alten immer einsamer werden wird, sondern bereits in zehn und zwanzig Jahren werden die Städte zu verfallen beginnen, werden der Wald, die Steppe und die Wüste vordringen.
Die Natur ist von einem Tag auf den anderen nicht mehr eine Sache, die vor dem Allmachts- und Fortschrittswahn des Menschen geschützt werden muß, sondern das, was sie immer war: Leben, das ihn überleben wird.
In ihren Kreislauf werden die Überreste menschlichen Wirkens zurückkehren. Die Mauern versinken im Erdreich, die Brücken, Fabriken und Maschinen verrosten, die Bücher und Akten zerfallen, Möbel und Geräte verstauben.
Man kann diese Vision noch weiter ausmalen. Aber die interessanteste Frage bleibt: wie sieht es in den Köpfen (und den Gemütern) der letzten Menschen aus?
In hundert Jahren ist alles vorbei.
Das Ende der jetzt heranwachsenden Kinder fällt mit dem Ende menschlichen Lebens überhaupt zusammen. Der individuelle Tod – obwohl er sich in nichts vom Lebensende des einzelnen unter normalen Umständen unterscheidet – tritt schärfer hervor, wird von den Menschen erst jetzt in seiner ganzen Unverständlichkeit und Unzumutbarkeit bemerkt.
Es ist nicht mehr möglich, in die Illusion auszuweichen, daß Söhne, Töchter und Enkel die Fortsetzung des einzelmenschlichen Lebens über den Tod hinaus, also irgendeine Art von Unsterblichkeit verbürgen. Oder daß irgendeine Art von Unsterblichkeit durch den allgemeinen Fortbestand der Menschheit garantiert sei.
Aus der Genetik ist ebenso wenig Trost zu beziehen wie aus der Geschichte.

Man wird entdecken, daß das, was die Menschen ihre Geschichte genannt haben, nur eine List der sich das menschliche Bewußtsein dienstbar machenden Natur war, den eingeborenen Trieb zum Leben und Immerweiterleben als einen Akt geistig-seelischer Entscheidung erscheinen zu lassen.
Mit viel Eifer hat der letzte und erfolgreichste Wurf der Evolution religiös, philosophisch und schließlich wissenschaftlich nachzuweisen versucht, was die Natur ihn ohnehin zu glauben zwang: daß er der Mittelpunkt der Welt und zur ewigen Herrschaft über Erde und Kosmos berufen sei.
Aber nun ist unübersehbar, daß die Welt sehr gut ohne den Menschen auskommen wird. Er hat nur ein kurzes Gastspiel gegeben.
Und schmerzhaft deutlich hervortreten würde nicht nur das dem Individuum zugemutete abrupte Verlöschen einer unglaublich wirklichen, weil ausdifferenzierten lust- und leidvollen Realität; es würde damit auch bemerkbar werden wie nie zuvor, daß es menschliches Leben immer nur und ausschließlich als Empfinden, Denken, Handeln und Träumen eines konkreten Einzelnen gibt.
Was alles in kollektive Summierungen wie »Menschheit«, »Kultur«, »Nation«, an Autonomie und Wesenhaftigkeit und Totalität hineinprojiziert worden ist; diese Mythen lösen sich auf.
Der einzelne ist ganz und gar auf sich gestellt als den alleinigen Ort des sich seiner selbst bewußten Lebens, Leidens und Vergehens.
Es gibt keine Menschheit und hat niemals eine Menschheit gegeben, sondern nur den in graue Urzeiten zurückreichenden Zug der voneinander isolierten, kurzfristig auftauchenden und wieder verschwindenden Individuen.
Wenn in hundert Jahren die letzten Kranken und Greise sterben, endet das Leben dieser konkreten einzelnen Menschen.
Ich nehme an, daß dies die wichtigste Erfahrung der letzten Menschen wäre. Sollte es einen Sinn des menschlichen Daseins geben, wird man ihn in geschichtlichen und gesellschaftlichen (politischen, sozialen, humanitären) Aufgaben und Zielsetzungen vergeblich suchen.
Er kann nur in der Gestaltung, Nützung, Ausschöpfung, in der

Selbstdarstellung und Selbstauslotung des Daseins jedes Individuums in der Zeitspanne zwischen seiner Geburt und seinem Tod zu finden sein; in dem also, was jeder in den Umständen, in die er hineingerät, aus sich macht – mit Hilfe der Umstände, ungeachtet der Umstände, gegen die Umstände.
In dem Augenblick, in dem es keine Zukunft mehr gibt, werden die Menschen entdecken, was sie schon immer hätten wissen können (und was einige natürlich immer gewußt und auch gesagt haben): die die einzelnen Menschen zusammenbündelnde Horizontale der genetischen, historischen und sozialen Gemeinsamkeiten täuscht eine wachsende Annäherung an die Wahrheit und die Vollkommenheit nur vor.
Im Denken von geschichtlichen und gesellschaftlichen Tatbeständen gewinnt der Geist weder Tiefe noch Höhe.
Nur die vertikale Bewegung ins eigene Selbst hinein führt das Subjekt zu den Wurzeln und an die Grenzen der Dinge. Die Menschen, die dann nicht mehr geboren werden, können auch nicht leiden und müssen nicht sterben. Es wäre also unsinnig, das Ende der Menschheit zu bedauern.
Wem sollte unser Bedauern gelten?
Im Gegenteil: die menschliche Leidenskette reißt endlich ab. Die Welt ist besser als sie zuvor war. Sie ist von einem Wesen befreit, dessen besondere Begabung es war, sich und andere zu quälen.
Müßte nicht ein hörbares Aufatmen durch den Kosmos gehen?
Wäre »Gott« nicht seine größte Schuld und Sorge los? (47)

*

Die vitale Schwäche der Kulturgüter drückt sich in ihrer Unrentabilität aus. Liberalismus und Kapitalismus haben recht, insofern der Fortschritt im Materiellen sich aus dem Durchsetzungsvermögen des Stärksten, Ehrgeizigsten, Begabtesten, Tüchtigsten ergibt. Sie haben nicht recht, wenn sie meinen, daß sich auch der geistige und kulturelle Fortschritt auf diese Weise von selbst ergibt. (48)

*

Das, was jeder Mensch unter allen Lebensumständen und allein auf sich gestellt zu bestehen hat, was nicht zu ändern und zu umgehen ist, sind die Grundbedingungen seiner Existenz: er erfährt sich als ein unvollkommen ausgestattetes, widersprüchlich angelegtes Wesen. Seine Lebenszeit ist begrenzt. Es bedrohen ihn Alter und Krankheit, Unglücksfälle und Enttäuschungen. Er scheitert bei der Lösung privater und sozialer Probleme ebenso wie bei dem Versuch, den Dingen auf den Grund zu kommen, und weiß letztlich nicht zu sagen, worauf dieses Leben, aus dem er ebenso ungefragt entfernt werden wird, wie er in es hineingeraten ist, eigentlich wurzelt und welchen Sinn es hat. Es sind diese Grund- und Grenzerlebnisse, die die stärkste und beständigste Herausforderung für den Menschen darstellen, und es sind für ihn also jene Fähigkeiten am unerläßlichsten, die es ihm erlauben, diese Herausforderungen zu bestehen: Einsicht, Mut, Gelassenheit. Diese Eigenschaften sind schon in der antiken Philosophie in den Rang von Kardinaltugenden erhoben worden. Sie heißen dort: Weisheit, Tapferkeit (im Sinne von Fähigkeit zur Anspannung des Willens) und Besonnenheit (im Sinne von Selbstbeherrschung).
Die Grundeigenschaft also, die die Voraussetzung für eine personale Existenz, für ein denkend, handelnd und empfindend voll ausgeschöpftes Leben darstellt, liegt quer zu allem, was die Neuzeit zum Ideal erhoben und propagiert hat. Es ist Unabhängigkeit von jeder Art Erfolgs- und Leistungsstreben, von Erwartung auf Veränderung und Verbesserung dieser oder jener oder noch anderer Verhältnisse. Da die volle Harmonisierung des sozialen wie individuellen Daseins ein unerreichbares Ziel bleibt und auch gute Lebensumstände Abhängigkeiten nicht nur aufheben, sondern neue schaffen (vom erreichten Lebensstandard, von der sozialen Rolle), die womöglich noch größer sind als die Abhängigkeiten von einer mißlichen Situation, mit der man sich ja nicht identifiziert, lassen sich Weisheit, Mut und Besonnenheit nur in dem Maße entwickeln, als man innerlich von den Umständen des eigenen Lebens unberührt zu bleiben vermag.
Natürlich kann man verdrängen – oder doch fast ganz verdrängen –, daß die Unendlichkeit und Leere des Universums die

Existenz des Menschen auf diesem Planeten zu einem durch keine Geschäftigkeit zu lösenden Rätsel macht, daß die Kürze und Endlichkeit jedes Lebenslaufs unser Dasein noch gespenstischer erscheinen läßt, daß wir unabwendbar vom Unglück betroffen und in Schuld verstrickt werden; aber dies ist nur dann möglich, wenn wir als Ideal einen permanenten Zustand der Blindheit und Unaufgeklärtheit anstreben. In der hektischen Diesseitigkeit des modernen Menschen ist ein gutes Stück solchen gewaltsamen Nichtsehenwollens enthalten, die Umwandlung alles Natürlichen und Naturwüchsigen in Kultur und Zivilisation, auch der Versuch, sich nach dem Wegräumen des mythischen Szenariums nun gegen das Nichts durch eine Fülle von technischen Requisiten abzuschirmen. Überall auf Erden und am Himmel trifft der Mensch nur noch auf von ihm selbst produzierte Dinge. Dennoch ist der Selbsttäuschungsversuch im Ernst nicht durchzuhalten. Auch nach der Eroberung des Mondes bleibt das Universum so unbegreiflich wie zuvor, ist es unverständlich und absurd, daß wir ein paar Jahrzehnte lang Kenntnisse und Erfahrungen sammeln, die zu verwerten uns keine Zeit gegeben wird, und Hoffnungen nähren, die sich nie erfüllen werden.

Es sind die Religionen und Philosophien, die großen Werke der Dichtung und Kunst, in denen die Erfahrungen der Menschheit mit den »letzten Fragen« aufgehoben werden und an denen jeder Mensch aufs neue seine Einsichtsfähigkeit und sein Standvermögen prüfen und stärken kann.In der Tatache, daß es sie gibt, manifestiert sich der Scheitelpunkt menschlicher Möglichkeiten und Werte; in dem, was sie enthalten, artikuliert sich alles, was an Sinn der menschlichen Welt entnommen oder in sie hineingelegt werden kann. (49)

*

Alle Utopisten scheitern an dem simplen Faktum, daß sie zwar logisch funktionierende Systeme vollkommener Gerechtigkeit und Freiheit ausdenken, aber nicht zugleich einen perfekten Menschen herstellen können, für den allein ein solches System erstrebenswert wäre und der allein es funktionsfähig machen könnte. Die Vielschichtigkeit der menschlichen Natur ergibt eine Ambivalenz und Gebrochenheit, die durch keine politische Anstrengung aus der Welt geschafft werden kann. Das bedeutet, daß die Beseitigung aller Beeinträchtigungen, die in gesellschaftlichen Umständen begründet sind, nicht die totale innermenschliche und zwischenmenschliche Harmonisierung erbringt, sondern lediglich die strukturelle Widersprüchlichkeit der menschlichen Natur freilegt. Wenn die gerechte Gesellschaft etabliert ist, beginnen erst die Probleme. (50)

*

Das gleiche Talent, das uns instand setzt, die Wirklichkeit zu erfahren und zu durchschauen, läßt uns zugleich der Tatsache inne werden, daß es eine Wirklichkeit gibt, die über unsere Erfahrung hinausgeht. Das hat weder etwas mit Theologie noch auch mit Parapsychologie zu tun, sondern ist ein überaus einfacher Tatbestand. Über das Faktum, daß sich eine zeitlich oder räumlich endliche ebensowenig vorstellen läßt wie eine zeitlich oder räumlich unendliche Welt, hilft auch keine mathematische Formel hinweg. Und für unser in diesem Augenblick unleugbares Vorhandensein ist es letztlich unbegreiflich, daß wir vor kurzem nicht existent waren und in absehbarer Zeit nicht existent sein werden. Um das Sein und das Nicht-Sein zusammenzudenken, um der Dimension ansichtig zu werden, die das Rätsel einer weder endlichen noch unendlichen Welt lösen könnte, mangelt es uns an einem entsprechenden Organ.

Es ist also nicht nur gewiß, daß es eine Wirklichkeit gibt, sondern es ist auch gewiß, daß diese Wirklichkeit in allen Bereichen und in allen Richtungen vom Begreiflichen ins Unbegreifliche übergeht; sie hat eine uns zugewandte Seite, die wir erleben und erkennen können, und sie hat eine uns abgewandte Seite, von der wir nichts wissen als eben dies: daß sie vorhanden ist. Soweit wir existieren, existieren wir in der ganzen Wirklichkeit. Soweit wir unserer Existenz bewußt werden, existieren wir nur dann in der Wirklichkeit und in der Wahrheit, wenn wir in unser Dasein, in unseren Lebensvollzug jene unbekannte Dimension miteinbeziehen.

Miteinbeziehen heißt aber nicht: etwas davon wissen. Alles, was uns begegnet, bleibt rätselhaft. Wir leben in Widersprüchen, wir leiden, wir werden schuldig. Wir wissen nicht woher, wissen nicht wohin, und wissen nicht wozu. (51)

*

Es gehört zur Natur des Menschen, nicht einfach nur zu existieren, sondern in seine Existenz eine das So-Sein ständig überlagernde Vorstellung vom Sein-Sollen mit einzubeziehen. Nicht der Mythos bringt eine »autoritäre« Ich-Instanz hervor, sondern diese vielmehr jenen. Fiktiv sind die Inhalte des Mythos, nicht aber das, was er strukturell und anthropologisch bedeutet. Der Mensch kompensiert seine Plastizität, Offenheit und Instinktunsicherheit dadurch, daß er unentwegt Vorstellungen von Verhaltensweisen produziert, die an einem Modell möglichen Verhaltens orientiert sind. Die Bereitschaft, sich gegen sich selbst zu entscheiden und eigene Wünsche zu unterdrücken, beruht prinzipiell nicht auf der Verinnerlichung von äußeren und aufgezwungenen Machtverhältnissen und Wertvorstellungen (auch das kann der Fall sein), mit deren Beseitigung dann die innere Repressionsbereitschaft schwände. Die in der Natur des Menschen angelegten Spannungen zwischen Sein und Bewußtsein und zwischen den verschiedenen Persönlichkeitsschichten erzwingen vielmehr in der mythischen und religiösen Phase den Aufbau einer äußeren und institutionalisierten Wert- und Sozialordnung, die eine Stabilisierung der menschlichen Verhältnisse möglich macht.
Der Mythos weist darauf hin, daß der Punkt, von dem aus der Mensch imstande ist, sich zu beherrschen, außerhalb der Summe aller seiner Persönlichkeitselemente liegt. Die kollektiven Werte und Einrichtungen sind in diesem Entwicklungsstadium die Verkörperung des »Ich«, werden also nicht als autoritäre Mächte, sondern als Vollzugsorgane des eigenen Willens empfunden.
Wenn zum Inhalt des Selbst-Bewußtseins nicht ein verbindliches Bild vom Menschen wird, sondern lediglich die Vorstellung von der immer weiter zu treibenden Aufklärung und Befreiung, kann sich eine entscheidungsfähige Ich-Instanz nicht bilden. Die

Identifikations- und Willensbildung fällt vielmehr mit dem sich jeweils aus eigener Stärke durchsetzenden Partialbedürfnis zusammen. Da der Mensch dennoch wertet, auch wenn kein verbindliches Modell, sondern nur vage und als subjektiv empfundene Wertvorstellungen das Bewußtsein füllen, kommt es zu einer permanenten Diskrepanz zwischen dem, was tatsächlich mit und durch den einzelnen geschieht und seiner Vorstellung von dem, was eigentlich zu geschehen hätte. Die Unverbindlichkeit der Werte führt zu einer durchgehenden Schwäche der Entscheidungsfähigkeit.

Der Zerfall dieser kollektiven Wert- und Entscheidungsinstanzen im Verlaufe der Neuzeit bedeutet, daß der Mensch nun die Aufgaben, die zur Entstehung jener veräußerlichten Autoritäten führten, unvermittelt, direkt, in sich selbst durch sich selbst hätte lösen müssen. Dies aber mißlang, weil der Aufbau einer inneren Autorität vom Wertneutralismus der »exakten« Wissenschaft ebenso abgelehnt wurde wie vom prinzipiellen Anti-Autoritarismus der Freiheitsideologie. Der Humanisierungsprozeß ist – sozial wie individuell – steckengeblieben. (52)

*

Kultur setzt Muße, frei verfügbare Zeit, materielle Mittel, die man zum Lebensunterhalt nicht benötigt, und die Macht voraus, solche Mittel ohne Nachweis eines Nutzens ausgeben zu können. Sie erfordert Urteils- und Geschmacksbildung, Phantasie und Initiative – Talente, die der Mensch nur unter Lebensbedingungen entwickeln kann, die auch in der westlichen Welt erst seit 100 Jahren für eine größere Zahl gegeben sind. Für die Mehrheit sind sie es bis heute nicht.

Sobald eine Gesellschaft nach Gerechtigkeit und Gleichheit strebt, das heißt sich demokratisiert, beginnt der kulturelle Abbau. Es gibt in Vergangenheit und Gegenwart kein Beispiel, das Anlaß zu der Vermutung geben könnte, die ästhetisch-kulturelle Wertung könne auch in einer demokratisierten Welt ihre bestimmende Bedeutung erhalten. Es war dieser im Gang der Geschichte begründete Vorgang, der zu den das Ende des vergangenen und den Beginn des derzeitigen Jahrhunderts begleitenden Diskussionen über den Konflikt zwischen Kunst und Moral, dem Artistischen und dem Politischen führte. Man sah sich vor eine Alternative gestellt, die von den meisten zugunsten der Moral und Politik entschieden wurde. Die Ästheten und Kulturverteidiger wurden ins Lager der politischen Reaktion gedrängt.

Ob sich jemand für moderne oder für klassische Musik oder überhaupt für Musik, ob sich jemand für bildende Kunst oder Literatur oder für beides nicht interessiert, ist seine Sache. Es mindert weder seinen sozialen noch seinen menschlichen Wert. Er kann ein Charakter und eine Persönlichkeit sein, ohne je ein Buch in die Hand genommen, einen Theatersaal betreten, einen philosophischen Vortrag gehört zu haben. Sein Mangel ist subjektiver Natur: bestimmte Freuden und Werte, die mit der Ausbildung, Aktivierung und Intensivierung seiner Empfindungs- und Denkfähigkeit zusammenhängen, lernt er nicht kennen. Obwohl er also den Mangel gar nicht als Mangel empfinden muß und ein ausgefülltes und geglücktes Leben führen kann, handelt es sich von den Möglichkeiten der menschlichen Natur her gesehen tatsächlich um einen Mangel.

Es ist einleuchtend, daß eine Gesellschaft, deren Verfassung ausschließlich darauf ausgerichtet ist, die Zivilisationswerte zu fördern, die kulturellen Talente ihrer Angehörigen unentwickelt läßt. Wenn man dem Menschen nicht ausdrücklich Kulturwerte anbietet, seinen Geschmack und sein Denken trainiert, wird er sich mit Arbeit, Essen, Schlafen, sexueller und körperlicher Betätigung und der Pflege sozialer Kontakte zufriedengeben. Die Schwierigkeit demokratischer Gesellschaften in der jetzigen Phase ihrer Entwicklung besteht darin, daß ihre Repräsentanten einerseits den Willen der Mehrheit verwirklichen müssen, und damit auch das Niveau dieser Mehrheit übernehmen, andererseits wissen, daß die höchsten Werte sich dem Mehrheitsverständnis bis auf weiteres entziehen. Wenn man will, lebt die Kultur in unseren Demokratien sowohl hinsichtlich ihrer Substanz als auch hinsichtlich der ihr zugesprochenen Bedeutung immer noch vom feudalistischen Erbe.

Dennoch kann unsere erste Frage bei der Beurteilung einer Gesellschaft nicht lauten, ob sie kultiviert, sondern ob sie zivilisiert ist, ob es in ihr keine Unterdrückten, keine zu Unrecht Verurteilten, Armen und Unwissenden gibt. Der Gerechte protestierte immer schon gegen den Überfluß an Kulturgütern, solange es Unzähligen an den notwendigsten Lebensgütern gebrach. Und der Weise benötigt, um weise zu sein, eine Schale Reis und eine Matte zum Schlafen. (53)

*

Weder die Vollbeschäftigung noch der staatliche Gesundheitsdienst, noch komfortable Lebensumstände bringen reife Menschen hervor.
Wir haben übersehen, daß nicht nur das Lesen, Schreiben und Rechnen, sondern auch das Leben, Lieben und Sterben Künste sind, die man lehren und lernen muß. Die Zivilisation ist eine Lebensform, in der der Mensch ohne die Aneignung sehr umfangreicher Kenntnisse in den verschiedensten Künsten und Wissenschaften nicht in der Lage ist, an der Produktion und Konsumtion der Zivilisationsgüter teilzunehmen, aber sie hat merkwürdigerweise bis heute keine Methoden entwickelt, die den Bürger dieser Zivilisation befähigen würden, auch seine inneren Güter in der rechten Weise zu fördern, zu nützen und zu genießen. Da er in diesen Künsten ganz und gar nicht »eingeübt« ist, wendet er sein ganzes Interesse und seine ganze Energie der Ausgestaltung und dem Genuß der äußeren Lebensumstände zu. Das Streben nach materiellem Wohlstand wird zum Selbstzweck, weil die Werte und Güter, um die es im Rahmen eines sozial befriedeten Daseins nun eigentlich gehen sollte, gar nicht mehr im Blickfeld erscheinen. (54)

*

Die gleiche Eigenschaft, die die geschlossene Ordnung der Umwelt sprengt, indem sie den Blick des Menschen für das Ganze der Natur und Welt öffnet, gibt sogleich auch die Möglichkeit, die nun entstehende lebensbedrohende Unsicherheit zu überwinden. Der Einbruch des Unbegreiflichen wird durch Bilder abgeriegelt, die wiederum Ordnung und Sinn herstellen: die Mythen.

Der Geist produziert selbst das Mittel, mit dessen Hilfe die durch ihn verursachte Bedrohung aufgehoben werden kann. Die Welt ist wieder in Ordnung, die leeren Stellen ausgefüllt, die Löcher abgedichtet, der Kreis geschlossen, ein Szenarium aufgebaut, das den Blick auf das Nichts verstellt.
Dies ist eine der universalen Antinomien der Menschheitsgeschichte: der immer wieder unternommene Versuch, Mythen zu erschaffen, die das Nichts abdecken und Leben ermöglichen, und das nicht einzudämmende Bedürfnis, zu wissen, wie es sich mit den Dingen wirklich verhält. Wenn die neuen Kulissen aufgebaut werden, stehen schon die Entlarver bereit, um sie wegzuräumen. (55)

*

Solange eine Regierung im Amt ist, sollte sie ausreichende Befugnisse haben und ohne ständige Abstimmungen regieren können. In vielen Fragen sind angemessene Entscheidungen nur zu erwarten, wenn diejenigen, die zu entscheiden haben, sich nach der Qualität der Argumente, nicht nach der Stärke der Interessengruppen richten. Das ist nach Lage der Dinge weniger von direkt vom Wähler abhängigen großen Parlamenten als von eine kleine Zahl von Personen umfassenden Regierungen zu erwarten. Angesichts der durchgehenden Orientierungslosigkeit des zeitgenössischen Menschen und seines Ausgeliefertseins an gerade auftretende oder ihm suggerierte Bedürfnisse ist zu vermuten, daß sich die Mehrheiten in einem System der direkten Demokratie und des imperativen Mandats in die Unfreiheit ideologisch verbrämter und aufgeheizter Triebbefriedigungen hineinentscheiden. (56)

*

Ich war immer ein notorischer Individualist, aber ich glaube, daß das soldatische Leben das letzte Modell eines den allgemeinen Freiheitswahn korrigierenden Humanitätsverständnisses ist.
Das Soldatische als Lebensform (nicht als militaristisches Spektakel) beeindruckt, weil es zeigt, daß der Mensch zur Pflichter-

füllung, zum Dienst, zum Verzicht auf Bequemlichkeit und Lustgewinn, zum Ertragen seiner Sterblichkeit nicht nur fähig sein sollte, sondern tatsächlich fähig ist.

Demgegenüber ist die liberaldemokratische Ideologie gezwungen – sobald das Ziel, die allseits befreite Gesellschaft, halbwegs erreicht ist –, jede asketische Lebenshaltung zu verteufeln, da Verzicht und Disziplin das Konzept der universalen Unlustvermeidung in Frage stellen.

Das libertinistische System bringt schließlich hervor, was es anstrebt. Eine Lebensform, deren Niveau immer weiter absinkt, da niemand einen Anlaß sieht, sich der Unbequemlichkeit der Selbstbeherrschung und dem Ärgernis der Sterblichkeit auszusetzen.

Die demokratische Glücksphilosophie ruiniert den Menschen durch die Erfüllung ihrer Versprechen. Seine spirituellen Interessen und Fähigkeiten müssen abgebaut werden, da sie das behagliche Einverständnis der Mehrheit mit sich selbst stören.

Es ist ganz falsch, die Faszination der Uniform nur oder vor allem darin zu sehen, daß sie Ausdruck einer Flucht ins Kollektiv, in den Schutz der Gruppe ist.

Das ist sie auch.

Zunächst aber dokumentiert sie den (erzwungenen oder freiwilligen) Verzicht auf eine pseudo-individualistische »Ich-bin-Ich«-Pose.

Natürlich kann die Uniform mehr Individualität vernichten als hervorbringen. Sie tut es überall dort, wo sie dem Willen zu dieser Zerstörung ausdrücklich dienen soll.

Wer sie jedoch in jedem Fall für eine Zwangsjacke hält, hat nicht begriffen, daß sie wie alle demonstrativen Gruppenembleme dem Menschen helfen kann, einen Subjektivismus zu überwinden, der nicht das Zeichen von Stärke und Eigenständigkeit, sondern von Schwäche und Charakterlosigkeit ist.

Jede Armee ist (wenn sie sich dem, was sie sein soll, auch nur annähert) nicht nur ein notwendiges Übel, um nach außen die Verteidigung zu gewährleisten und nach innen im Notfall die Anarchie zu verhindern, sondern eine Lebensordnung, in der es um die Erfahrung und Einübung allgemein gültiger Tugenden geht.

Daß es zu dieser Erfahrung zumeist nicht mehr kommt, liegt daran, daß die Militärs in einer von Freiheits-Ideologien beherrschten Welt die Bedeutung ihrer Rolle selbst nicht mehr verstehen.

Ich verabscheue jede Art von physischer Gewaltanwendung und sehe auch im kriegsbedingten Morden keinen heroischen Sinn.

Aber man verhindert Kriege nicht, indem man so tut, als wäre in geschichtlich absehbarer Zeit der Weltfriede erreichbar.

Solange es Nationalstaaten, umstrittene Territorien, sich befehdende Gesellschaftsordnungen, Kämpfe um Rohstoffe und Lebensgüter gibt, wird man mit bewaffneten Konflikten zwischen Staaten zu rechnen haben.

Und solange noch irgendwo auf der Welt totalitäre Regime linker oder rechter Provenienz ganze Völker mit Unterdrükkung, Terror und Ausrottung bedrohen, ist es ein Menschenrecht, sich gegen ihre Usurpationsgelüste mit Waffengewalt zur Wehr zu setzen.

Eine pazifistische Haltung erscheint mir nur dann glaubwürdig, wenn ihr Bekenner auch den alliierten Feldzug gegen das Hitlerregime verurteilt hätte und bereit gewesen wäre, geduldig in einem (wahrscheinlich noch heute andauernden) nazistischen Europa zu existieren.

Der Weltfriede ist erstrebenswert und prinzipiell auch möglich, aber für die voraussehbare Zukunft sind Kriege ein Faktum wie Erdbeben oder Überschwemmungskatastrophen. Jeder Mensch muß damit rechnen, in kriegerische Auseinandersetzungen verwickelt zu werden, und er sollte eine Vorstellung davon haben, wie er sich in dieser Lage verhalten will.

Ist man erst einmal – freiwillig oder unfreiwillig – Teilnehmer eines Krieges, befindet man sich in einer Situation, die ihre eigenen Gesetze hat.

Von heute auf morgen werden die Umstände eines normalen, zivilen, bürgerlichen Daseins zu einer unwirklichen Erinnerung. Es geht nur noch ums nackte Überleben, um Essen und Schlafen und den Zwang, der eigenen Vernichtung oder Verwundung oder Gefangennahme durch die Vernichtung, Verwundung oder Gefangennahme des Gegners zuvorzukommen. Auf diesen Ernstfall hin wird der Soldat trainiert.

Aber Leiden, Sterben und Schuldigwerden sind ein Schicksal, das jeden Menschen erwartet.
Die soldatische Lebensform ist also weder abseitig noch unmenschlich, sondern paradigmatisch. Ihr Ethos und ihr Trainingsprogramm enthalten verbindliche Maximen für alle Menschen; auch für jene, die voraussichtlich niemals eine Uniform tragen müssen und im Bett sterben werden.
Sentimental und verlogen scheint mir nicht diese Einschätzung des Soldatischen, sondern jene andere, deren Friedensgesinnung den Anschein zu erwecken sucht, ein entschieden zivilistisches Leben könne von moralischen Konflikten, körperlichen und seelischen Schmerzen und der endgültigen Kapitulation verschont bleiben.
Nach den Faschismus-Erfahrungen und den Erfahrungen mit dem Kommunismus ist die Freiheits-Komponente der Demokratie so überwertig geworden, daß der immer mehr Aufklärung, immer mehr Freiheiten und Rechte beanspruchende »mündige« Staatsbürger so sehr zum allein legitimen Humanitätsvertreter geworden ist, daß Rollen, die Unterordnung, Pflichterfüllung und Verzicht verlangen, unverständlich und unmoralisch geworden sind.
Gerade jetzt, da die Ölkrisen und die Kernkraftdiskussion von den Regierungen Entscheidungen verlangen, die nicht nur Eingriffe in die sakrosankte Wirtschaftsfreiheit, sondern auch in die private Bedürfnisbefriedigung erfordern, zeigt sich, daß der in den westlichen Demokratien herangewachsene Mensch jede Orientierung verliert, wenn seinem infantilen Gewinn- und Lustdenken plötzlich Hindernisse in den Weg gelegt werden.
Beschränkung ist für ihn ein nur im äußersten Fall notwendiges Übel.
Aber man darf die von superdemokratischen Intellektuellen beherrschte veröffentlichte Meinung nicht mit den tatsächlichen Empfindungen vieler Bürger verwechseln.
Obwohl alle ungeniert nach immer höheren Einkommen, immer komfortableren Lebensumständen, größeren Freiheiten streben, spüren viele ein wachsendes Unbehagen und eine dunkle Ahnung, daß zu einem menschenwürdigen Leben auch in normalen Zeiten Idealismus, Pflichterfüllung, Opfer- und Dienstbereit-

schaft, Selbstbeherrschung, Bescheidung und Bescheidenheit gehören.

Meines Erachtens geht auch der Westen einer Zeit entgegen, in der nur »Obristen« bei außerordentlichen Krisen imstande sein werden, die Überwältigung von außen oder die Anarchie von innen zu verhindern. Befristet amtierende Militärregierungen können eines nicht fernen Tages auch in unseren Breiten die letzte Chance sein, der Machtergreifung linker oder rechter Rigoristen vorzubeugen.

Die Voraussetzung wäre eine demokratisch gesinnte Armee, die nicht ständig in der Isolation gelebt hat und als präfaschistisch denunziert worden ist.

Und das ist nur möglich, wenn die Demokratie-Konzeption von vornherein die Prinzipien einer militärischen Ordnung mit einbegreift.

Dienst, Ordnung und Disziplin dürfen nicht das Spezialethos einer faschismusverdächtigen Minderheit, sondern müssen legitime Ideale einer humanen Staatsordnung sein.

Die Begehrlichkeit und larmoyante Aufbegehrlichkeit der Radikaldemokraten machen die westlichen Demokratien nicht empfehlenswert.

Die so gestimmten Bürger sind in der akuten Gefahr, zu einem Haufen infantiler und stumpfsinniger Egoisten zu werden, die unentwegt auf der Befriedigung ihrer Bedürfnisse bestehen und Zeter und Mordio schreien, wenn man ihnen Einschränkungen materieller Art oder Einschränkungen ihrer Enthemmungsfreiheit zumutet. (57)

*

Das andere Gegenmodell zur liberaldemokratischen Unlustvermeidungs- und radikaldemokratischen Glücks-Philosophie ist das mönchische Leben.

Da die Demokratie nicht eine pragmatische Staatsform geblieben ist, sondern die blinde Weltbefangenheit des modernen Menschen in den Rang einer höchsten Norm erhoben hat, ist der Mönch als orientierendes Vorbild noch mehr ins Abseits geraten als der Soldat.

Die Alleinherrschaft einer nur emanzipatorisch verstandenen Selbstverwirklichungsphilosophie hat die Orden und die Klöster in den Augen einer »aufgeklärten« Öffentlichkeit zu Stätten einer widernatürlichen Existenzform gemacht. Da es beim Mönchtum – im Gegensatz zum soldatischen Leben – nicht um eine zumindest praktisch-politisch vertretbare, sondern um eine durch keinen rationalen Zweck begründbare freiwillige Askese geht, fühlt sich der weltgläubige Humanist besonders herausgefordert.
Triebverzicht anstelle von Triebbefriedigung, Selbstbeschränkung anstelle von Selbstentfaltung, Subordination anstelle von Autonomie und Mündigkeitsanspruch, Gehorsam anstelle von Diskussion und Stimmrecht, Streben nach Erkenntnis anstelle von Streben nach Kenntnissen, Hoffnung auf Erlösung anstelle von Hoffnung auf Lösungen.
Auch diese Ideale müssen im Demokratismus unverständlich bleiben. Weder im europäischen Mittelalter noch in den ostasiatischen Kulturen wurde die Existenz von Klöstern jemals als Forderung verstanden, das gesellschaftliche Leben ordensmäßig und asketisch zu organisieren. Der Mönch war jemand, der außergewöhnliche Haltungen und Gesinnungen vorlebte, die als Orientierungen – nicht als Rezept – auch für das Dasein des normalen Menschen Bedeutung haben. (58)

*

Intelligenz ist die Fähigkeit, kausale und logische Zusammenhänge zu durchschauen, zu formulieren und zu nützen. Intellektualität ist die Fähigkeit, alle Elemente der menschlichen Realität: emotionale wie rationale, empirische wie imaginative, zu begreifen, darzustellen, zu interpretieren.
Spiritualität ist die Fähigkeit, Wirklichkeit von einer vorhandenen, aber unbekannten transzendenten Wahrheit her zu sehen. Intelligenz und Intellektualität sind mit dem Verfügbaren beschäftigt, als ob es nichts als das Verfügbare gäbe. Spiritualität denkt das Verfügbare vom Nicht-Verfügbaren, das Machbare vom Nicht-Machbaren her, benützt das Grenzbewußtsein als Erkenntnis- und Ausdrucks- und Lösungsmittel.

Das bewegende Element jeder Kultur ist die Spannung, die entsteht, wenn der Mensch in der Gewißheit einer übergreifenden transzendenten Wahrheit (»Gott«), die in ihrem Wesen unbekannt und unverfügbar ist, sich dennoch bemüht, alle verfügbaren Mittel und Wege auszuschöpfen, um dieser Wahrheit nahezukommen oder zumindest ihr Vorhandensein zu bezeugen: in den bildenden Künsten, der Dichtung, der Musik, der Philosophie und Religion.
Und auch in seinem Verhalten.
In einer Gesellschaft, die nur Ziele und Wege im Verfügbaren kennt, werden Kunst, Literatur und Leben auch immer nur dieses Verfügbare reproduzieren. (59)

*

Einen Baum zu pflanzen, auch wenn morgen die Welt untergeht, meint keineswegs, daß die Menschen – bis die Welt untergeht – noch Apfelmus brauchen, und ist auch kein Ablenkungsmanöver, sondern bedeutet, daß hier und jetzt und bis zum letzten Augenblick das Geheimnis der Welt seinen Ausdruck im Vorhandensein von Bäumen und in der Pflanztätigkeit des Menschen findet.
Er bleibt nicht deshalb tätig, weil es möglicherweise doch noch den Fortschritt und das schönere Leben zukünftiger Geschlechter zu sichern gilt, sondern weil die Erfüllung einer Aufgabe oder einer Arbeit, die getan werden muß, das gelebte Leben – durch die Erfüllung – über sich selbst hinausträgt. (60)

III. DAS SOGENANNTE GUTE

Die Welt hat so viele Mittelpunkte wie es Menschen gibt. Um jeden kreist das Universum als um ein einmaliges Zentrum. Selbst in den extremsten Entäußerungssituationen bleiben Gefühl und Bewußtsein an den einzelnen gebunden: in der Umarmung wie in der Massenaktion.
Auch in allen jenen Fällen, in denen einige oder viele Individuen das gleiche empfinden, denken und wollen, empfinden, denken und wollen sie dieses gleiche als einzelne. Es gibt kein Volks»empfinden«, kein Klassen»bewußtsein«, keinen Gemeinschafts»geist«, keine Kultur»seele«. Keine propagandistische, keine psychologische oder politische Manipulation ist imstande, das Faktum außer Kraft zu setzen, daß die menschliche Wirklichkeit immer Meier, Müller und Schulz heißt. (61)

*

Die Einsicht in die Unteilbarkeit des Menschen darf nicht den Blick dafür verstellen, daß die Harmonisierbarkeit der verschiedenen Schichten und Strebungen ihre unüberschreitbare Grenze hat. Zwischen unseren biologischen Antrieben, den psychischen Kräften und den Forderungen der Vernunft und Imagination gibt es Spannungen, die nur ausgehalten, aber nicht aufgelöst werden können.
Und die menschliche Natur ist nicht nur vielschichtig und widersprüchlich, sie ist auch – wie alles Lebendige – in einem ständigen Wandel begriffen. Es gibt keine gleichbleibende Person, sondern nur einen unablässig fließenden Strom von sich unablässig verändernden physiologischen, psychologischen und intellektuellen Daten. Und dieser Prozeß erlebt sich nur deshalb als kontinuierliches »Selbst«, weil er sich in einem definitiv gegen die übrige Welt abgegrenzten Organsystem abspielt, das frühere Erfahrungen als Erinnerung mitführt.
Ein Wesen, das sich nicht gleichbleibt, ist unbeständig. Es kann auf sich nur bauen – und bauen lassen, soweit es biographische

Kontinuität bewahrt, das heißt die Verbindung zu dem, was war, nicht aus den Augen verliert. Aber auch dann lassen sich Unruhe und Unzuverlässigkeit nicht überwinden, sondern nur in Grenzen halten. Alle unsere Anstrengungen – seien sie auf die Vervollkommnung der eigenen Person, seien sie auf die Vervollkommnung der Gesellschaft gerichtet – werden immer und prinzipiell unzulänglich bleiben. Der Mensch kann das ihm nur als Intention vorgegebene Menschliche immer nur annähernd verwirklichen. Er wird denkend und handelnd scheitern. Er wird Fragen stellen, die niemand beantworten kann. Er gerät in Konflikte, für die es keine Lösung gibt. Und er erfährt Erfüllungen, die sich dem Verständnis jedes einfältigen Moralismus entziehen. Die Paradoxien der Leidenschaft, die Humanes ebensosehr zerstören wie hervorbringen können, machen alle schlichten Lebensrezepte zunichte.

Das reifere und reichere Leben hat einen hohen Preis. Am Horizont einer Welt, die der Mensch mit Vernunft und Harmonie zu erfüllen wünscht, bricht immer wieder das Un-Menschliche und Absurde herein. Wer dies nicht in Rechnung stellt bei sich und den anderen, weiß nichts vom Menschen. Es gibt einen Terror des Guten, dessen Resultate schrecklicher sind als die Irrtümer und Vergehen, die er ausmerzen will. (62)

*

Es bleibt niemals etwas in der Vergangenheit zurück – die Welt nimmt sich vielmehr als Ganze in die Gegenwart mit. Und mit dem, was damals geschah, nimmt sie auch das, was damals erwartet wurde, in die Gegenwart mit. Die Gegenwart allein ist der Ort, an dem auch die Zukunft stattfindet, nämlich die Versprechungen und Hoffnungen der Vergangenheit eingelöst werden können.

Sobald man vergißt, daß menschliches Leben seine volle Qualität nur entfaltet, wenn Bewußtsein und Wille auf das gerade jetzt zu bestehende Dasein gerichtet sind, kommt es zu einer wahnhaften Fixierung aller Lebenskräfte auf Zukunft und Fortschritt. Es setzt sich die Vorstellung fest, daß gegenüber den ausdenkbaren großen Möglichkeiten von morgen die Beschäftigung mit den Realitäten von heute nur ablenkt und korrumpiert. (63)

*

Die Welt der Natur ist für sich selbst da. Der Mensch ist auf sie angewiesen, nicht sie auf ihn. Wie seine Art hervorgegangen ist und getragen wird von allen vorausgehenden Daseinsschichten »bis hinunter zur Materie«, so wird der Geist des einzelnen Menschen hervorgebracht, getragen und bedingt von seinem Körper. Und wie das Erscheinen des Menschen auf der Erde die spezifischen Daseinsgesetzlichkeiten und Daseinsrechte aller anderen Lebewesen nicht außer Kraft setzt, so kann auch der Geist die eigentümliche Daseinsweise aller vorgeistigen Kräfte und Bereiche nicht außer Kraft setzen, ohne – mit diesen – sich selbst zu zerstören. (64)

*

Es gibt für eine Lehre vom Guten nur einen einzigen Qualitäts- und Gültigkeitsnachweis: daß nämlich die Menschen, an die sie sich richtet, bereit und fähig sind, danach zu leben. Eine Moral, die keine nachweisbare Humanisierung hervorbringt, kann noch so schöne und erhabene Gedanken produzieren, kann noch so überzeugend und in sich selbst stimmig sein – sie ist falsch, weil sie sich als unbrauchbar erwiesen hat. Sie muß nicht nur honesta und justa, sondern auch utilis und possibilis sein. Das in der Sache »Ethik« selbst liegende pragmatische Element läßt sich nicht ausscheiden, ohne daß man die Ethik selbst aufgibt. (65)

*

In der unzweifelhaft ungerechten Ordnung der kapitalistischen Welt ist mehr konkrete Menschlichkeit und individuelle Freiheit realisiert worden als in der gerechteren des Kommunismus.
Die Gründe dafür sind nicht schwer zu finden. Sie sind in der Tatsache zu suchen, daß der Marxismus nur in einer einzigen Hinsicht mit der idealistischen Tradition gebrochen, ihr aber in

allen anderen Aspekten treu geblieben ist. Der radikale Bruch besteht in der Überzeugung, daß die Menschheit sich durch das, was sie tut – nicht, wie bei Hegel, durch das, was sie erkennt –, verwirklicht und in dem Versuch, daraus rigorose Konsequenzen zu ziehen, das heißt die bisherige Geschichte nicht fortzusetzen, sondern durch die revolutionäre Tat abzubrechen und neu zu beginnen. Dies ist mit der 11. These über Feuerbach gemeint: »Die Philosophen haben die Welt nur verschieden interpretiert. Es kommt darauf an, sie zu verändern.«
Fortgesetzt wird die idealistische Tradition insofern, als die programmatisch angestrebte Befreiung des Menschen ein nur verbales und inhaltleeres, ständig in die Zukunft entgleitendes utopisches Ziel bleibt, der tatsächlich in einer kommunistischen Gesellschaft lebende Mensch jedoch gezwungen ist, auf seine konkrete Selbstentfaltung zugunsten dieses fernen und abstrakten Zieles zu verzichten. So gesehen ist der Kommunismus nicht etwa materialistisch oder realistisch oder wissenschaftlich, sondern ein Exzeß an Idealismus, dem ein Exzeß an Unmenschlichkeit notwendig folgt. (66)

*

Theoriebildung ist immer Vivisektion. Sie erfaßt einen bestimmten Kausalzusammenhang auf Kosten der komplexen Lebendigkeit des Ganzen, aus dem sie ihn herauslöst. Was nicht in ihr Blickfeld gerät, solange sie wissenschaftlich verfährt, ist einmal dieses Ganze und zum anderen das Besondere, also jene Abweichung von der fiktiven Norm, die das Konkrete zum Konkreten macht. (67)

*

Mythen wie Religionen (soweit sie nicht völlig theologisiert, das heißt in Begriffe aufgegangen sind) sind in bezug auf das Im-Blick-Behalten der nicht restlos aufzuklärenden Wirklichkeit realitätsnäher als jede Wissenschaft, da die von ihnen gebrauchten Bilder gerade diesen Sachverhalt decken, auch wenn ihre Welterklärung im einzelnen objektiv falsch sein und keiner

Prüfung standhalten sollte. Die Wirklichkeit ist immer differenzierter als unser Vermögen, sie abzubilden oder gar durch spekulative Entwürfe zu überholen. Unser Bewußtsein bleibt quantitativ und qualitativ immer hinter dem Sein zurück. »Das Denken ist etwas Grobes, die Materie etwas unvorstellbar Feines.« (Aldous Huxley) Wenn Wissenschaft dies nicht begreift, wird sie schlechter Religionsersatz, da sie nun beides verfehlt: die Wahrheit der Religion wie die Wahrheit der Wissenschaft. Sie macht einen der vielen erforschbaren Teilbereiche zum alles bestimmenden und alles erklärenden ens realissimum. Was sich außerhalb dieses Teilbereichs vorfindet, wird zur bloßen Spiegelung oder Folge – was sich überhaupt nicht fassen läßt, für nicht vorhanden erklärt. (68)

*

Die Faszination, die Systeme wie der Marxismus ausüben, beruht neben der intellektuellen Befriedigung, die ihre Handhabung verschafft, auf zwei Eigenschaften, die für alle Religionen, Ersatzreligionen und Weltanschauungen charakteristisch sind: sie bringen Ordnung in das Chaos der Welt und sie bringen Ordnung in das Leben der Menschen. Hinsichtlich der inneren Verfassung seiner Anhänger und Apologeten zeigt der Marxismus wie kaum eine andere Ideologie, daß es nicht darauf ankommt, ob eine solche Universaltheorie richtig oder falsch ist; es kommt darauf an, daß sie Werte setzt und Forderungen stellt. Die Kraft und Macht der Mythen und Religionen bestand nicht darin, daß sie realitätsgerechte Aussagen zustande brachten, sondern in ihrem Willen, die Welt verständlich zu machen und dem Menschen zu sagen, was er in ihr zu tun habe. Der Marxismus ist die gradlinige Fortsetzung dieses idealistischen Imperativismus – nun im Namen der »Wissenschaft«. Er ist auch in dieser Hinsicht die schlimmste Form des Idealismus überhaupt, da Wissenschaft den von Mythos und Religion niemals erhebbaren Anspruch stellt, alles erklären, alles genau erklären und alles perfekt und schon hier in dieser Welt dem theoretischen Modell entsprechend machen zu können. (69)

*

Aus den vielfältigen äußeren Bedingungen, die vom heimatlichen Klima bis zur importierten Religion das Dasein der Menschen an einem bestimmten Ort zu einer bestimmten Zeit bestimmen, wird die Wirtschaft herausgelöst und zur alles erklärenden Ursache aufgebläht. »Das Gesetz, nach dem die Fatalität der Menschen abrollt, ist das des Tausches.« (Adorno)

Sowenig eine solche Theorie auch den Tatsachen entspricht, sosehr hat sie doch die Tendenz, daraus Tatsachen zu machen, sobald sie zur herrschenden Ideologie wird. Nicht im Kapitalismus – in dem trotz der verhängnisvollen Omnipotenz der Wirtschaft noch sehr viele andere Faktoren das Leben der Gesellschaft und des einzelnen bestimmen –, sondern im Kommunismus erlebt die These von der alles beherrschenden Rolle der Ökonomie ihre in der Tat »fatale« Bestätigung. Was durch die Liquidierung des Kapitalismus beseitigt werden soll, nämlich die Abhängigkeit des Menschen von wirtschaftlichen und sozialen Umständen, wird nun erst etabliert. Erst jetzt – nicht etwa vorher – ist der Mensch »das Ensemble der gesellschaftlichen Verhältnisse«, denn eine Staatsordnung, die von ihren Bürgern die ständige ideelle und tätige Konzentration auf kollektive Werte und Aufgaben verlangt, muß ein allgemeinverbindliches Reglement durchsetzen, das für die Entfaltung irgendwelcher privaten Bedürfnisse wenig Spielraum läßt. Der Marxismus treibt die tragische Paradoxie idealistischen-rationalistischen Philosophierens und Moralisierens auf die Spitze: da der zukünftige Mensch alles, der gegenwärtige nichts gilt, kommt es zu einer Brutalisierung der Herrschafts- und Erziehungsmethoden, die keine Grenzen und kein schlechtes Gewissen kennt. (70)

*

Während es das Kennzeichen aller Wissenschaft ist, historisch und deskriptiv zu verfahren, das heißt das zu untersuchende Objekt einerseits aus den zeitlich voraufgehenden, andererseits aus den zur Zeit der Untersuchung herrschenden Zuständen zu erklären, ist die marxistische Gesellschaftswissenschaft gezwungen, das Wesen des Menschen aus einer Theorie seiner zukünftigen Vollendung abzuleiten. Wenn wir wissen wollen, wie wir die gegenwärtigen Verhältnisse einzuschätzen und uns zu verhalten haben, können wir nicht auf unsere Kenntnisse von der Entstehung und Entwicklung des Menschen und der menschlichen Gesellschaft zurückgreifen, sondern müssen von dem ausgehen, was sich in der Zukunft als Wesen des Menschen erst herausstellen wird.

Wie für die Christen der ersten Jahrhunderte, die die Wiederkehr des Jesus von Nazareth und damit das Ende der Zeiten erwarteten, ist auch für die Marxisten die bisherige Geschichte Durchgangsstadium ohne eigenen Wert und Sinn. Und es ist in dieser Sicht nicht inhuman, sondern höchst moralisch, den Menschen aus den Bindungen und Bedingungen seines bisherigen Lebens herauszureißen, die gewachsene natürliche Kontinuität seines Lebens aufzubrechen und abzubrechen. Es gelten nicht mehr Familienbande, nicht mehr überkommene Verpflichtungen und Gesetze, es gilt nur noch das Gesetz der Revolution: Das Bestehende aufzuheben und einen neuen Anfang zu setzen. (71)

*

Eine haltbare Humanisierung der zwischenmenschlichen Beziehungen und der Institutionen, die diese Humanisierung garantieren, ist das Resultat eines Wechselspiels zwischen Theorie und Praxis, den man mit kybernetischen Begriffen beschreiben kann. Die sich mit der Anhäufung geschichtlicher Erfahrung, mit dem Fortschritt von Wirtschaft, Technik und der Kunst des Zusammenlebens entwickelnden Bedürfnisse des Menschen finden ihren Niederschlag in entsprechenden Systemen; diese heben das Erfahrungsmaterial durch intellektuelle Bearbeitung auf eine höhere Stufe; die so entstehenden Theorien wirken ihrerseits auf Bedürfnisbildung und Verhalten zurück usw. usw.

Zwischen Sein und Bewußtsein findet also ein ständiger Austausch von Informationen statt, entsteht ein Regelkreis, der auch die »Rückkoppelung« miteinbezieht: die Reaktion der Menschen signalisiert dem sie bestimmenden Programm Fehler, die korrigiert werden müssen, damit das System als Ganzes stabil bleibt. Die Dynamik des Systems Gesellschaft ist dadurch

gegeben, daß der Mensch »lernt« und seine Kenntnisse nicht nur an seine Zeitgenossen, sondern auch an die nächste Generation weitergibt.
Solange und soweit der Informationsprozeß zwischen Sein und Bewußtsein funktioniert, definiert der Mensch also durch seine Geschichte, was für ihn gut ist. Die traditionellen Idealismen wie der moderne in Gestalt des Marxismus lassen sich als Störungen des gesellschaftlichen Regelsystems begreifen. Das Bewußtsein verliert die Verbindung zum Sein und macht sich selbständig. Die Theorie verarbeitet nicht mehr die ihr von den Reaktionen der Menschen zukommenden Informationen, sondern ist nur noch mit sich selbst beschäftigt; sie verliert die Fähigkeit, zwischen Möglichem und Unmöglichem zu unterscheiden. Wenn aber die Theorie nicht mehr eine Antwort auf die Bedürfnisse des Menschen, sondern nur noch auf die Bedürfnisse der Theorie selbst ist, wird ein solches System unstabil und kann nur noch mit Gewalt funktionsfähig gehalten werden. (72)

*

Was gilt, ist das Bewußtsein desjenigen, der es hat – denn niemand anders kann für ihn Bewußtsein haben.
Den konkreten Menschen wollen heißt den *ganzen* Menschen wollen und ihn als einzelnen wollen: nicht nur alle seine Schichten aktualisieren, sondern gerade auch das aktualisieren, was die Kombination dieser Schichten und ihre Abweichung von der Norm zu einem Einzelfall macht.
Politik, die die Natur und Geschichte des Menschen ernst nimmt – und darin besteht »Humanität« –, hat äußere Bedingungen zu schaffen, die es allen Menschen erlauben, sich als ganze und als einzelne zu entfalten. Sie hat die Einrichtungen und Regulative bereitzustellen, die es möglichst vielen Menschen erlauben, sich selbst zum Zweck zu setzen.
Die ungeheure Kraft, die die demokratische Idee entfaltet hat und immer noch entfaltet, ist im Zusammenfallen des physiologisch gegebenen mit dem nunmehr verinnerlichten und bewußt gewollten Individualismus begründet. »Wirklich« war immer schon nur das, was im Empfinden und Bewußtsein des einzelnen

vor sich ging – bis in die Neuzeit hinein aber waren diese subjektiven Vorgänge von kollektiven Mythen bestimmt. Der einzelne verarbeitete Wert- und Sollvorstellungen, denen er sich unterwarf, die er aber nicht als seine eigenen empfand. Nun aber will er nur noch den eigenen Einsichten folgen. Natürlich übernimmt er weiterhin schon vorhandene Vorstellungen, aber er akzeptiert sie nur, wenn er sie sich aus Überzeugung zu eigen gemacht, aus freiem Entschluß in seinen Willen aufgenommen hat. (73)

*

Das recht verstandene »Wohl des Menschen« schließt den Verzicht auf augenblickliche und primitive zugunsten späterer und subtilerer Güter ausdrücklich ein. Was sie ausschließt, sind nicht Verzicht, Bescheidung, Selbstdisziplin und »Frustration«, also eine Rangordnung der Bedürfnisse, sondern sind Gebote, die der »mündige Mensch« nur als Unterwerfung unter ein ihm von außen aufgezwungenes Prinzip, nicht aber als eine aus eigener Überzeugung und in freier Entscheidung selbst auferlegte Pflicht erleben kann.
Alle idealistischen und institutionalistischen Gebotsethiken konservativer wie progressiver Art übersehen, daß der Anspruch des Menschen auf Selbstbestimmung – einmal erreicht und erhoben – nicht zurückgenommen werden kann. Und sie übersehen, daß diese auf den konkreten Menschen »als ganzen und als einzelnen« bezogene Selbstbestimmung nicht überhaupt kein, sondern nur ein anderes System von Freiheit und Bindung konstituiert. Es ist richtig, daß für eine konkretistische Ethik alle Fähigkeiten und Bedürfnisse zunächst gleichermaßen legitim sind (jedenfalls soweit sie nicht unmittelbar das Daseins- und Entfaltungsrecht anderer Individuen bedrohen oder gefährden): egoistische wie altruistische, körperliche wie spirituelle, aber es ist ebenso richtig, daß es eine gleichzeitige, gleichartige und gleichwertige »Vereigenschaftung« (Gehlen) aller sich im Menschen vorfindenden Möglichkeiten gar nicht geben kann. Jeder Mensch setzt vielmehr – bewußt oder unbewußt – »Prioritäten«, und die ganze Diskussion läuft schließlich auf eine einzige Frage

hinaus: kann der Mensch aus sich selbst heraus, aus seiner Natur, seinem Wesen eine solche allgemeinverbindliche Prioritäten- oder Rangliste entwickeln, und ist er imstande – wenn er sie formuliert hat –, sie auch sich selbst gegenüber durchzusetzen?

(74)

*

Ein rechtes, das heißt humanes Handeln kann durch Glaubensüberzeugungen zwar entscheidend gefördert oder gehemmt werden, ist aber prinzipiell auf keine religiösen oder politischen Anschauungen angewiesen. Auch nicht auf »richtige« Anschauungen. Das ist alles andere als beklagenswert. Denn nur auf Grund dieses Sachverhaltes ist die Beantwortung der Frage, ob ein Mensch, ein Volk, eine Kultur human sein könne, nicht vorentschieden durch den möglicherweise falschen Glauben, dem sie anhängen. Nur dieser Tatbestand läßt überhaupt ein Gespräch zwischen verschiedengläubigen Menschen zu – macht es möglich, daß sie sich über vorletzte Fragen verständigen können. Wenn wir ganz von unserem Glauben geprägt wären, wären wir einander ganz fremd und feindlich. Wir würden die Fähigkeit verlieren – wie es bei doktrinär Gläubigen der Fall ist –, zu Menschen einer anderen Grundüberzeugung auch nur die geringsten positiven Beziehungen herstellen zu können.
Der Mensch ist nur in einem sehr beschränkten Maße und nur in einer sehr mittelbaren Weise das Produkt der Programme, die er bekennt. Er ist alles andere als ein einheitliches und eindeutiges, von einem »geistigen« Zentrum aus agierendes und zu verstehendes Wesen. Er ist widersprüchlich, brüchig – wie immer man seine disparate Natur charakterisieren will. Sein Verhalten wird zunächst und vor allem durch Antriebe, Bedürfnisse, Konflikte bestimmt, die in seinem Wesen und seiner Geschichte vorgegeben sind. Dies ist die Basis aller gelebten Humanität – nicht die Theologie, Philosophie oder Politologie, zu der eine Kultur oder ein Individuum sich bekennen. In solcher, für Glaubensgläubige (zu denen nicht nur Christen und Marxisten, sondern auch alle Arten von rigoristischen »Ungläubigen« zu zählen sind) schwer akzeptablen anthropologischen und historischen Verwurzelung

aller Humanität liegt ihre Chance gerade in einer von allgemeinverbindlichen Glaubenskonventionen nicht mehr zusammengehaltenen Welt. (75)

*

Die Fruchtlosigkeit oder gar Gefährlichkeit spekulativen Moralisierens ist begründet in der den Geist charakterisierenden und in der Tat wunderbaren Fähigkeit, jede Art von Lebensmodellen zu erdenken, ohne daß diese erdachten Modelle sich einer Prüfung durch die Realität stellen müßten. Das heißt, solange sich der Mensch nicht darüber im klaren ist, daß gewisse Grundtriebe nicht nur nicht ignoriert werden können, sondern das positive Fundament aller Moralität sind, wird er spekulative Lebensmodelle als Verhaltensmuster postulieren, die – weil sie keine Rücksicht auf die reale Triebausstattung und Wirklichkeit nehmen – ohne Wirkung bleiben oder gar eine die instinktiv-humanitäre Intention störende und pervertierende Wirkung haben.

Wenn unsere Natur nicht immer wieder – gegen alle Ideologien – eine Anpassung unseres Verhaltens an unsere spontane Sozialität erzwingen würde, wäre die menschliche Geschichte längst beendet.

Alle theologischen und ideologischen Behauptungen von der Humanität, die es vor und außer und ohne den christlichen oder marxistischen Glauben nicht gibt und geben darf, sind – glücklicherweise auch für Christen und Marxisten selbst – demagogische Wahnideen, vor der Geschichte ebensowenig haltbar wie angesichts der persönlichen Erfahrung jedes Menschen.

Es gibt eine elementare und profane Menschlichkeit, die als Intention, als eingeborenes Verhaltensregulativ allen Menschen eigen ist, ob sie nun an einen oder an viele oder an gar keine Götter glauben, ob sie Gnostiker oder Agnostiker, Monisten oder Dualisten, Positivisten oder Dialektiker, Liberale oder Konservative sind. Andererseits ist das, was Menschen trennt und auch dann noch trennen wird, wenn alle sozialen und kulturellen Unterschiede weitgehend abgebaut sein sollten, von einer Vielfalt und Widersprüchlichkeit, die jede Vorstellung von einer irgendwann und irgendwie zu erreichenden vollkommenen oder annähernd vollkommenen inner- oder zwischenmenschlichen Harmonie zu einem Wunsch- oder Alptraum macht, dessen Naivität auch durch die Formel »Utopie« auf keine höhere Reflexionsstufe gehoben wird. (76)

*

Das empfindliche Strukturprinzip der Demokratie besteht in dem Balanceakt zwischen gesellschaftlicher Solidarität und kultureller Pluralität. Jeder Versuch, entweder vom Fundus allgemeinverbindlicher politischer, rechtlicher und sittlicher Werte her, die verschiedenen religiösen, weltanschaulichen und kulturellen Strömungen auf einen Nenner zu bringen oder von der Verschiedenartigkeit der Glaubensüberzeugungen aus die Basis allgemeinverbindlicher Prinzipien aufzulösen, ist das Ende der Demokratie. In beiden Fällen wird die offene Gesellschaft in eine oder in mehrere geschlossene Gesellschaften zurückverwandelt.
Die Offenheit und Differenzierung der Demokratie in allen Fragen des Glaubens, des Geschmacks und der individuellen Lebensgestaltung darf nicht bis in den Bereich der gemeinsamen Werte und Einrichtungen vorangetrieben werden, weil die Gesellschaft dann auseinanderbricht. (77)

*

Die freiheitliche Demokratie unterscheidet sich von allen totalitären Gesellschaftsordnungen keineswegs nur oder vor allem dadurch, daß die Bürger in freien, geheimen Wahlen die Möglichkeit haben, dieser oder jener politischen Partei ihre Stimme zu geben und die Mehrheit damit an die Macht zu bringen; ihr wesentlichstes Kennzeichen ist vielmehr die Beschränkung auch des Mehrheitswillens auf die Entscheidung über jene elementaren Probleme, die nur einheitlich geregelt werden können. Darüber hinaus verweigert diese Staatsform gerade denen, die sie eben an die Macht gebracht hat, das Recht, Minderheiten auf Mehrheitskurs zu bringen, und macht es ihnen zur Pflicht, jeden

einzelnen vor dem Zugriff von organisierten oder nichtorganisierten Mehrheiten zu schützen.
Wer etwa der Meinung ist, daß das Urteilsvermögen oder die Bedürfnisse der Mehrheit darüber entscheiden, ob etwas geschrieben, gesagt, gesendet, diskutiert, aufgeführt, getan werden kann, daß nur solche Überzeugungen vorgetragen, solche Aussagen erlaubt, solche Lebensweisen opportun sind, die auf das Verständnis der Mehrheit rechnen können, hat den Boden der freiheitlichen Demokratie verlassen und befindet sich auf dem Wege, eine »Volksdemokratie« zu errichten. (78)

*

Die Menschen sind nicht gleich. Da aber niemand voraussehen kann, welche Talente sie haben oder nicht haben, bleibt auch bei völliger Unabhängigkeit ihre Entwicklung von religiösen oder anderen ideologischen Indoktrinationen das Postulat optimaler Selbstverwirklichung so lange ein bloßes Versprechen, als nicht für alle die gleichen Start- und Entwicklungschancen gegeben sind.
Das heißt, die optimale Möglichkeit, möglichst allen Mitgliedern einer Gesellschaft zur uneingeschränkten individuellen Selbstdarstellung zu verhelfen, ist nur gegeben, wenn zuvor die optimale Gleichheit der allgemein zivilisatorischen Lebensumstände hergestellt ist. Erst eine umfassende materielle Sicherung und soziale Gleichstellung erlaubt dem Individuum – psychisch-moralisch und praktisch – auf seine Weise zu existieren. Die Entfaltung der äußersten Subjektivität setzt die äußerste Objektivität und Konformität der Entwicklungsbedingungen voraus. Und auch die Erhaltung der vielen subjektiven Glaubens- und Lebensweisen ist nur möglich, wenn die Gesellschaft über die für alle gleichen Startchancen hinaus für alle auch ein Minimum von gleichen materiellen und sozialen Sicherungen garantiert. (79)

*

Die pluralistische Demokratie ist geschichtlich in jenem Augenblick fällig, in dem die von den autonomen Personen erzwungenen individuellen Differenzierungen eine offene und dynamische Struktur der Gesellschaftsordnung nötig machen. Neben die Pluralität tritt die Mobilität. Es genügt nicht, das Nebeneinander von bestehenden religiösen, weltanschaulichen, kulturellen und existentiellen Modellen zu garantieren, es muß für den einzelnen jederzeit auch der unbeschränkte Übergang von einem zum anderen Modell und Erprobung neuer Variationen und Modelle möglich sein.

Eine demokratische Verfassung darf kein hermetisch geschlossenes System von absolut geltenden Werten sein, sondern muß »Lücken« lassen. Die Freiheitlichkeit der freien Demokratie besteht darin, daß es in ihr möglich ist, die alle Individuen und Gruppen sozial und sittlich verpflichtenden Basiswerte im Bereich der intellektuellen Diskussion, der wissenschaftlichen Forschung, der künstlerischen Gestaltung und schließlich auch der privaten Lebensführung ständig zu überschreiten und in Frage zu stellen.

Human ist immer nur das geschichtlich Angemessene, und angemessen sind nur solche politischen, sozialen, kulturellen und moralischen Konventionen, die einer Gruppe konkreter Menschen in einer konkreten geschichtlich-gesellschaftlichen Situation ein Optimum an Selbstbestimmung und Selbstverwirklichung möglich machen. (80)

*

Das Nebeneinander und schließlich das Gegeneinander der politisch-ökonomischen und der geistig-kulturellen »Eliten« bringt (besonders in Deutschland) jenen Antagonismus von Politik und Kultur hervor, der im Übergangsfeld feudal-kulturrechtlicher zu demokratisch-sozialrechtlichen Staatsordnungen entsteht. Die immer noch geltende Höchstwertigkeit der Kultur diskreditiert die neuen politisch-zivilisatorischen Kräfte, führt zur Spiritualisierung und Ästhetisierung des Elite-Begriffs und zu einem Führungsanspruch der Kultur gegenüber der Politik, der mangels Durchsetzbarkeit ein ganzes Syndrom von Überwertigkeits- und Minderwertigkeitskomplexen erzeugt. Denn es ergibt sich, daß politische Unerfahrenheit und Ohnmacht der

»Geistigen« um so größer werden, um so idealer und perfekter ihre Modelle und Rezepte sind. Andererseits bestimmt die kultur-schöngeistige Wertigkeitsskala so stark das allgemeine Bewußtsein, daß die politisch und zivilisatorisch führende Schicht trotz hohem Sozialprestige immer wieder in die Gefahr gerät, für gewöhnlich, banausisch und minderwertig zu gelten. Es hat sich diese Einschätzung erst mit dem Verfall des wilhelminischen Bildungsbürgertums und dem Herrschaftsantritt der Massen geändert, wobei sich bis heute beide Tendenzen verschränken: der Professor steht noch immer auf den obersten Rängen der sozialen Prestigeskala, aber angestrebt werden Berufe in der Industrie und im Management. (81)

*

Im hierarchisch-elitären Staat ist die Pluralität ihrem Inhalt wie ihrer Stufung nach ein Element der in der gleichen Moral und Metaphysik verankerten Gesamtordnung, in die alles eingebunden ist; in der demokratischen Gesellschaft ist die Pluralität lediglich als Prinzip verankert, ihr Inhalt beliebig bestimm- und auswechselbar, zusammengebunden nur an der Basis durch die moralisch-politisch-zivilisatorischen Werte. Dort haben wir ein geschlossenes, nach allen Seiten hin überseh- und ausleuchtbares Universum mit festen Horizonten, hier über dem allein festen Boden eine offene, nach allen Richtungen ins Unbekannte verlaufende Welt. Es ist einsichtig, warum im einen Fall Ästhetik und Ethik ineinander übergehen, im anderen strikt auseinandertreten: die statische Farbigkeit und Vielgestaltigkeit ist schön und wahr und sittlich zugleich, der dynamische, unbegrenzt fluktuierende Pluralismus, der keine Ordnung kennt, drängt das Verbindende und Verbindliche in die Basis zurück. (82)

*

Eine Geschichte der Demokratie könnte man so beginnen: als der Mensch entdeckt hatte, daß jeder Mensch – gleich welcher Herkunft, welchen Ranges, welchen Bildungs- oder welchen Besitzstandes – immer unzulänglich bleibt, daß er – wenn

überhaupt – nur in dieser oder jener Hinsicht »Außergewöhnliches« leistet, aber sonst dem Irrtum, dem Versagen, der Blindheit unterworfen ist; als man dies entdeckt hatte, entschloß man sich, der Gesellschaft eine Verfassung zu geben, in der der einzelne immer nur so weit und so lange Machtbefugnisse erhält, als er sich dieser Macht persönlich gewachsen zeigt. Dieser skeptischen Mentalität ist jeder Anspruch auf permanente und umfassende Vollkommenheit und Kompetenz von Haus aus unglaubwürdig.
Mit der Einengung der einer Person oder Gruppe zuerkannten Entscheidungsfähigkeit und Entscheidungsbefugnis hat sich nicht nur der Umfang der Autorität verkleinert; sie hat ihr Wesen verändert. An die Stelle der Hinnahme von Entscheidungen einer Person auf Grund ihrer Zugehörigkeit zu einer Elite ist die Anerkennung der Kompetenz einer Person auf bestimmten Gebieten auf Grund ihrer individuellen Leistung auf diesen Gebieten getreten.
Die Demokratie unterscheidet sich von der Oligarchie oder Diktatur nicht dadurch, daß in ihr die permanente und totale Gleichberechtigung aller in allen Entscheidungsfragen verwirklicht werden sollte oder könnte, sondern allein darin, daß die Personen oder Gruppen zugesprochenen Machtbefugnisse und Vorrechte sachlich und zeitlich begrenzt sind, der ständigen Kontrolle unterliegen und jederzeit aufgehoben werden können. Undemokratische Autorität ist jene Art von Macht, die über eine bestimmte Kompetenz hinaus auch noch die Macht hat, an der Macht zu bleiben, so lange es ihr selbst gefällt. (83)

*

Die Mehrzahl der anarchistischen und neomarxistischen Linken glaubt allen Ernstes, daß die Hauptaufgabe entschiedener Demokraten darin besteht, das Zustandekommen von Autorität zu verhindern. Das Ausdenken und Zelebrieren immer perfekterer Diskussions- und Abstimmungsmechanismen wird so intensiv betrieben, daß kaum noch Zeit für die Erörterung von Sachfragen, geschweige denn für wirkliche Arbeit bleibt. Jeder, der eine Funktion hat, erregt sofort tiefstes Mißtrauen und wird – kaum daß er mit seiner Tätigkeit begonnen hat – zum Mitglied eines Establishments. Überall wittert diese Art von Radikaldemokratismus autoritäre Strukturen und verurteilt sich damit selbst zu jener Uneffektivität, die dann die spektakuläre Demonstration oder Revolte braucht, um nicht an ihrer eigenen Impotenz zu ersticken.

Der antiautoritäre Soziologismus und Politologismus hat sich zu einem permanenten Racheakt der Links-Intellektuellen an einer Gesellschaft entwickelt, die ihn in die Rolle des machtlosen Außenseiters drängt. So gilt denn die These: Machtausübung in einer parlamentarischen Demokratie ist prinzipiell autoritär und präfaschistisch. (84)

*

Machtlosigkeit bedeutet nicht nur Abhängigkeit, sondern auch Freiheit. Macht ist ebensosehr Freiheitsbeschränkung wie Freiheitsausweitung. Die konkrete Freiheit konkreter Menschen in konkreten Situationen kann sich nur verwirklichen, wenn man ein Kompetenzen- und Verantwortungssystem schafft, das diesen einzelnen nur mit begrenzten Entscheidungsbefugnissen belastet. Abgesehen also von der Nichtfunktionsfähigkeit einer Gesellschaftsordnung, in der alle für alles gleich kompetent sind, würde eine solche Verfassung den individuellen Freiheitsraum genauso ersticken wie ein System, in dem einer allein regiert. Sobald der Mensch sich nicht mehr mit einer ihm von Kirche, Staat oder Partei zugewiesenen Rolle identifiziert und sein Wille zur Selbstverwirklichung sich auf subjektive Werte richtet, braucht er für seine Existenz ein weites Feld, das frei ist von jeder Art politischem und sozialem Funktionszwang.

In der Sicht der Antiautoritären wird der Mensch von einem einzigen Trieb beherrscht: sich politische, ökonomische, soziale Macht über andere zu verschaffen. Die Übelwollenden sind an der Macht und lassen nichts unversucht, an der Macht zu bleiben, um sie zu ihrem Vorteil und zum Verderben der übrigen Menschen zu benützen, und die Guten sind nicht an der Macht und müssen sich ausnützen lassen. Die kapitalistisch-demokratischen Länder werden von bösartigen Halbfaschisten beherrscht,

die an möglichst vielen und langanhaltenden Kriegen interessiert sind, damit sie Rüstungsgewinne machen können, und die unterentwickelten Völker und Gruppen bestehen aus lauter edlen Menschen, die aus edlen Motiven Bomben werfen und Geiseln erschießen.
Es gibt wahrscheinlich mehr Menschen, die ihre Machtlosigkeit, als solche, die ihre Macht zu verbergen trachten. Es könnte also sein, daß diejenigen, die Ideologien prinzipiell als Verschleierungen von Machtverhältnissen ausgeben, dies nur tun, um als permanent Machtlose jedem Ideologieverdacht zu entgehen.
Radikaldemokratische Modelle sind die Verschleierungsversuche der – bewußt oder unbewußt – potentiell Autoritären. Der Selbstwertwahn dogmatisch Antiautoritärer wird so leicht von keinem Verteidiger demokratischer Autorität übertroffen. (85)

*

Wenn ein Unterdrückter einen Unterdrücker erschlägt, weil dieser zur Gruppe der Machtinhaber gehört, nicht weil er ihm persönlich etwas angetan hätte, so haben wir nicht nur einen toten und einen freien Mann, sondern auch einen Ermordeten und einen Mörder. Jemanden ermorden ist aber der äußerste Fall der Unterdrückung, und ein Mörder – ob die revolutionäre Situation seine Tat rechtfertigt oder nicht – ist kein freier, sondern ein für immer von dieser Unterdrückungstat gezeichneter Mann.
Die marxistischen Revolutionäre vergessen nicht erst in der Praxis, sondern schon in der Theorie, daß die Unterdrückung des Unterdrückers durch die bisher Unterdrückten das Übel der Unterdrückung nicht aufhebt, sondern fortsetzt – zumeist in verschärfter Form. Wer es aufheben will, muß dafür sorgen, daß der bisher Unterdrückte dem Unterdrücker nur jenen Teil der Macht nimmt, die ihn zum Unterdrücker macht. Wer Unterdrückung überhaupt abschaffen will – und das ist es, was die Linken zu wollen behaupten –, muß Unterdrückte und Unterdrücker gleichzeitig befreien. (86)

*

Der Widerspruch, an dem die kommunistischen Staaten kranken und den sie nicht aufheben können, besteht darin, daß sie auch dann noch dazu verdammt sind, die heroisch-revolutionäre Moral zu predigen und zu erzwingen, wenn die Revolution längst der Geschichte angehört. Da der Mensch unter normalen, friedlichen, zivilisierten Umständen – deren Eintreten auch Kommunisten nicht gut ablehnen können – keineswegs heroisch, sondern »bürgerlich« ist, ein Wesen, das Unsicherheit, Angst, Unbequemlichkeit möglichst vermeiden will, läßt sich auf die begeisterte Solidarität der Revolutionäre ebensowenig bauen wie auf die Brüderlichkeit und Kumpanei der Kriegskameradschaft. Maos Proklamation der permanenten Revolution war ein durchaus konsequenter Gedanke. Nur wenn man den Menschen ununterbrochen in Trab hält – demonstrierend, randalierend, dem Führer zujubelnd, volkstanzend –, kann man hoffen, daß er nicht zu sich selbst kommt. Er ist dann permanent und total entfremdet, nie bei sich, sondern immer außer sich – ein bemitleidenswertes Wesen, angesichts dessen man sich fragen muß, ob die Tatsache, daß diesen Zustand viele Millionen Menschen gemeinsam erreichen sollten, den ungeheuerlichen Aufwand an menschlichem Elend und Leiden lohnt. Die ›*Worte des Vorsitzenden*‹ enthalten viele einfache Wahrheiten. Nur die Antwort auf eine Frage blieb der Philosoph schuldig: was denn alle vom Dienst an allen haben sollen, wenn keiner etwas davon (nämlich für sich selbst) haben darf. (87)

*

Die Demokratie ist deshalb ein so schwieriges Geschäft, weil sie zwei Dinge zugleich im Auge behalten muß: sie muß für eine permanente Evolution, für die ständige Weiterentwicklung des Bestehenden sorgen (und das bedarf des unablässigen politischen Engagements) und gleichzeitig darauf bedacht sein, daß die schon erreichten Möglichkeiten des Menschen, nach seinen persönlichen Bedürfnissen und Fähigkeiten zu leben, dadurch nicht beeinträchtigt werden. Die Frage, von deren Beantwortung alles abhängt, ist daher nicht das Bekenntnis gerade zu dem derzeit herrschenden parlamentarischen System, sondern viel-

mehr die Entscheidung für oder gegen die Sicherung der vorhandenen materiellen, sozialen und kulturellen Güter, der Rechte und Freiheiten, die schon verwirklicht worden sind und für keinerlei Versprechungen mehr hergegeben werden sollten. Die Ungerechtigkeit und Unfreiheiten, die die Bürger in den parlamentarischen Demokratien erdulden müssen, bedürfen entschiedener Kritik und Abhilfe, rechtfertigen aber nicht das Opfer auch nur eines einzigen Menschenlebens und rechtfertigen auch nicht das gewaltsame Hochputschen von Aggressivität, das die Bürger dieses Staates in sich erbittert bekämpfende und verteufelnde Parteien entzweit. Noch leben wir hier im Westen in einer Situation, in der Besonnenheit, Verständnis und Toleranz erlaubt sein, Terror und Fanatismus nicht als Errungenschaften gelten sollten.
Human kann nur eine solche Fortschrittskonzeption und Fortschrittspolitik genannt werden, die für den Irrtum des einzelnen, für das Zurückbleiben des politischen Bewußtseins ganzer Gruppen, Spielraum läßt. Die nicht dem Wahn verfällt, das endgültige Rezept zu besitzen oder erwerben zu können. Der eigentliche Vorzug, die von keiner noch so progressiven Ideologie überholbare humanitäre Qualität der Demokratie – auch der unzulänglichen liberal-kapitalistischen – besteht in ihrer Offenheit, in ihrer Fähigkeit, sich ständig selbst zu transzendieren. Wenn wir von solchen Verhältnissen absehen, in denen soziales Elend oder Terror den Umsturz nötig machen, ist es besser, in einem liberalen Staat unter unzureichenden sozialen Verhältnissen als in einem sozial perfekten Staat zu leben, der sich als ein geschlossenes, nicht in Frage zu stellendes Endlösungssystem versteht. Es besteht kein Grund, in einem Staat, in dem es weder Terror noch soziales Massenelend gibt, in dem die Meinungs- und Koalitions- und Versammlungsfreiheit immer noch besteht und niemand ohne Verfahren verhaftet und verurteilt werden kann, den Aufstand und Umsturz zu proben. (88)

*

Es muß auch der Mythos von der Unteilbarkeit des Fortschritts fallen. Es gibt überhaupt nur Entwicklung, weil Teilbarkeit ein

Grundzug allen Lebens ist. In einer funktionierenden Demokratie findet Bewegung nicht in dem Sinne statt, daß ruckartig und gleichzeitig alle gesellschaftlichen Verhältnisse auf eine höhere Stufe gehoben werden, sondern daß hier ein größerer, dort ein kleinerer und da überhaupt kein Fortschritt erzielt wird, daß viele einzelne und viele Gruppen an vielen verschiedenen Stellen mit ganz verschiedenem Erfolg an der Verbesserung der menschlichen Dinge arbeiten. Und der Fortschritt schreitet, er springt nicht. Er schreitet auf einem schmalen Grat und ist deshalb nichts für Gewalttäter und Weltverbesserer. Eine demokratische Politik muß in jenem Bereich agieren, in dem es möglich ist, das Bestehende so weit zu sichern, daß die daran geknüpften Werte und Güter nicht geschmälert und verletzt, und es so weit zu ändern, daß ihm neue Werte und Güter hinzugefügt werden können. Die Differenz zwischen einer konservativen und einer evolutionären Politik ist die Differenz zwischen pragmatischen Lösungen, die die bestehenden Verhältnisse nicht anzweifeln, und anderen ebenso pragmatischen Lösungen, die sich am Modell besserer, nicht »der besten« Verhältnisse orientieren.

Das eigentliche Problem der politischen Moral ist in der Schwierigkeit begründet, den Menschen einerseits zu trainieren, unter allen gesellschaftlichen Umständen menschliche Tugenden zu bewahren: Loyalität, Geduld, Hilfsbereitschaft, Sinn für das Detail, und ihn andererseits anzuspornen, nach einer Veränderung dieser Umstände zu streben; weder bloß karitative noch auch rigoristische Lösungen anzustreben. Die Anpassung macht ihn zum Komplicen aller bestehenden Mißstände und Ungerechtigkeiten, das Streben nach irgendeinem Paradies vernichtet den Wert der konkreten menschlichen Existenz. (89)

*

Die Geschichte zeigt die Intellektuellen als Handlanger, die den Machthabern die ihre Untaten rechtfertigenden Theorien liefern oder als Antagonisten des Establishments, die die Machthaber verdrängen und ihre Ideen eigenhändig durchsetzen wollen. Die letzteren verstehen ihre Visionen als Rezepte, die ersteren sind pragmatischer als die Pragmatiker selbst, indem sie den zu erwartenden Kompromiß gleich in ihre Maximen einbauen und somit nicht einmal den Kompromiß erreichen. Oft sind beide Haltungen nur zwei Phasen des Lebensweges ein und desselben Intellektuellen. Idealisten, die scheitern, haben die Neigung, nicht Realisten, sondern Opportunisten und Zyniker zu werden.

(90)

*

Jede geistige Aktivität vollzieht sich im Abstrakten, jede handwerkliche, technische und künstlerische Betätigung im Neutral-Stofflichen, alles politische, soziale und ökonomische Handeln zwischen und mit Menschen.

Jenes freie Spiel der Kräfte, das in der Tat Voraussetzung und Motor aller geistig-kulturell-technischen Leistungen der Menschheit ist, wird zu einem Prinzip der Zerstörung, sobald man es in der Sphäre des politischen, sozialen und wirtschaftlichen Lebens wirksam werden läßt.

Jede Art von handwerklich-technischer und handwerklich-künstlerischer Tätigkeit ist an das Material und den Zweck gebunden; ob etwas machbar ist, das sagen uns früher oder später die Dinge selbst, und zwar definitiv. Alles, was die gesellschaftliche Ordnung anbetrifft, nach welchen Regeln Menschen ihre moralischen, rechtlichen und wirtschaftlichen Beziehungen ordnen, ist an die »Sache« Mensch gebunden und daher so lange und so weit eine offene Frage, als der Mensch nicht weiß, was er sein und wollen soll. Nur dann, wenn es eine Natur des Menschen gibt, man sie identifizieren kann und entschlossen ist, ihren Urteilsspruch anzunehmen, ergibt sich die Möglichkeit, festzustellen, was man mit dem Menschen machen darf und was nicht.

(91)

*

Die »freie« Wirtschaft ist zu keiner Zeit und Phase der kapitalistischen Entwicklung jemals eine freie Wettbewerbswirtschaft aller am Produktionsprozeß Beteiligten gewesen. Am freien Spiel der sozialen und ökonomischen Kräfte sind optimal 10 % bis 15 % der Bevölkerung beteiligt, da alle anderen in einem abhängigen Lohnverhältnis stehen, das ihnen die Entfaltung irgendeiner nennenswerten merkantilen Initiative mit entsprechenden Gewinnchancen überhaupt nicht erlaubt. Die freie Marktwirtschaft ist ausschließlich eine freie Marktwirtschaft der selbständigen Unternehmer, denn diese allein haben in dem Spiel, in dem alle Arbeitnehmer und Konsumenten Objekte sind, eine Subjektposition inne. Von jedem Arbeiter und Angestellten, jedem Beamten und auch jedem Angehörigen eines freien Berufes wird eine optimale berufliche Leistung erwartet, ohne daß man seiner Initiative jemals eine irgendwie kapitalistisch geartete Belohnung in Aussicht stellt. Ausschließlich die dünne Schicht der Unternehmer und Händler scheint außerstande, beruflich-sachliche Leistungen zu erbringen, wenn aus jeder Initiative nicht – zumindest der Möglichkeit nach – ein beachtlicher Profit herausspringt; und zwar in vielen Fällen ein Profit, dessen Höhe zur persönlichen Leistung des Unternehmers – wenn man sie mit den Leistungen anderer Berufe vergleicht – in keinem vertretbaren Verhältnis steht. Der Unternehmer wird also in der liberal-kapitalistischen Gesellschaft zu einem außerhalb aller (für die nicht nur ökonomisch wichtige Relation zwischen Leistung und Verdienst) geltenden Regeln stehenden Leittyp, der alle anderen Tätigkeiten und Begabungen, von denen einige für das zivilisatorische und kulturelle Niveau ungleich wichtiger sind, in die unteren Ränge verweist.

Die Feststellung, daß die liberalistische Wirtschaft eine durch und durch materialistisch orientierte Zivilisation hervorbringt, versteht sich von selbst: ihr Zentrum ist die Produktion und Konsumtion von Gütern, die sich in Massen absetzen lassen. Dieser Materialismus ist aber ein doppelgesichtiges Phänomen. Er hat nicht nur die Bedeutung von Reduktion der menschlichen Interessen auf die Befriedigung sehr elementarer Bedürfnisse, sondern verursacht auch den sich ständig hebenden zivilisatorischen Lebensstandard breiter Bevölkerungsschichten. Die von Marx vorausgesagte Verelendung ist nicht eingetreten, weil der

Kapitalismus für die ihn charakterisierende Produktion von Konsumgütern immer neue Abnehmerschichten brauchte und die Bedürfnisse, die er unaufhörlich weckte, schließlich auch befriedigen mußte. Diese für unsere moderne Welt wesentlichen Erfolge leugnen zu wollen, wäre ebenso töricht, wie dem Kapitalismus aus diesen Erfolgen einen Lorbeerkranz der Humanität zu winden. (92)

*

Wenn man festzustellen versucht, was sich hinter dem Begriff »Freiheit« oder »größere« Freiheit verbirgt, so stellt sich heraus, daß der Unterschied zwischen dem Leben in einem westlichen und einem kommunistischen Staat – wenn wir hier vom nackten Terror absehen, der auch in einem autoritären System nicht unbedingt herrschen muß – in der Anerkenntnis größerer und mannigfaltigerer Bedürfnisse der Menschen besteht und in der Möglichkeit, diese Bedürfnisse tatsächlich auch zu befriedigen. Hier im Westen wachsen wir in einer Welt auf, deren Angebot an zivilisatorischen und kulturellen Gütern so groß ist wie nie zuvor in einer Epoche der Menschheitsgeschichte. Das bezieht sich genauso auf die Mannigfaltigkeit der Autotypen wie auf die Fülle unserer literarischen und allgemein kulturellen Produktion, wie auf die sehr verschiedenen Arten, das private Leben zu gestalten. Der entscheidende Nachteil jedes totalitären Systems besteht darin, daß es sich in allen Bereichen jeweils auf einige wenige Marschrouten festlegen muß und also nicht in der Lage ist, sehr verschiedenartigen und sehr subtilen Bedürfnissen Rechnung zu tragen. Der Mensch ist aber auf sehr disparate Dinge aus, sobald ihn ein gewisser Wohlstand von der Sorge um das bloße Überleben befreit. (93)

*

Die Freiheit geistig-kulturellen Seins besteht primär in der Befreiung durch Planung und erst sekundär in der Selbstentfaltung der eigenen Kategorien und Inhalte. Es gibt also auf keiner Ebene menschlichen und gesellschaftlichen Seins die Alternative

»Planung oder Freiheit«, sondern immer nur »Freiheit durch Planung«. Ein Mensch, der die Triebkräfte seiner biologisch-organischen Natur nicht unter ständiger Kontrolle hält, geht seiner Menschlichkeit ebenso verlustig wie eine Gesellschaft, die sich dem freien Spiel der ökonomischen und sozialen Kräfte überläßt.
Diesen Tatbestand muß der Liberalismus leugnen oder unterschlagen, denn nur indem er die Unabhängigkeit des Geistes proklamiert, versetzt er sich in die Lage, Kultur und Humanität hochhalten zu können, ohne doch auf das barbarische Spiel des sozialökonomischen Wettbewerbs verzichten zu müssen. Wenn man die geistig-kulturellen Phänomene säuberlich von allen gesellschaftlichen Vorgängen und Bindungen scheidet, spielen die sich ergebenden sozialen Mißstände die Rolle eines aus dem »Lebenskampf« zwangsläufig resultierenden Verhängnisses, bedrohen aber in keiner Weise den Anspruch der Gesellschaft, eine Kulturgesellschaft zu sein. Und die Unterstellung, daß Art und Schicksal der »Freiheit« in der geistig-kulturellen wie der sozialökonomischen Sphäre »unteilbar« sind, erlaubt es dem Liberalismus, jede Forderung nach ökonomischer Planung und sozialer Gleichheit als Angriff auf die Freiheit des Geistes abzuweisen. (94)

*

Eine am Wohl konkreter Menschen, den Bedingungen der Situation und den Gesetzmäßigkeiten der Sache ausgerichtete Fortschrittspolitik kann – im Rahmen der freiheitlichen Demokratie – nur evolutionär, sie muß aber deshalb nicht zögernd und ängstlich sein. Man soll nicht keine oder kleine Schritte machen, wo große nötig und möglich sind. Die gegenwärtige Lage verlangt auf vielen Gebieten das, was wir einen »Evolutionsschub« genannt haben, das heißt strukturelle Reformen.
So kann etwa das Problem der Gefährdung des menschlichen Spielraums durch Abfälle und Gifte nur noch durch staatliche Maßnahmen gelöst werden. Der dem freien Wettbewerb überlassene wirtschaftlich-technische Fortschritt produziert mit immer neuem Komfort und Wohlstand zugleich die Vernichtung

dessen, für den diese Errungenschaften bestimmt sind. Die in der Produktionsmoral und Rentabilitätsrechnung einzelner Betriebe nicht unterzubringende Verantwortung für die Wohlfahrt der Gesellschaft kann nur von dieser selbst formuliert und – gegen die merkantilen Mechanismen – durchgesetzt werden.

Es geht dabei nicht um die Durchsetzung irgendeiner antikapitalistischen Ideologie, sondern um die nüchterne Untersuchung der für uns alle wichtigen Frage, in welchen Bereichen des gesellschaftlichen Lebens das Prinzip des »Wettbewerbs der Tüchtigsten« unerläßlich, in welchen Bereichen es bis zu einem gewissen Grade und einer gewissen Grenze nötig und in welchen Bereichen es schädlich ist und durch andere Prinzipien ersetzt werden muß.

Selbst ein die Gemüter so erregendes und sogleich zu einer Freund-Feind-Polarisation führendes Thema wie das der Vergesellschaftung von Produktionsmitteln läßt sich auf ein ideologiefreies Sachproblem reduzieren. Wenn man sich vergegenwärtigt, daß sich in fast allen Branchen die Tendenz zu immer größeren Zusammenschlüssen aus Gründen der Rationalisierung von Produktion und Vertrieb zwangsläufig ergibt, daß bei diesen Konzentrationsbewegungen der alte Privateigentümer ohnehin auf der Strecke bleibt und vom Manager abgelöst wird, der zwar ein hohes, aber eben doch nur ein Gehalt bezieht, daß bei auch nur geringfügigen Konjunkturschwankungen in den lebenswichtigen Industrien ohnehin der Staat einspringen muß, dann müßte eine Prüfung der Frage, welche Produktionsmittel auf welche Weise zum Nutzen aller in Gemeineigentum überführt werden sollten, selbstverständlich sein. Es gibt nur einen einzigen Punkt, der klar ausgesprochen werden muß, bevor man hier mit der Diskussion beginnt: daß Vergesellschaftung nur in Ausnahmefällen Verstaatlichung bedeuten sollte, im allgemeinen aber Sozialisierungsformen gefunden werden müßten, die sowohl die Unabhängigkeit von staatlichen wie von privaten Interessen sicherstellen – etwa die von Körperschaften des öffentlichen Rechts. Wie die Geschichte der Kartellgesetzgebungen zeigt, führt der sich selbst überlassene Kapitalismus in der Endphase zur Aufhebung gerade des Prinzips, das ihn legitimieren soll: die Monopole, nicht der Markt bestimmen Angebot

und Nachfrage. So kommt der Staat schließlich in die Lage, das Prinzip des Leistungswettbewerbs gegen den Kapitalismus verteidigen zu müssen.
Es hat keinen Sinn, aus Angst vor einem omnipotenten Staat die Tatsache zu ignorieren, daß niemand anders als die Gesellschaft selbst die Interessen der Gesellschaft wahrnehmen kann. (95)

*

Die Menschen sind nicht gleich, und sie wünschen es auch nicht zu sein. Sie wollen und müssen aber die gleichen Chancen haben, ihre Ungleichheiten voll zu entwickeln und zu sichern. Der für die Umwandlung der politischen in eine soziale Demokratie psychologisch entscheidendste Eingriff ist die Abschaffung der Privilegierung wirtschaftlicher Tüchtigkeit. Eine spürbare weitere Entschärfung der noch bestehenden Klassengegensätze und eine Umorientierung der Wertskala, auf die hin unsere Gesellschaft ausgerichtet werden soll, ist nur möglich, wenn es keine unkontrollierten und unbegrenzten Profite mehr gibt und damit auch die verhängnisvolle Koppelung von wirtschaftlicher und politischer Macht aufgehoben wird. Ein Monatseinkommen von 10000 oder 20000 DM verleiht noch keine politische Macht, die die demokratischen Einrichtungen korrumpieren könnte, auch der Besitz eines Mietshauses oder eines Bauernhofes oder von Anteilen einer Fabrik tut es nicht. Die private Verfügungsgewalt über ganze Industriezweige aber ist durch keine noch so großartige persönliche Leistung legitimierbar, sondern ein destruktives und demoralisierendes Element in einer Gesellschaft, die demokratisch und sozial sein will. (96)

*

Wenn es richtig ist, daß es einen in der Natur des Menschen liegenden Zwang gibt, sich an ein Über-Ich zu binden, um ein Ich zustande zu bringen, dann ist der Motor aller revolutionären Bewegungen nicht die für eine ferne Zukunft in Aussicht gestellte klassen- und konfliktlose Gesellschaft, sondern die Befriedigung, die sie jedem, der sich ihnen anschließt, unmittelbar und sogleich verschaffen. Der Revolutionär steht unter einem Gebot, das ihn allen Konflikten seiner Subjektivität entzieht. Der Kampf für die gemeinsame Sache verlangt Triebverzichte bis zum Opfer des eigenen Lebens. Aber gerade diese Leistung befreit den Revolutionär aus den tatsächlich oder vermeintlich repressiven Bedingungen seines alltäglichen Lebens, gibt seinem Dasein Bedeutung und Wert.

Selbstbewußtsein und Selbstwertgefühl entstehen aus Verzichtleistungen, die man bejaht und aus eigener Kraft erbringt. Der Tugendkatalog, der für uns alle gilt, enthält eine ganze Liste von Errungenschaften, hinter denen sich der Mensch als »Unterdrücker« seiner selbst verbirgt. Mut ist der Verzicht darauf, dem natürlichen Selbsterhaltungs-, Sicherheits- und Fluchttrieb zu folgen, Solidarität, Loyalität und Treue sind nichts anderes als eine Absage an unser natürliches Bestreben, die Bindung an andere zu lösen, sobald damit Nachteile und Opfer verknüpft sind, Aufrichtigkeit der Verzicht auf Verschweigen oder Schweigen, das zu bewahren uns die Vernunft eigentlich rät.

Das Sollen läßt sich aus dem Sein nur dann nicht ableiten, wenn man unter Sein lediglich die Summe aller Anlagen versteht. Der Mensch ist aber nicht eine Aneinanderreihung von Eigenschaften, sondern ein System von Schichten, die genetisch aufeinanderfolgen und existentiell verschiedenwertig sind. Es ist diese vorgegebene Wertigkeit, die es möglich macht, ein Bild vom Menschen zu entwerfen, das seine Eigenschaften zugleich bejaht und in eine Rangordnung bringt. Die menschliche Geschichte kann nur weitergehen, wenn die Jahrtausende der Fremdbeherrschung des Menschen durch Religionen und Ideologien, Staaten und Parteien von einem Zeitalter der Selbst-Beherrschung abgelöst werden, wobei Selbst-Beherrschung nicht einfach jene Fähigkeit des Menschen meint, sich in einer konkreten Situation zweckdienlich zu verhalten, sondern sich der Disziplin eines ausformulierten Ich-Ideals zu unterwerfen.

Dabei geht es nicht darum, zur moralistischen Reglementierung des Lustprinzips zurückzukehren, sondern es ins Konzept eines qualitativen Humanismus, einer qualitativen Glücksphilosophie einzubauen. Der Mensch ist ein körperliches, seelisches und geistiges Wesen, er ist trieb- und gefühls- und vernunftbestimmt, er ist zugleich zur Einsamkeit und zur Sozialität begabt. All dies soll entfaltet, verwirklicht, ausgelebt werden. Aber es können nicht alle Wünsche zur gleichen Zeit erfüllt und alle Fähigkeiten in gleichem Maß erprobt werden, und ihr Zum-Zuge-Kommen kann auch nicht ihrer Antriebsstärke oder den zufälligen Bedingungen der Situation überlassen bleiben. Wir benötigen einen Maßstab. Er wird gewonnen, indem man nach der Haltbarkeit und Integrationskraft der menschlichen Erkenntnis- und Empfindungsmöglichkeiten vor dem Horizont der Endlichkeit und Rätselhaftigkeit des Lebens fragt. Ein qualitativer Humanismus bejaht den ganzen Menschen. Seine Körperwünsche nicht minder als seine intellektuellen Talente, postuliert aber zugleich eine Prioritätenliste, die es erlaubt, Entscheidungen zu treffen, und das Chaos der Bedürfnisse zu ordnen; alles zu tun, aber im gegebenen Augenblick zu wissen, was wichtiger und angemessener ist. Es war der Irrtum aller liberalistischen Humanismen, übersehen zu haben, daß die sich selbst überlassene Natur des Menschen zu keiner stabilisierenden Integrationsleistung fähig ist, genauso wie – in einem sozialen Teilbereich – der sich selbst überlassene Ökonomismus schließlich Ungerechtigkeit und ein niedrigstes Niveau an Kultur hervorbringt. Nur die Bindung an eine Gebotstafel gab dem noch nicht aufgeklärten Menschen die Möglichkeit, in sein Leben Ordnung und Sicherheit zu bringen und damit frei zu werden für die Entfaltung seiner Individualität. Der geglaubte Gott wie der geglaubte Staat wie die geglaubte Partei binden und bergen zugleich.

Wer solche Bindungen nicht mehr eingehen kann und will, braucht dennoch – oder gerade deshalb – Werte. Da äußere Autoritäten ihn unüberzeugt lassen, ihre Wertsetzungen also eine humanisierende Integrationsleistung nicht erbringen, kann er das Ordnungsprinzip nur der eigenen Natur und Geschichte entnehmen. Daß etwa Intellektualität höher rangiert als Sexualität ist nicht eine willkürliche Setzung, sondern ergibt sich aus der umfassenderen Leistungsfähigkeit des Geistes. Imagination und Reflexion sind unabhängig von Lebensalter und Lebenszustand, sie vermitteln dauerhaftere, von allen äußeren Umständen unabhängigere Freuden, und sie umgreifen – im Nachvollzug – die ganze Existenz des Menschen. Für eine personalistische Ethik ist es jedoch entscheidend, daß der Intellektualität nur dann Vorrang zukommt, wenn es tatsächlich um ein Entweder-Oder geht. Ein Mensch, der seinen Körper durchgehend verdrängt, um nur noch Geistwesen zu sein, ist kein höherer, sondern ein reduzierter Mensch. Nur wenn die Befriedigung sinnlich körperlicher Bedürfnisse auf Kosten anderer und höherwertigerer Erlebnismöglichkeiten stattfindet, gefährdet sie den Aufbau einer Person, die alle Talente so entfaltet, daß auch für die subtileren Freuden ein Optimum an Verwirklichung gegeben ist.

Natürlich läßt sich aus Aufbau und Schichtung der menschlichen Natur eine Rangordnung der Werte nicht einfach ablesen, aber es bedarf keiner tiefschürfenden Untersuchung, um festzustellen, daß es eine lange Reihe von Eigenschaften gibt, über deren Einschätzung es auch zwischen Menschen sehr verschiedenen Temperaments und sehr verschiedener Gesinnung kaum zu Meinungsverschiedenheiten kommen dürfte: weil sie für ein geglücktes Leben einfach mehr leisten als andere. Wer imstande ist, auch in schwierigen Situationen gelassen zu bleiben, ist demjenigen gegenüber, der dann Mut und Übersicht verliert, eindeutig im Vorteil. Wer zwar keine Scheu hat, sich auszuleben, aber seine Sinne beherrscht, ist unabhängiger, freier und genußfähiger als jemand, der einem Bedürfnis verfällt. Wer gelernt hat, nicht nur Unterhaltungsromane spannend zu finden, sondern auch mit Lyrik etwas anfangen kann, hat zusätzliche und diffizilere Erlebnismöglichkeiten. Wer es ganz allgemein versteht, sich neben irgendeiner die Existenz sichernden Berufstätigkeit mit einer Sache nur dieser Sache wegen abzugeben, ist besser dran, weil er weder auf äußere Ablenkungen noch auf andere Menschen angewiesen ist. Und ein Mensch, der all dies erfährt und weiß, wird auch wissen, wann es sinnlos wird, noch mehr Geld zu verdienen, noch einmal befördert zu werden und noch weniger Zeit für die Dinge zu haben, auf die es ankommt: Selbstverwirklichung durch ein ausgewogenes Neben- und Nacheinander von Glücksbereitschaft und Verzichtleistung, von Sich-Fallen-Lassen, Sich-Zurückhalten und Ergreifen.

Die antik-christlich-humanistische Bildungstradition hat zwar

(wenn auch unter Mißachtung der körperlich-sinnlichen Bedürfnisse) eine in den geistigen Freuden gipfelnde Rangordnung postuliert, die Entwicklung der liberal-kapitalistischen wie der sozial-demokratischen Leistungsgesellschaft brachte aber eine Wertskala hervor, die sehr viel bestimmender wurde. Jede Gesellschaft schafft sich Leitbilder, indem die sie prägenden Mechanismen und Regulative bestimmter Berufe, Funktionen und Tätigkeiten besonders honoriert – sei es durch Geld, sei es durch Ruhm, sei es durch beides. In der westlichen Zivilisation nehmen die optisch eindrucksvollsten Ränge erfolgreiche Industrielle, Stars des Show-Geschäftes, Sportler und Raumfahrer ein. Welche Maßstäbe für sein eigenes Leben soll der Zeitgenosse diesen Spitzenpositionen entnehmen? Wahrscheinlich doch nur diese: daß man vor allem geschäftstüchtig sein oder gut aussehen oder gut singen oder ein paar Sekunden schneller laufen können muß als andere, und daß alles erreicht ist, was in diesem Leben erreicht werden kann, wenn man regelmäßig in den Zeitungen erwähnt und im Fernsehen gezeigt wird.
Zur Zeit schiebt sich im Osten wie im Westen ein neues Leitbildidol unaufhaltsam in den Vordergrund: der Mann, der die Computer beherrscht (die wiederum nach landläufiger Meinung uns beherrschen werden). Es ist nichts gegen Kybernetik, Datenverarbeitung und Computertechnik zu sagen. Sie werden uns das Leben weiter erleichtern; wir brauchen Leute, die diese Apparaturen beherrschen, und es sollten natürlich möglichst begabte Leute in diese Berufe gebracht werden. Aber es ist Schwachsinn, wenn eine sich scientifizistisch und futurologisch überschlagende Publizistik den Eindruck erweckt, die Kybernetik berge den Stein der Weisen, und die heranwachsenden Scharen von Programmierern würden endlich die letzten Rätsel lösen und die letzten Konflikte aus der Welt schaffen. Sie werden dies so wenig zustande bringen, wie es vor hundertfünfzig oder hundert Jahren den ersten Maschinisten und Elektrikern gelungen ist. Auch Wissenschaft und Technik können ihre Produkte nur mit dem ausstatten, was Wissenschaftler und Techniker ihnen liefern; diese aber können nicht mehr liefern als das, was ihnen selbst an Einsicht zur Verfügung steht. Bisher ist nicht zu erkennen, daß die Angehörigen der wissenschaftlich-techni-

schen Berufsgruppen (Nobelpreisträger mit eingeschlossen) mehr als ein sehr durchschnittliches Niveau an menschlicher Reife, an Erkenntnis- und Empfindungsfähigkeit verkörpern. Was also sollten wir uns von dem »neuen Menschen« versprechen, den sie uns programmieren werden?
Aber der »neue Mensch« ist nicht nur nicht zu erwarten, er ist unnötig, denn die Möglichkeiten des alten sind kaum ausgeschöpft. Weder Liberalismus noch Sozialismus sind imstande, jene Werte zu setzen und jene Methoden zu entwickeln, die den Menschen auf das höchste Niveau seiner Möglichkeiten bringen könnten. Die Schaffung gleicher Chancen, Rechte und Sicherheiten für alle wird letztlich eine nutzlose Anstrengung gewesen sein, wenn man nicht zuletzt dafür sorgt, daß die in der Natur des Menschen gegebene Rangordnung bewußt, verbindlich und praktikabel gemacht wird. Es ist an der Zeit die Anbetung des Fortschritts, der Technik und des Komforts zu beenden und nicht mehr irgend etwas Wesentliches vom weiteren Ansteigen des Bruttosozialprodukts zu erwarten. In dem Konsumverzicht, den wir schon in naher Zukunft erbringen müssen, wenn wir Mittel für die vielen dringenden öffentlichen Aufgaben freimachen wollen, kommt die zu lange übersehene humane Forderung nun als äußere Zwangsläufigkeit auf uns zu. Wenn wir es noch nicht wußten, so werden wir es jetzt einsehen müssen: die Fähigkeit, nicht mehr zu begehren, als man nötig hat, oder doch sowohl von dem, was man hat, als auch von dem, was man nicht hat, unabhängig zu bleiben, ist wichtiger als Ehrgeiz, Leistungsvermögen und Fortschrittswille. Für all die Milliarden von Menschen, die auf unserem Stern geboren wurden und wieder dahingingen, sind die Errungenschaften, die sie ihren Nachkommen hinterlassen konnten, belanglos gewesen. Von Belang war einzig und allein die Frage, ob die kargen oder komfortablen Lebensumstände und die Einstellung, die sie zu sich selbst hatten, es ihnen erlaubten, in ihrer subjektiven Einmaligkeit ein kurzes Leben lang denkende und fühlende Wesen zu sein. (97)

*

IV. DIE VIERTE STUFE DER FREIHEIT

Von den Greueltaten der Christen bis hin zu den Verbrechen der Kommunisten zieht sich durch unsere ganze Geschichte die Blutspur eines Humanität an der Wurzel zerstörenden Ideologismus. Wenn das entscheidende Kriterium meines Wertes als Mensch meine Fähigkeit ist, die christlichen oder auch die marxistischen Glaubenswahrheiten zu bezeugen und zu verbreiten, dann setze ich damit alle Charakteristika einer konkreten Humanität außer Kraft.

Wer sich also von einer Rückbesinnung auf die Priorität des Glaubens als des Fürwahrhaltens ganz bestimmter Überzeugungen eine neue humane Orientierung verspricht, ist auf dem falschen Wege. Glaubensüberzeugungen haben eine entscheidende Bedeutung für die vertikale, die subjektiv-existentielle Entwicklung menschlicher Personalität, zum Element der moralischen, der horizontal-sozialen Entfaltung gemacht, trennen sie die Menschen voneinander und machen sie unduldsam.

Auch eine zweite Kategorie traditioneller Bindungen hat sich als demoralisierend erwiesen. Ich spreche von der Bindung an eine Gruppe oder eine Institution. Jede Gruppenbindung stabilisiert nur die Binnenmoral der Gruppe, verhindert also eine in den Tiefenschichten der Person verankerte Humanisierung, da alle moralischen Gebote von jedem Gruppenmitglied ja immer wieder – nämlich beim Zusammentreffen mit dem Mitglied einer anderen, »feindlichen« Gruppierung – vergessen werden müssen. Auch hier gilt die Feststellung, daß es nicht die Gruppenbindung an und für sich ist, die Humanität zerstört, sondern die Tendenz, sie absolut zu setzen und zum entscheidenden Element des sozialen Lebens zu machen. Der Umschlag erfolgt dort, wo – um ein naheliegendes Beispiel zu geben – aus der Heimat- und Vaterlandsliebe (die einen hohen Gefühlswert haben kann) Nationalismus und Chauvinismus werden. Rassismus und Klassenbewußtsein sind Stichworte, die den gleichen Prozeß für andere Arten von überwertig gewordener Gruppenbindung bezeichnen. (98)

*

Was Wissenschaft hervorbringt ist Technik, sind Maschinen und Apparaturen, die Außerordentliches leisten, nur eines nicht zustande bringen: Leben und Existenz. Im Bild und negativen Mythos des Universums als eines gigantischen Uhrwerks oder Computers wird die Welt zu einem Mechanismus, dessen Schaltungen und Triebwerke eine ebenso phantastische wie leerlaufende Dynamik in Gang halten.

Dennoch hat sich die Wissenschaft zu einer alles bestimmenden, unser ganzes Leben durchdringenden Macht entwickelt. Um welche Fragen, um welche Bereiche es immer geht, es werden wissenschaftliche, objektive, faktisch-erweisliche Antworten gesucht. Denn »Relevanz« und »Authentizität«, um zwei diesen Trend charakterisierende Modebegriffe zu gebrauchen, hat nur das, was wissenschaftlich ist, sein will oder zu sein vorgibt.

In den Massenmedien beherrscht das Feature, in der Literatur das Sachbuch die Szene, und jener merkwürdige Bastard, der sich Science-fiction nennt, versucht über die in zukünftige Möglichkeiten verlängerte Wissenschaft und Technik die Dürre der Wissenschaft mit der Wissenschaft selbst zu schlagen. Aber so phantastisch sich Jules Verne gelesen hat und so aufregend die ersten Mondflüge gewesen sind, die Wissenschaft ist geblieben, was sie immer war: ein Arsenal von Daten und Apparaturen, das nur soweit trägt, als es das Lebendige zerlegt. Die vielen »realistischen«, das Leben »wie es ist« darstellenden Dossiers, Studien, Dokumentationen sind weniger als Literatur, weil jede auf das greifbar Faktische abgestellte Darstellung die das Wesen des Menschen und der Beziehungen von Menschen ausmachenden Irrationalismen, Zwischentöne, Widersprüche verfehlt.

Auch in den letzten und vorletzten Phasen der modernen Kunst spiegelt sich die alles beherrschende Wissenschaftsgläubigkeit. Es werden die phänomenologischen Elemente und Oberflächen der Dinge dargestellt: Linien, Farben, geometrische Figuren, Konserven, Menschen und Situationen »wie sie sind«. Aber was eine Linie, eine Farbe, eine Figuration, ein Gegenstand bedeuten, läßt sich nur von einem das Gegenständliche transzendierenden Standpunkt darstellen. Wenn man einen solchen metafaktischen Bezugspunkt ausklammert, fallen alle Gegenstände in die Inhaltlosigkeit leerer Attrappen zurück. Jene Literatur und

Kunst, die sich selbst für avantgardistisch hält, läßt sich unter diesem Gesichtspunkt als Versuch verstehen, die Transzendenz-Leere entweder zum ausdrücklichen Programm zu machen (alle realistischen und formalistischen Schulen) oder sie – heroisch oder zynisch – als fällige Entdeckung der bisher verschleierten Sinnlosigkeit des Lebens zu beschreiben (alle Schulen, die die Absurdität, die Häßlichkeit und Brutalität der Dinge zum Gegenstand ihrer Darstellung machen). (99)

*

Soweit es jemals der Wissenschaft gelingen könnte, verbindliche Prognosen zu machen, müßte ihre »moralische« Empfehlung in der Tat lauten: »Wolle, was Du mußt.«

Glücklicherweise glauben bis zur Stunde weder die ernst zu nehmenden historischen noch die politischen Wissenschaften das Ziel menschlicher Entwicklung voraussagen zu können. Sollte dies jemals der Fall sein, würde sich der Ring endgültig schließen. Die Wissenschaft, die den Menschen in nur wenigen Jahrhunderten vom Aberglauben und vom Ausgeliefertsein an die Natur befreite, würde ihn am Ende zu einer Unfreiheit verdammen, wie sie weder die Epochen des Mythos noch der Religion jemals gekannt haben und bisher auch keine Diktatur durchsetzen konnte. (100)

*

Die alten Werte legten ein Ziel fest, das sich außerhalb der Geschichte und Gesellschaft befand; das der einzelne also jederzeit und unter allen Lebensbedingungen und unmittelbar durch Anspannung seiner seelischen und geistigen Kräfte erreichen konnte: indem er tat, was an der Stelle, an der er sich vorfand, zu tun war, und seine Aufmerksamkeit Gott zuwandte. Die neuen Wertekataloge richten die Aufmerksamkeit des Menschen auf den Weg; wenn man ihn kennt und geht, kommt man von selbst ans Ziel. Ein Ziel, das nicht dieser oder jener einzelne Mensch, aber doch die Menschheit eines fernen Tages erreichen wird. Die höchste aller Tugenden ist der Wille zur Veränderung, zur

Leistung im Dienste der sich vollendenden Menschheit. Religion und Metaphysik werden einerseits – wie wir gesehen haben – durch wissenschaftliche Erkenntnis, andererseits durch Geschichts- und Gesellschaftsbetrachtung ersetzt; Politik wird Religionsersatz. (101)

*

Die letzte Phase der Demokratie heißt nicht gleiches Recht, sondern gleiche Macht für alle. Und mit dieser Forderung bewegt sie sich auf jene Grenze zu, deren Überschreitung ihre bisherigen Errungenschaften nicht um neue bereichert, sondern aufs Spiel setzt. Es ist der Versuch, alle mitbestimmen zu lassen, der das Postulat der Gleichheit als Täuschung entlarvt. Dabei ist es gar nicht nötig, eine endgültige Antwort auf die Frage zu finden, ob die Menschen überhaupt einmal in ihren Fähigkeiten gleich sein werden. Heute und für die von uns in Rechnung zu stellende Zukunft werden sie es ganz gewiß nicht sein. Die Überzeugungskraft und der gewaltige Humanisierungseffekt der die Neuzeit auslösenden und tragenden Forderung nach gleichen Rechten für alle beruht auf der Tatsache, daß sie der Ungleichheit eine Chance gibt, indem sie unter Gleichheit lediglich die Gleichheit der Lebensbedingungen meint. Ob und wie jemand von seinem Recht, zu Besitz, Erfolg, Ruhm, Bildung und Weisheit zu kommen, Gebrauch machen will oder kann, wird durch den Katalog der Grundrechte gerade nicht festgelegt.

Die Forderung nach gleicher Macht für alle muß bei ihrer Verwirklichung sogleich auf die Schwierigkeit stoßen, daß die Charaktere und Fähigkeiten der Menschen außerordentlich verschieden sind. Ein Modell, bei dem die Entscheidungen über alle Fragen von allen getroffen werden sollen, setzt aber (unter anderem) voraus, daß die Intelligenz aller ausreicht, die Sache, um die es geht, zu erfassen; daß die Kenntnisse jedes Mitbestimmenden auf den fraglichen Gebieten zulänglich sind; daß er bereit ist, ausreichendes Interesse für die zur Entscheidung stehende Sache aufzubringen; daß er auch fähig ist, seine Entscheidung zu verantworten; daß er einverstanden ist, sich einer

zweckmäßigen Prozedur der Willensbildung zu unterwerfen, und sich auch imstande zeigt, seine Entscheidung von persönlichen Interessen, Sympathien und Antipathien frei zu halten.
Eine Demokratie hätte erreicht, was erreichbar ist und vernünftigerweise erstrebt werden sollte, wenn jeder Bürger sich auf einigen wenigen Gebieten an der Diskussion und Willensbildung beteiligt. Es gibt nicht den geringsten sachlichen oder moralischen Grund, eine Politisierung der Gesellschaft zu betreiben, die all ihre Angehörigen zu einem Engagement in allen Fragen zwingen will.

Dagegen spricht nicht nur der Zwang, der ausgeübt werden müßte, dagegen sprechen auch alle anderen Indizien. Je mehr Menschen an einer Entscheidung beteiligt werden, für die sie sich nicht zuständig fühlen oder der sie sachlich oder charakterlich nicht gewachsen sind, um so weniger sind gute oder auch nur brauchbare Entscheidungen zu erwarten. Es besteht vielmehr die Gefahr, daß es zu einer mehrheitsdemokratischen Diktatur der Inkompetenz oder aber (was wahrscheinlicher ist) zur mehrheitsdemokratisch getarnten Diktatur einer organisierten Minderheit kommt. Dies ist der Sinn und das Ziel der kommunistischen Demokratisierungsforderungen. Nur sehr naive Demokratiegläubige können die totale Mitbestimmung für des Fortschritts, der Aufklärung und Humanität letzten Schluß halten.

Sie wäre das Ende der freiheitlich demokratischen Ordnung noch aus einem anderen Grund. Eine direkte und permanente Mitwirkung aller Bürger an allen Fragen müßte zur permanenten Instabilität führen. Die Forderung, daß alles und jedes sich der ständigen Kritik und Zustimmung durch die Mehrheit aller Bürger zu stellen hat, würde auch vor der Verfassung nicht haltmachen. Eine von radikalen Minderheiten gesteuerte Volks-Rätedemokratie könnte heute die Gewaltenteilung, morgen das Parlament und noch ein paar Tage später die Grundrechte abschaffen. Unter dem des allgemeinen Beifalls gewissen Vorwand, die »Bürokratie« zu treffen, gäbe es in Kürze kein Amt, keine öffentliche Institution mehr, die auch nur für begrenzte Zeit arbeitsfähig wären. Die Mitbestimmung muß dort ihre Grenze finden, wo die Teilnahme aller an den Entscheidungsprozessen das rechtzeitige Zustandekommen von Entscheidun-

gen verhindert, wo sie zu unsachgemäßen und zu Entscheidungen führt, die Minderheiten oder Minderheitswerte bedrohen. Demokratismus und Volksdemokratie sind die Gefahrenpunkte eines überwertig gewordenen Demokratie-Ideals.
Zuletzt liegt der Mitbestimmungs-Ideologie ein moralischer und psychologischer Selbsttäuschungsversuch zugrunde, nämlich die Flucht vor der Selbstbestimmung. Der »mündige Bürger« hat sich mehr und mehr in die Vorstellung hineingesteigert, daß das Recht und der Wille, überall dabeizusein, überall mitzureden und mitzuentscheiden, seine »Entfremdung« aufhebt und seine Würde herstellt. In Wahrheit täuscht ihn diese hektische, nach außen gewandte Aktivität nur darüber hinweg, daß persönliche Reife allein durch Bestimmung des eigenen Selbst gewonnen werden kann und die Beteiligung an der Bestimmung der peripheren Umstände seines Daseins nur dann der Selbstbestimmung zugute kommt, wenn sie deren Werte widerspiegelt und stützt. Der Demokratismus ist so gesehen der Wahn, daß sich außen finden läßt, was innen abhanden oder noch gar nicht zum Vorschein gekommen ist. (102)

*

Wenn einmal die Autonomie des Individuums proklamiert und gesichert ist, läßt sich sein Selbstdarstellungs- und Selbstbestimmungsrecht nicht auf die Kategorien des Organs, das Aufklärung vermittelt, beschränken. Mit der politischen Freisetzung der menschlichen Person werden nach und nach alle ihre Schichten und Elemente freigesetzt, das heißt manches von dem, was solchen Aufklärern als Gegenaufklärung erscheint, ist nichts weiter als das plötzliche Ins-Licht-des-Bewußtseins-Rücken jener bisher im dunkel gelassenen Regionen, die nicht zur Vernunft gehören, von ihr aber – wenn sie sich einmal von der Fixierung auf die eigenen Inhalte befreit – erhellt werden. Damit ist die schon im theologisch-spiritualistischen Weltverständnis angelegte Spaltung in eine Ethik allein begründende Vernunftsphäre und den dunklen Bereich des Vor- und Un-vernünftigen, das als Widerpart des Guten bekämpft werden muß, beseitigt. Humanität ist nicht mehr sich verselbständigende Vernünftig-

keit, die als abgetrennter Teil dem Menschen fordernd gegenübertritt, sondern meint Vergegenwärtigung und Verwirklichung der ganzen menschlichen Natur.
Hat die demokratische Wendung den Menschen als Staatsbürger, die liberalistische als Homo ökonomicus befreit, so setzt die subjektivistische seine Libido frei. Es kommt zu einer Umstrukturierung des ganzen Feldes. Moralisch ist nicht ein Verhalten, das mit bestimmten Geboten übereinstimmt – seien es göttliche oder ideelle Satzungen –, sondern moralisch ist ein Verhalten, daß sowohl dem, der sich verhält, als auch allen anderen, zu denen er sich verhält, ein Optimum an Selbstverwirklichung erlaubt. (103)

*

Die Toleranzforderung markiert Höhepunkt und Grenze der Nächstenliebe zugleich. Sie schafft das mentale und habituelle Optimum an günstigen Umständen für die freie Entfaltung der menschlichen Natur, aber sie überläßt den Menschen dann der verwirrenden Fülle und Widersprüchlichkeit ihrer Elemente. Auch hierbei wirken der Geist der wissenschafts-und freiheitsgläubigen Weltsicht zusammen: für beide ist jedes Bedürfnis und jede Entscheidung (soweit sie nicht die Entfaltung anderer bedroht) gleich gültig und damit gleichgültig. Die Kraft des Geistes kommt nur noch der Stärkung der jeweils ins Auge gefaßten einzelnen Elemente und Schichten, nicht ihrer Beherrschung und Formung im Hinblick auf ein Sollens-Modell der menschlichen Existenz im ganzen zugute. Das Bewußtsein wird gerade in dem Augenblick, in dem es sich für restlos emanzipiert hält, zum Vollzugsorgan der Faktizitäten. Der fällige und unerläßliche Versuch der Aufklärung, das Selbst des Menschen freizulegen, ihn von allen fremden Einflüssen und Abhängigkeiten zu befreien und zum Herrn im eigenen Hause zu machen, endet mit der Versklavung des Menschen an eben dieses Selbst. Die Freiheit als Wegfall jeder Art von Fremdbestimmung findet einen Menschen vor, dem nun der unerläßliche Maßstab für die Selbstbestimmung fehlt. Er steht orientierungslos den auf ihn von innen und außen eindringenden Wünschen und Reizen gegenüber.

Wenn dem »natürlichen« Drang des Menschen, alles wissen und alles genießen zu wollen, keinerlei Zwang entgegengesetzt wird, ist es schwer, auch nur ein Minimum an Humanität durchzusetzen.
Die Entscheidungsschwäche des toleranzfixierten, seinsgläubigen Menschen setzt den für die liberale Gesellschaft folgenschwersten Mechanismus in Gang. Es beginnt ein Wettstreit der sich selbst überlassenen Partialbedürfnisse, dessen Ausgang ausschließlich davon abhängt, welche Antriebe sich als die stärksten erweisen. Die Bedürfnisse entscheiden über den Menschen, nicht er über sie.
Jenes gewaltige Ideal der Freiheit, das als Signal menschlicher Sehnsucht nach Würde und Selbstbestimmung die neue Geschichte durch alle Phasen und Stufen begleitet, führt im Verlauf seiner Verwirklichung zu einer Befreiung aller menschlichen Antriebe, Fähigkeiten und Bedürfnisse, deren Wettstreit aber nicht die subtilsten, sondern die gröbsten Kräfte als Sieger zurückläßt. Der Mensch wird durch die unbegrenzte Entfaltung des Freiheitspostulats nicht auf das höchste Niveau seiner Möglichkeiten gehoben, sondern auf einem – von diesen Möglichkeiten her gesehen – sehr mittelmäßigen Stand zurückgehalten.
Der Freiheitsdrang wird zu einem schädlichen und enthumanisierenden Prinzip, wo er als ungesteuerte Freisetzung aller Lebenskräfte zur Abhängigkeit von den vitaleren Trieben oder zur Entscheidungsunfähigkeit führt. Dieses Phänomen nennt man Süchtigkeit. Sie tritt keineswegs nur im Zusammenhang mit dem Genuß von Drogen auf, sondern kann sich ebenso in einem zwanghaften Tüchtigkeits- oder Unterhaltungs- oder Sex-Drang äußern. Wenn Fanatismus das Krankheitssymptom der überwertig gewordenen Ideengläubigkeit ist, dann läßt sich Süchtigkeit als Krankheitssymptom der überwertig gewordenen Lebensgläubigkeit charakterisieren. Wer sich an die Freiheit total bindet, ist damit nicht mehr frei, und zwar nicht mehr frei gerade im Hinblick auf seine wichtigste Fähigkeit: zu seinen eigenen Wünschen »nein« sagen zu können. (104)

*

Man darf nicht übersehen, daß die Verengung und Veräußerlichung der menschlichen Existenz sich keineswegs nur im kommunistischen System ereignet, sondern als faktischer Zwang auch in der liberal-kapitalistischen Welt des Westens in Erscheinung tritt.

Die Tatsache, daß die Verbesserung der materiellen und sozialen Lebensumstände nur Voraussetzung für die Humanisierung sein kann, gerät in Vergessenheit; der Fortschritt wird zum Selbstzweck, der Mensch wird Sklave und schließlich Opfer der Lebensbedingungen – auch und gerade der guten; er ist weniger frei als zuvor, da ihm nichts mehr bleibt, was er aus dem Identifizierungsprozeß mit dem »Fortschritt« retten kann: sein Interesse geht völlig in der Produktion und in der Konsumation materieller und sozialer Güter auf. Gehetzt von der Jagd nach einem immer höheren Lebensstandard, nach immer demokratischeren, gerechteren und sozialeren Gesellschaftsverfassungen, verliert er schließlich jedes Vertrauen in die Möglichkeit und den Sinn eines von allen äußeren Lebensbedingungen unabhängigen Daseins.

Im Glauben an die welterlösende Kraft einer immer größeren Produktion und einer immer besseren Verteilung materieller und sozialer Güter, im Glauben an die Allmacht des Fortschritts sind sich also marxistische wie nicht- und antimarxistische Gesellschaftsgläubige einig. Auch innerhalb der sozialistischen Gesellschaft und Wirtschaft gilt das Leistungsprinzip und die Prämiierung des Tüchtigsten. Ob diese Prämie in der Möglichkeit besteht, größere Lebens- und Machtansprüche mittelbar durch Anhäufung von Besitz oder unmittelbar durch Zugehörigkeit zur herrschenden Klasse befriedigen zu können, spielt für das Faktum der Bewußtseins- und Bedürfnisverengung eine geringe Rolle. Erst auf der dritten Ebene der Entfaltung von Freiheit trennen sich die beiden Systeme. Die Prämie für individuelle Leistung ist im liberalen System wesentlich höher, da es nicht nur eine Vielzahl von Kulturgütern, sondern vor allem eine Subjektivität der persönlichen Lebensgestaltung zuläßt, die das kollektivistische System nicht bieten kann. (105)

*

So sehr der Kapitalismus für eine ganze Reihe schwerwiegender Fehlentwicklungen verantwortlich gemacht werden muß, ist er doch keineswegs die Ursache, sondern lediglich ein Begleitumstand dessen, was Marx als Wesensentfremdung des Menschen beklagt. Deren eigentlicher Grund ist die allgemeine Verengung der menschlichen Interessen auf die materiell-zivilisatorischen und politisch-sozialen Vorgänge, also gerade jene geschichtliche Bewegung, unter deren Parolen Marx zum Kampf gegen die Selbstentfremdung antritt.

Tatsächlich hat die geschichtliche Entwicklung erwiesen, daß im Gegensatz zur liberal-kapitalistischen Welt, die immerhin abseits der politisch-wirtschaftlichen Realitäten einen Spielraum für die Entfaltung subjektiver Werte ließ und läßt, der ganz auf den Glauben an die Welterlösung durch Gleichheit und Gerechtigkeit eingeschworene Kommunismus die Abhängigkeit des Menschen von der Politik total macht. Wenn im Bereich der liberal-kapitalistischen Länder de facto von einer Herrschaft der Partialbedürfnisse gesprochen werden muß, so wird im Bereich der kommunistischen Welt die Individualität von den kollektiven Zwängen weggedrückt. Das Marxsche Rezept zur Aufhebung der Selbstentfremdung bringt die totale Selbstentfremdung erst hervor.

Der Kommunismus ist gezwungen, vom Menschen das Opfer gerade jener Güter zu verlangen, deren Sicherung der Einschränkung seiner subjektiven Entfaltungsfreiheit allein einen Sinn geben könnte: seine moralische und existentielle Autonomie. Man könnte sagen, daß der Kommunismus vom Menschen gleichzeitig zu gut und zu gering denkt. Der von ihm offerierte Katalog von Gütern ist angesichts des Entwicklungsstandes der zivilisierten Teile der Welt zu dürftig. Das sich in allen historischen Situationen schließlich durchsetzende Schema einer Bedürfnisordnung, die unten mit den materiell-sozialen Wünschen beginnt und oben mit den kulturellen und spirituellen Interessen endet, läßt sich nicht beliebig reduzieren oder auf den Kopf stellen. Man kann in Epochen der unmittelbaren Not, in denen Hunger und Elend und Ausbeutung herrschen, alle Energien des Menschen auf die Verbesserung der politischen, ökonomischen und sozialen Zustände lenken, aber es ist nicht möglich, diese

Einengung seiner Interessen beizubehalten, sobald die Notlage nicht mehr gegeben ist.
Die Faszination, die der Kommunismus dennoch bis zum heutigen Tage nicht nur auf die Hungernden und Unterdrückten ausübt, beruht auf der genialen Kombination zweier sich widersprechender Grundtriebe des Menschen. Im Gegensatz zum Konservativismus und Faschismus, die einen nur bedürfnisorientierten Fortschritt ausdrücklich ablehnen und sich auch programmatisch zur Herrschaft einer Ordnungsidee bekennen, vereinigt das kommunistische Konzept die Hoffnung und das Versprechen auf uneingeschränkte individualistische Lebenserfüllung mit dem Angebot äußersten Aufgehobenseins in einer kollektiven Ordnung. Daß jenes Versprechen ein nie eingelöster und nie einlösbarer Wechsel auf eine ferne Zukunft bleibt, spielt so lange keine Rolle, als man dem Programm mehr glaubt (oder glauben will) als der Wirklichkeit. (106)

*

Im Faschismus haben wir eine Bewegung, die sich wie der Konservativismus sowohl gegen das Freiheits- als auch gegen das Gleichheitspostulat stellt, aber – im Gegensatz zum Konservativismus – nicht eine auf strenge moralische Grundsätze, sondern auf dem Recht des Stärkeren gegründete Welt- und Gesellschaftsordnung anstrebt.
Wenn man will, steht auch der Faschismus insofern in der neuzeitlichen Säkularisationsbewegung, als er in gewisser Weise deren tiefsten Punkt markiert: der Mensch wird nicht nur aus allen transzendenten, sondern auch aus allen innerweltlich-humanen Bindungen herausgelöst und auf eine zoologische Existenzform zurückgestuft. Auch wenn der Kommunismus de facto ebenfalls totalitär ist und sich nicht scheut, die physische Vernichtung des Gegners für ein Gebot revolutionärer Moral zu halten, ist sein Ausgangspunkt ein humanitärer Impuls und sein Ziel ein menschenwürdiges Leben für alle.
Beide Bewegungen zeigen jedoch, daß die Bereitschaft auch des neuzeitlichen Menschen, absolut gesetzte Glaubens- und Gruppenbindungen einzugehen, unter einer dünnen Schicht von

Rationalität und Toleranz jederzeit aktivierbar ist und dann alle Zivilisationshemmungen beseitigt. (107)

*

Wenn Mythos und Religion nicht einfach durch Aufklärung und politischen Fortschritt zu beseitigende Täuschungen gewesen sind, sondern eine im Wesen des Menschen begründete Funktion hatten: wer oder was sollte nach der Auflösung der Mythen diese Funktion übernehmen? Einfach »der« Mensch? Indem er sich von allen Illusionen, Zwängen, Autoritäten befreit, unbehindert alle seine Kräfte und Talente entfaltet, sich in der Welt tummelt, sie bewegt und verändert?
Nach einem halben Jahrtausend unentwegter Entmythologisierung, unentwegter Befreiung, unentwegter Weltbewältigung wissen wir, daß diese Hoffnung sich nicht erfüllt. Der allgemeine Fortschritt hat Gewaltiges zustande gebracht, insbesondere große Teile der Menschheit von der Sorge um das Überleben und von Unterdrückung befreit. Die Sinngebungs- und Orientierungsfunktion konnte er nicht übernehmen.
Die Neuzeit hat dem Menschen tatsächlich seine Natur zurückgegeben, aber ihm zugleich auch, durch eben diesen Aufklärungs- und Befreiungsakt, die Möglichkeit genommen, irgendeinen archimedischen Punkt zu finden, von dem aus sich diese Natur nun hätte gestalten und prägen lassen. Im gleichen Augenblick, in dem er die potentielle Humanität aller Elemente seines Wesens begreift, verliert er die Macht über sie. (108)

*

Fassen wir das Auftreten des Menschen ins Auge, so charakterisiert ihn eine bisher unbekannte Fähigkeit, die man am besten, weil noch für weitere Differenzierungen offen, »Geist« nennt. Benutzen wir die Begriffe »Sein« und »Bewußtsein«, dann ist es wichtig, festzuhalten, daß der Begriff »Bewußtsein« nur dann zutreffend verwendet werden kann, wenn er sowohl die Fähigkeit des Geistes meint, sich dessen bewußt zu werden, was tatsächlich, empirisch nachweisbar, faktisch »ist«, als auch Begriffe und Bilder zu vergegenwärtigen und zu verarbeiten, denen keinerlei Faktizität zugrunde liegt. Wenn wir die Qualität des Geistes immer noch grob schematisierend, aber doch etwas genauer charakterisieren wollen, müssen wir eine Dreiteilung vornehmen. »Geist« bedeutet: 1. Wahrnehmen und Begreifen dessen, was »ist«, 2. Sichvorstellenkönnen und Planen dessen, was – angesichts der Möglichkeiten des Menschen – sein könnte und sein sollte und 3. schließlich das von der aktuellen wie potentiellen Realität abgelöste freie Phantasieren und Spekulieren.

Die Tatsache, daß wir in diesem dreifachen Sinn »im Geiste« leben, hat vielerlei Konsequenzen. Eine davon ist das Erlebnis der Individualität, des langsamen, aber unvermeidlichen Gewahrwerdens der eigenen, definitiv zu allem anderen Dasein hin abgegrenzten personalen Existenz; eine andere Konsequenz das Erlebnis der Zeit, des Gewahrwerdens von Vergangenheit, Gegenwart und Zukunft, von Anfang und Ende, vom steten Fluß aller Dinge; eine dritte Konsequenz das Phänomen des Willens, der Fähigkeit, Denkakte in Handlungen umzusetzen; eine vierte schließlich – und diese interessiert uns hier: den Aufbau unserer Natur als Bestimmung zu begreifen, die erst realisiert werden muß.

Daß der Mensch »im Geist« lebt, daß er aus Sein und Bewußtsein besteht, heißt: seine wahre, volle Existenz ist nicht gegeben, sondern nur vor-gegeben, sie ist eine Aufgabe. Der Mensch muß sich zu dem, was er »eigentlich« ist, erst machen. Seine Natur ist nicht schon die Verwirklichung, sondern das Modell seiner Möglichkeiten.

Dieses Modell ergibt sich aus der geistigen Präsenz sowohl dessen, was der Mensch ist, als auch dessen, was er sein kann, aus der bewußten Vergegenwärtigung aller aktuellen und potentiellen Elemente seines Wesens. Und von diesem Gesamtblick her ergibt sich rückwirkend die Bedeutung, die die einzelnen Elemente für die Gestaltung seines Lebens haben: ihre anthropologische Wertigkeit. Das Faktum der verschiedenen Wertigkeit der menschlichen Bedürfnisse und Talente erschließt sich, wenn man diese Teilstücke der menschlichen Natur vom Ganzen her sieht. Die Unerläßlichkeit einer solchen Ganzheitsperspektive bei der Erforschung aller den Menschen betreffenden Vorgänge ist mitnichten freischwebende Organologie und Metaphysik. Wenn wir alle den Menschen bewegenden physischen, biologischen, psychischen und geistigen Kräfte nicht an und für sich, sondern im Gesamtzusammenhang seiner Natur und Bestimmung sehen, so fügen wir ihnen nicht etwas von außen und willkürlich zu, sondern erfassen diese Kräfte so, wie sie tatsächlich funktionieren. Der Satz, daß der Mensch mehr ist als die Summe seiner Teile, ist nicht eine poetische Metapher oder eine philosophische Hypothese, sondern beschreibt einen Tatbestand. (109)

*

Wenn Wirklichkeit den konkreten, den lebendig agierenden und reagierenden, fühlenden und denkenden Menschen meint – und was sollte der Begriff sonst meinen –, beschäftigen sich die Wissenschaften vom Menschen mit ganz unwirklichen und fiktiven Fakten, da es isolierte biologische oder physiologische, psychologische oder intellektuelle Substanzen und Vorgänge nicht gibt. Sie verfehlen also sowohl die Wirklichkeit des lebendigen Menschen als auch die wirkliche Bedeutung der nur im Gesamtsystem des Konkretums »Mensch« zu erschließenden Teilbereiche.

Man muß auf diese zugegeben banale Tatsache nicht hinweisen, um die Verdienste der »exakten« Wissenschaften zu schmälern, sondern um ihre Grenzen in Erinnerung zu rufen. Die uns von einem scientifizistischen Aberglauben suggerierte Überzeugung, daß der wissenschaftliche Aufklärungsprozeß nach und nach die ganze Wirklichkeit der Welt erschließen werde, und die Lösung aller noch verbliebenen Fragen darin bestünde, die noch von der Spekulation und einem wirren Mystizismus besetzten Gebiete der quantifizierenden Analyse zu unterwerfen, ist falsch. Diese Aufklärung erfaßt prinzipiell – auch in den von ihr bereits ausgemessenen Bereichen – immer nur partielle Aspekte der Dinge, um die es geht. Auch dann, wenn sie alles auf diese Weise überhaupt Erfaßbare auf eine Formel gebracht hat, wird ihr die lebendige und konkrete Wirklichkeit ein Rätsel geblieben

sein. Ihre Unvollkommenheit ist nicht auf ihren derzeit noch unzureichenden Erkenntnisstand zurückzuführen, sondern in dem nur Teile ans Licht bringenden Raster begründet, den sie an die Welt legt.
Der Mythos ist also nicht nur existentiell-moralisch, sondern auch – so sonderbar und abwegig das unserer rationalistisch verengten Vernunft auf den ersten Blick erscheinen mag – im Hinblick auf sein Vermögen, die objektive Struktur der menschlichen Wirklichkeit zu erfassen, leistungsfähiger als die Wissenschaften vom Menschen. (110)

*

Alles, was Humanität ausmacht: die fruchtbare Beziehung eines Menschen zu seinen Angehörigen, seinen Freunden und Berufskollegen, die Auseinandersetzung mit Alter, Krankheit, Tod, mit dem Scheitern allgemein; die Ausschöpfung der Erkenntnisse und Freuden, die die Natur, die Literatur, Kunst, Philosophie und Religion vermitteln, all dies kann nicht vertagt werden bis der Lebensstandard noch komfortabler, die Demokratie noch demokratischer und die letzten Kriege beendet sein werden. Man kann die Geschichte nicht aufteilen in Phasen, in denen sich ganze Generationen, Völker und Klassen nur mit der Schaffung solcher Voraussetzungen zu beschäftigen haben, und in andere, in ferner Zukunft liegende, in denen die dann lebenden Menschen endlich darangehen können, die Früchte all dieser Anstrengungen zu ernten. Jeder Mensch – wann und unter welchen Umständen er lebt – hat Anspruch auf den vollen Ertrag seines persönlichen Lebens und nicht etwa die Pflicht, sich in der Schaffung von Voraussetzungen für die Lebenserfüllung zukünftiger Generationen zu verausgaben. Ihm steht nur diese Lebenszeit und keine andere zur Verfügung, um Menschlichkeit zur Existenz zu bringen. Die Aneignung konkreter Humanität setzt das Ernstnehmen der Einmaligkeit jedes Menschenlebens voraus. Nur im Hinblick auf das, was im und mit diesem konkreten einzelnen vor sich geht, hat es Sinn, von Bewältigen oder Scheitern, Einsicht oder Blindheit, Abhängigkeit oder Freiheit zu sprechen.

Außerhalb des einzelnen menschlichen Bewußtseins gibt es keine Subjekte, die von sich selbst wissen. Natürlich hat es einen Sinn, wenn der Mensch über Geschichte nachdenkt, sich einer Nation zugehörig fühlt, für die Zukunft plant. Daß wir in großen Zeiträumen und in Kollektiven denken, ist zwingend und selbstverständlich für ein Wesen, das Gedächtnis hat, Tradition bildet, vorsorgt; alles andere als selbstverständlich ist es jedoch, daß diese Vorstellungen zum Ausgangs- und Zielpunkt unserer moralischen, pädagogischen und politischen Anstrengungen werden. Ausgangs- und Zielpunkt unserer Anstrengungen kann – nicht aus ideologischen Absichten, sondern aus Gründen, wie sie pragmatischer gar nicht sein können – nur der jeweils lebende konkrete Mensch sein.
Wenn wir uns von diesem lebendigen Menschen und seiner konkreten Situation, die er 50, 60, 70 oder in Zukunft vielleicht auch 100 Jahre lang zu bestehen hat, nicht trennen lassen, dann ist jede Humanitätsphilosophie, die sich den humanen Fortschritt vor allem oder ausschließlich von einer Änderung der Lebensbedingungen erwartet, auf dem falschen Wege. Nicht nur deshalb, weil sie den Menschen über seine wahren Interessen täuscht, sondern auch deshalb, weil der allgemeine Fortschritt nicht mehr sein kann als die Summe des Fortschritts, den die Denk-, Urteils-, Empfindungs- und Entscheidungsfähigkeit vieler einzelner Menschen macht.
Es ist genau umgekehrt, wie Hegel und Marx und alle Geschichts- und Gesellschaftsgläubigen meinen. Nur soweit wir imstande sind, aus der Geschichte, dem Fortschritt, dem immer rascheren und unübersichtlicher werdenden Strom der politischen, sozialen, wissenschaftlichen und technischen Entwicklung herauszutreten in den begrenzten Lebens- und Zeitraum der uns zugemessenen Jahrzehnte, können wir unsere Selbstentfremdung, unsere Veräußerlichung, unser Mitgerissenwerden von den Dingen aufheben. (111)

*

Die Schichtung vom Physischen und Biologischen über das Seelische bis zum Geistig-Spirituellen zeigt tendenziell eine

hierarchische, nicht eine egalitäre Strukturierung des Systems »Mensch«. Der Versuch, sie zu realisieren, charakterisiert die Wendung vom Individualismus zum Personalismus. Humanität besteht in der Anwendung der vorgegebenen kategorialen Rangordnung auf den Entscheidungsprozeß.
Die Biographie des einzelnen wie der Völker wird von zwei Grundströmungen bestimmt: von der natürlichen, das heißt aus sich selbst heraus erfolgenden Entwicklung der gegebenen Kräfte und von dem, was der Mensch dieser Selbstentfaltung des Lebens an Vorstellungen und Entscheidungen entgegensetzt. Sein Bewußtsein hat auch in den frühesten Zeiten die Naturereignisse nicht nur begleitet und gespiegelt. In Mythos und Religion hat er sein So-Sein ständig überholt und eine Ordnung durchgesetzt, die aus eben diesem Talent der Erkenntnis- und Vorstellungskraft, dem genetisch letzten und schwächsten Glied der Entwicklungskette, den höchsten und prägendsten Wert machte. (112)

*

Die Betrachtung der vom Menschen noch nicht be- oder verarbeiteten Natur führt zu vermehrter Einsicht, wenn sie schon auf ein religiös oder philosophisch oder ästhetisch vorgeprägtes Bewußtsein trifft. Ist dies der Fall, übersteigt der Erlebniswert der Begegnung mit der Natur alle durch Religion, Philosophie und Kunst vermittelten Erfahrungen, da die Betrachtung ihrer Gestaltungen und Abläufe unser Empfinden und Denken unvermittelt mit dem Wesen der Welt verbindet und von allen Kulturgütern unabhängig macht. Buddha empfing seine Erleuchtung nicht in einer Bibliothek oder Gemäldegalerie, sondern unter dem Feigenbaum.
Dabei ist das Problem, wie weit der Kultur-Mensch in die Natur etwas hineinsieht, was in ihr selbst nicht vorhanden ist, ohne Bedeutung, denn die Begegnung des Menschen mit der vor- und außermenschlichen Natur: dem Meer und Gebirge, den Wäldern und Wiesen, Steinen, Pflanzen und Tieren – ist immer ein Akt der Spiritualisierung und Beseelung der Dinge, bei dem nicht entschieden werden kann, ob der Mensch den Dingen etwas

hinzufügt oder ob seine Zuwendung nur etwas in ihnen befreit, was ohne sein Zutun verborgen bleibt. (113)

*

Die christliche Liebesethik hat zwar immer wieder Brüderlichkeitsideologien und Brüderlichkeitseuphorien hervorgebracht, aber bis zum heutigen Tage keine ihrem Auftrag und Anspruch auch nur annähernd entsprechende Humanisierung bewirkt. Ich habe früher die Vermutung geäußert, daß dies vor allem auf die für die Unzulänglichkeit des Menschen zu hoch angesetzten Verhaltensideale zurückzuführen ist. Heute würde ich die entscheidende Ursache des Mißerfolgs der christlichen Moral in ihrem Verzicht, um nicht zu sagen: ihrem Widerstand gegen die Vergegenwärtigung, Postulierung und Einübung der eigentlich personalen Tugenden sehen.
Natürlich hat sich auch für Christen immer die Notwendigkeit ergeben, nach Prinzipien zu suchen, die die Entwicklung der eigenen Kräfte und Talente befördern und rechtfertigen, und die christliche Theologie konnte gar nicht umhin, sich mit den antiken Tugendlehren auseinanderzusetzen und sie in die eigenen Lehrgebäude einzufügen. Aber es fehlt im Christentum bis zum heutigen Tage das volle und deutliche Bewußtsein davon, daß der Mensch nur dann ein verläßlicher Mitmensch sein kann, wenn er sich – vor aller Gottes- und Nächstenliebe – selbst in einen verläßlichen Zustand gebracht hat.
Im übrigen findet sich die gleiche Ausfallerscheinung auch in allen im christlichen Bereich entstandenen politischen Erlösungslehren. Aus dem Ethos der Nächstenliebe wird das Postulat der Brüderlichkeit und aus diesem dann eine staatlich verordnete und erzwungene Sozialität und Solidarität.
Der Glaube an die Heilswirkung ausschließlich sozialer Aktivitäten hat in den politischen Erlösungslehren deshalb besonders demoralisierende und brutale Konsequenzen, weil sie von der hier auf Erden erreichbaren Perfektionierbarkeit menschlicher Verhältnisse ausgehen. Da der Mensch sich aber immer noch und immer wieder als ein unzulängliches und mit seinen subjektiven Problemen beschäftigtes Wesen erweist, muß die gewünschte

soziale Moral und Funktionsbereitschaft bis auf weiteres gewaltsam durchgesetzt werden. Irgendwann – so argumentiert man – wird das erzwungene äußerliche Verhalten dann die innere Wandlung bewirken und den neuen Menschen hervorbringen.
Man kann den Menschen durch Gewöhnung und Strafandrohung dazu bringen, nicht zu morden, nicht zu stehlen, nicht zu lügen und Verträge nicht zu brechen, und dennoch kann ein solcher Mensch labil bleiben und dort, wo es nicht um soziale und sozial kontrollierte Konflikte, sondern um seine persönliche Bewährung geht, total versagen. Wer sich an die Zehn Gebote hält, ist gewiß zivilisiert, aber deshalb nicht auch zwangsläufig schon humanisiert. Und auch die auf diese Zivilisationsstufe dann aufgesetzte Gottes- und Christus-Liebe macht aus ihm – wie es uns die Geschichte der Christenheit lehrt – noch keinen besonnenen, duldsamen und beherrschten Menschen.
So wurde mit dem Vordringen und dem schließlichen Sieg des Christentums der personalistisch-humanistische Ansatz der abendländischen Ethik aus dem Bewußtsein der europäischen Völker verdrängt. Und weder Humanismus und Renaissance noch auch die Aufklärung konnten die abgerissene Tradition wiederaufnehmen. Die Wiederentdeckung der Antike im 14. und 15. Jahrhundert war in dieser Hinsicht zu sehr ein nur die dünne Schicht der Gebildeten betreffendes Ereignis, und die Aufklärung wandelte sich zu rasch aus einem philosophischen in ein politisches Programm, das infolge seiner im wesentlichen sozialen Motivierung und Zielsetzung den Akzent sogleich auf mitmenschliche und gesellschaftliche Forderungen legte.
Die alten Tugendkataloge und Morallehren haben den Nachweis ihrer Leistungsfähigkeit in der modernen Welt also nicht antreten können; sie sind schließlich in den Ethiken und Pädagogiken der Neuzeit als humanistisches Bildungsgut wieder zum Vorschein gekommen, konnten sich aber in der gleichzeitig anrollenden Flut sozialer Humanisierungsprogramme nicht durchsetzen und sind heute von den kollektivistischen Solidaritäts- und Erlösungsideologien (in denen sich verzerrt die christliche Nächsten- und Gottesliebe unschwer wiedererkennen läßt) endgültig überrollt worden. Aber auch wenn Selbst-Verwirklichung nicht libertinistisch gesehen, sondern für eine Aufgabe unter

dem Leitbild der Brüderlichkeit gehalten wird, ist der erstrebte sozialmoralische Effekt gering, der individualmoralische gleich Null. Was der einzelne Mensch an Zuwendung zu dem und den anderen aufbringen kann, hängt nur oberflächlich mit der Aktivierung schwärmerischer Brüderlichkeits-Ideen und -Gefühle zusammen. Die entscheidende Voraussetzung für eine helfende, den anderen bei der Entfaltung seiner Personalität und der Lösung seiner Probleme unterstützende Zuwendung ist die Fähigkeit, Art und Inhalt des personalen Humanisierungsprozesses zu begreifen und bei sich selbst anwenden zu können. Wohin denn soll der Blinde den Blinden führen, wenn ihn nichts beseelt als der euphorische Wille zu einem unbestimmten Guten? Es ist eine wunderbare Sache, von der Zuneigung des Nächsten getragen zu werden, aber eine solche Beziehung kann nur zwischen konkreten Menschen entstehen; je mehr sie »den« Menschen in ihren Brüderlichkeitsenthusiasmus einzubeziehen versucht, um so nichtssagender wird das Liebesangebot. Und auch dort, wo eine Umarmung stattfinden kann, ist sie nur dann eine wirkliche Hilfe, wenn der Hilfswillige jenem, dem geholfen werden soll, sagen kann, was er machen muß, um sich selbst zu helfen. Sonst besteht die Hilfe nur in der Bereitschaft, mit dem anderen zu leiden. Es gibt Situationen, in denen es eine andere Hilfe nicht gibt. Im Normalfall aber kommt es darauf an, die Einsichten und Kräfte im anderen zu wecken, die es ihm erlauben, aus eigener Kraft und Einsicht ein Problem zu lösen oder ein Unglück zu überstehen. (114)

*

Sympathie hält länger vor als Leidenschaft und ist auch weniger strapaziös und von Umschlägen bedroht; Achtung, Verständnis und Vertrauen sind beständigere Elemente menschlichen Zusammenlebens als die libidinösen Bindungen. Und sie sind nicht nur beständiger und friedenstiftender als diese, sondern für die humane Selbstverwirklichung jedes einzelnen auch unerläßlicher: diese setzt nämlich einen auch von keiner besitzergreifenden Zuneigung usurpierten individuellen Entfaltungsspielraum voraus. (115)

*

Der Widerspruch zwischen dem Gebot, den Freiheits- und Entfaltungsraum des anderen zu respektieren und der Aufforderung, ihn nicht einfach sich selbst zu überlassen, ist überhaupt nicht lösbar, sondern kann nur im Gleichgewicht gehalten, aufgehoben werden durch eine unentwegte Anstrengung, die das bei einigen schon voraussetzt, was für viele gewonnen werden soll: Weisheit, Besonnenheit und Mut. (116)

*

Wenn man aus einem Haus das gesamte Mobiliar entfernt, ist das Haus nicht mit verschwunden; wenn man einen Filmprojektor ausschaltet, sind die Bilder auf der Leinwand gelöscht, ohne daß sich deshalb auch die Leinwand verflüchtigt. Obgleich auf ihr »nichts« mehr erscheint, ist sie dennoch »etwas«. Bei der Entmythologisierung der Mythen stoßen wir nicht nur auf anthropologische Kategorien und Strukturen, die in den mythischen Geschichten verborgen sind, sondern behalten auch dann, wenn wir alle diese Geschichten »aufgeklärt« haben, nicht nichts zurück, sondern etwas. Dieses Etwas, das leer bleibt, wenn wir alle Projektionen eingestellt haben, nennen wir »Transzendenz«: die Leere, die alle Realität übersteigt, einschließt und durchdringt.

Was uns instand setzt, die Herausforderung dieser Erfahrung zu bestehen, ist die Tatsache, daß das, was uns als »Leere« entgegentritt, zugleich auch ein Teil unseres Wesens ist, der uns unmittelbar in die Unabgeschlossenheit und Rätselhaftigkeit der Welt hineinbindet. Damit bleibt Transzendenz weiterhin Transzendenz, nämlich das die begreifbare Realität Übersteigende, aber sie ist nicht etwas Jenseitiges, sondern aller Wirklichkeit Innewohnendes, eine unausscheidbare Dimension auch der menschlichen Existenz. Man kann eine solche Erfahrung und Haltung »Glaube« nennen. Glaube meint dann die Zuwendung zu einem Übergreifenden und die Gewißheit des Aufgehobenseins in diesem Übergreifenden. Wenn Humanität zunächst eine von allen Glaubens- und Unglaubenspositionen unabhängige innerweltliche Möglichkeit und Aufgabe des Menschen ist, wird sie dennoch erst vom Vertrauen in eine unser Erkennen und Handeln übersteigende Wirklichkeit auf ihr äußerstes Niveau gebracht. Personalität ist ganz zuletzt Individualität unter dem Aspekt ihres Eingebundenseins in ein Überindividuelles.

Meine Transzendenzerfahrung ist ein Element meiner konkreten menschlichen Erfahrung. Alles, was uns ausmacht, von den Atomen unserer Körperlichkeit bis zu den Elementen unserer Gefühle und Gedanken, reicht durch die Begrenzung über die Begrenzung hinaus in ein Unbegrenztes, in dem wir aufgehoben sind. Es handelt sich also um eine immanente Transzendenz, ein Metaphysisches, das dem Physischen nicht gegenübersteht, sondern allen Gestalten und Prozessen innewohnt und nur vergessen und verdrängt, aber nicht wirklich ausgeschieden werden kann.

Es ist diese das kindliche Welt-Vertrauen wieder aufnehmende und rechtfertigende Transzendenz-Erfahrung der Angelpunkt einer voll entfalteten Humanität, die aber nur dann humanisierend wirkt, wenn sie nicht – mystisch oder spiritualistisch – als Aufforderung zum Verzicht auf Selbst-Verwirklichung mißverstanden wird. Das Vertrauen ins Sein richtet im Seienden nichts oder nur wenig aus, wenn es nicht von der Anstrengung begleitet wird, das Seiende als Seiendes ernst zu nehmen.

Die Vorstellung eines Gottes als des ganz anderen, in dem sich alles Metaphysische und Numinose, alles, was die menschliche Erkenntnis übersteigt und schwindeln macht, zu einer Gegenwelt summiert, setzt die Entleerung der Welt von aller Transzendenz, ihre totale Entmythologisierung voraus. In der Zerstörung des Mythos sehen Wissenschaft und Theologie ihre gemeinsame Aufgabe. Ein entschiedener Gottesglaube braucht die auf nackte Realität reduzierte Welt, denn nur eine solche Welt ist total auf die Gnade Gottes angewiesen, kann aus eigenem Vermögen nichts zu ihrer Rettung tun.

In dem Augenblick, in dem die biblische Gottesvorstellung nicht mehr zu halten ist, wird sie nicht etwa in Metaphysik und Transzendenz zurückverwandelt – dazu sitzt der inzwischen auch vom wissenschaftlichen Denken verfestigte antimetaphysische Affekt viel zu tief –, sondern verdrängt und stillgelegt. Die damit freiwerdenden Glaubens- und Liebesenergien wenden sich der Realität, der nach wie vor von aller Transzendenz

entleerten Welt zu. Es findet eine libidinöse Aufladung aller weltlichen Aufgaben und Aktivitäten statt, die in der Verbrüderung dieses Christentums mit allen Arten von Fortschrittsideologien, insbesondere natürlich den marxistischen, endet.
Die jesuanische frohe Botschaft wird weltlich ausgelegt, Humanität als Aufruf verstanden, ein Leben der Gleichheit und Brüderlichkeit zu verwirklichen. Die Konzentration auf die Probleme dieser Welt, die Beseitigung der Unterdrückung von Menschen durch Menschen, die Schaffung immer besserer materieller und sozialer Lebensbedingungen für alle, das ist gleichermaßen der säkularistische wie der neuchristliche Erlösungsweg. (117)

*

Soweit es eine menschliche Entwicklung gibt, kann sie nur die Form einer Spirale, nicht die Form einer schräg aufwärts steigenden Linie haben, bei der jeder neu erreichte Punkt tatsächlich neu wäre und weder Stütze noch Abbild in irgendeinem vorausgegangenen Punkt hätte. Wie bei einer Spirale kehrt der Weg des Menschen immer wieder in die gleiche Umlaufbahn zurück, weil sich nur die Umstände, nicht aber die Grundstruktur seines Daseins verändern. So ließe sich – wenn man dieses Bild nicht überstrapaziert – die Neuzeit mit jenem Teilstück einer Spirale vergleichen, das aus einer alten Umlaufbahn hinauf zu einer neuen führt und auf dieser Wegstrecke einen weltgeschichtlichen Augenblick lang die Bahn verläßt. Die Wiederentdeckung der Transzendenz wäre dann das Zurückschwenken der Spirallinie in die alte Umlaufbahn, aber auf einer neuen Ebene. Mit diesem gleichzeitigen Hinauf- und Zurückschwenken erreichen wir die vierte Stufe der Freiheit.
Die erste Stufe der Freiheit war der Anspruch des Menschen auf personale Autonomie, die zweite Stufe bestand in der Freisetzung des menschlichen Leistungswillens und die dritte schließlich in der Befreiung aller Kräfte und Schichten der menschlichen Natur. Damit war die volle Identität des Menschen mit seinem Selbst hergestellt. Er ist nun, was er ist: ein Wesen, das am Leitfaden seiner Impulse nach immer neuen Aufgaben, Reizen

und Befriedigungen sucht. Mit dem Resultat, vor dem wir heute stehen. Von seinen freigesetzten Wünschen und Wunscherfüllungen überwältigt, hat der Mensch jede Orientierung verloren. Die ständig noch ansteigende Flut der Lebens- und Zivilisationsgüter, die seine Neugier, sein Tätigkeitsdrang und seine Begehrlichkeit hervorbringen, schlägt über ihm zusammen. (118)

*

Mit dem, was alle Aufklärer bis zu Marx hin erbittert und erfolgreich als das »Fremde« bekämpften, haben sie gewaltige politische, soziale und technische Energien freigesetzt, zugleich aber auch das menschliche Dasein immer ausschließlicher auf das »Bekannte«, auf die Realien und Fakten, die Lebensbedingungen verengt. Aus diesem System gibt es in der Tat kein Entkommen. Auch die Sollensvorstellungen sind nur ein zusätzlicher, in Psychologie, Soziologie und Ideologie restlos auflösbarer Faktor des anthropologistischen Regelkreises, kein archimedischer Punkt außerhalb des Systems, von dem aus gewertet, entschieden und eingegriffen werden könnte. (119)

*

Die Konzentration aller unserer Kräfte auf die Selbst-Verleugnung, auf die Ablösung von der Welt, wäre die fünfte Stufe der Freiheit. Daher gilt, daß die vierte Stufe der Freiheit, die Stufe der Selbst-Verwirklichung, zwar das Gegenteil der fünften, aber in dem hier postulierten Sinn von Humanität, nur mit dem Blick auf die fünfte erreicht und gehalten werden kann. Nur wenn wir das Wissen um die Möglichkeit und den Sinn der Selbst-Verleugnung in die Aufgaben der Selbst-Verwirklichung mit hineinnehmen, strömt dem Ich jene Kraft und Freiheit zu, die es davor bewahrt, zum bloßen Vollzugsorgan unseres Selbst zu werden. Erst jetzt gewinnt es seine volle Souveränität, kann es sich der Realität zuwenden, ohne in ihre Abhängigkeit zu geraten, kann der Mensch sich am eigenen Schopf aus dem Sumpf ziehen, ohne die Hilfe eines deus ex machina in Anspruch nehmen zu müssen.

Nachdem mit den Göttern, ihren Geschichten, Botschaften und Anweisungen ein halbes Jahrtausend lang auch das verlorengegangen war, was ihrer Erdichtung zugrunde lag, setzt uns die wiedergewonnene Seins-Erfahrung instand, mit der »Leere« der Welt auch ihre Realität (die der Dinge wie der Menschen) zu bestehen. Die Autorität, die der Mensch gegen den Menschen bisher nur auf dem Umweg über Mythos und Religion (oder gar nicht) gewinnen und einsetzen konnte, fließt ihm nun unmittelbar aus der Vergegenwärtigung der Transzendenz zu. Vom Menschen gegen den Menschen heißt: vom Ich gegen das Selbst, von der Spiritualität gegen bloße Intellektualität und Vernünftigkeit, von der Rangordnung der Bedürfnisse und Tüchtigkeiten gegen den Egalitarismus der Gleichgültigkeit.
Die vierte Stufe der Freiheit wird dann erreicht, wenn wir Selbst-Verwirklichung nicht mehr als Selbst-Enthemmung, sondern als Selbst-Beherrschung begreifen und betreiben. (120)

*

Wenn die allgemeine Überzeugung von der Höchstwertigkeit personaler und geistig-kultureller Fähigkeiten, Interessen und Leistungen mehr sein soll als ein unverbindliches Element der Bildung, nämlich ein den einzelnen wie die Gesellschaft prägendes Leitbild, muß es verbindlich formuliert und praktiziert werden. Das liberal-demokratische Konzept einer humanen Gesellschaftsverfassung versagt hier endgültig. Da das anvisierte Ziel die »Selbst«-Verwirklichung aller Menschen ist, enthält es ein klares und entschiedenes Programm zur Sicherung der Grundrechte. Schwierigkeiten bereitete schon die Einbeziehung der Forderung nach sozialer Gerechtigkeit, denn sie zwingt dazu, am Idealmodell einer ausschließlich an individueller Leistung und Verantwortung orientierten Selbstregulation entscheidende Abstriche vorzunehmen.
Eine nicht am naturgegebenen Durchsetzungsvermögen des einzelnen, sondern an einer allgemeinverbindlichen ideellen Rangordnung orientierte Rollen- und Leistungsbewertung läßt die liberalistische Freiheits-Ideologie jedoch überhaupt nicht zu. Sie erreicht die vierte Stufe der Freiheit nicht, weil sie als

politische Bewegung über die Befreiung, Entfaltung und Enthemmung des Individuums hinaus kein Ziel mehr hat.

Tatsächlich sind auch die in allen freiheitlich-demokratischen Verfassungen verankerten Grundsätze nichts anderes als die Festschreibung der von uns charakterisierten drei Stufen der Freiheit; sie proklamieren und schützen die personale Autonomie, den Leistungswillen und das Recht auf Bedürfnisbefriedigung. Nimmt man die privat- und strafrechtlichen Bestimmungen hinzu, die die zu schützenden Güter im einzelnen benennen, hat man das von der Neuzeit intendierte Modell vom wünschenswerten Zustand der Welt klar umrissen vor sich: die sich durch die eigenen Kräfte definierende Selbst-Verwirklichung des einzelnen, die ihre Grenze nur im gleichen Anspruch jedes anderen hat. Die Alleinherrschaft und alleinige Geltung einer materialistisch-naturwüchsigen Sozialordnung ist also nur die Konsequenz des Fehlens eines wertorientierten Menschenbildes und Lebensmodells.
Die Sicherung der gleichen Behandlung und der gleichen Chancen für alle Bürger und der Schutz vor Eingriffen in ihre Individualsphäre bringt nicht auch schon jene Haltung, jene Eigenschaften und Aktivitäten hervor, die einem Menschen als Subjekt Würde verleihen. Die in den Menschen- und Grundrechtskatalogen zusammengestellten Freiheiten betreffen nur das sich im Außenverhältnis zwischen Staat und Bürger und zwischen Bürger und Bürger dokumentierende Element eines menschenwürdigen Verhaltens. Es besagt nichts über die Frage, wie denn der Mensch in seinem Verhältnis zu sich selbst beschaffen sein muß, um »Würde« zu verwirklichen. Der Zustand, in dem sich derjenige, auf den dieser Begriff zutreffen soll, befinden muß, besteht nicht darin, daß er Freiheiten und Rechte hat und solche Freiheiten und Rechte auch allen anderen Menschen zugesteht, sondern wie er von diesen Freiheiten und Rechten bei der Gestaltung seines persönlichen Lebens Gebrauch macht. (121)

*

Der entscheidende Mangel der neuzeitlichen Konzeption vom wünschenswerten Zustand des Menschen ist also nicht etwa darin zu suchen, daß sie diesen überhaupt nicht artikulieren könnte; er ist in dem verhängnisvollen Irrtum begründet, daß das Äußerste, was der einzelne aus sich machen kann, nur dann hervortritt, wenn man auf jede Art von verbindlicher Orientierung, Anleitung und Disziplinierung – die in dieser Sicht ja wiederum als entfremdender Zwang erscheinen muß – verzichtet.

Natürlich würde sich eine freiheitlich-demokratische Verfassung selbst aufheben, wenn sie dem einzelnen Staatsbürger vorschreiben wollte, wie er sein Leben im einzelnen zu gestalten habe. Aber sie könnte – ohne seine Rechte im mindesten zu gefährden – sagen, worin ein menschenwürdiges Leben besteht: nämlich nicht nur in politischen, sozialen und rechtlichen Verhältnissen, die Not und Elend, Unterdrückung und Ungerechtigkeit ausschließen, sondern vor allem in der Anstrengung jedes einzelnen, sich an der Wertordnung einer qualitativen Humanität zu orientieren und diese bei der eigenen Lebensgestaltung durchzusetzen.

Es müßte also in der Verfassung festgestellt werden, daß sich der Mensch zu dem, was er sein kann und sein soll, erst machen muß; daß das, was er sein kann und sein soll, in der Verwirklichung eines von persönlicher Reife und geistig-kulturellen Interessen geprägten Lebens besteht; daß alles, was an Menschlichkeit verwirklicht werden kann, nur in der dem einzelnen zugemessenen Lebenszeit zu leisten ist; und daß schließlich diese Humanisierung der eigenen Person den Willen zur Selbst-Beherrschung voraussetzt.

Historisch gesehen war es unumgänglich und sinnvoll, daß die Fortschrittsbemühungen des mündig werdenden Menschen sich auf die Verbesserung der politischen, sozialen und materiellen Lebensbedingungen konzentrierten, nur hat diese Anstrengung schließlich eine so gewaltige Eigendynamik entwickelt, daß aus der zeitlichen Priorität der Aufgabe, menschenwürdige Lebensumstände für alle zu schaffen, sehr bald – und bis heute – eine Priorität der Sache geworden ist. Wenn wir diese Priorität der personalen und geistig-kulturellen Vervollkommnung des Menschen zusprechen, so wird damit die Bedeutung der auf Verbesserung der Lebensbedingungen gerichteten Anstrengungen in keiner Weise geschmälert oder unterschätzt. Es liegt im Wesen von Voraussetzungen, daß sie vor der Beschäftigung mit dem, wofür sie Voraussetzung sind, in Angriff genommen werden müssen. Einer der Gründe für die weltweite Renaissance des Marxismus und die ungebrochene Faszination des Fortschrittsglaubens ist die Tatsache, daß es in vielen Teilen der Welt immer noch an ausreichender Nahrung, Kleidung und Behausung mangelt und die Empfehlung, dort für mehr Kultur zu sorgen, nicht nur lächerlich, sondern zynisch wäre. Deshalb aber ist es weder nötig noch gerechtfertigt, aus dem Bau von Staudämmen und Elektrizitätswerken, der Produktion von Traktoren und Düngemitteln, Eisschränken und Fernsehempfängern eine Heilslehre zu machen und den Menschen einzureden, im Besitz und im Genuß dieser Errungenschaften bestünde das, was man ein erfülltes und sinnvolles Dasein nennt. Die Situation der Wohlstands-Länder zeigt, daß davon keine Rede sein kann, und es ist die Tragödie der westlichen Zivilisation, die Voraussetzungen menschenwürdigen Lebens als Selbstzweck und Endziel behandelt zu haben.

Wie viel auf dieser Welt immer noch und für alle Zukunft zu tun sein mag, um Hunger und Elend, Krieg und Terror zu beseitigen, es bleibt dabei, daß der Mensch unter allen Lebensumständen mit der Absurdität der Welt, mit der Unzulänglichkeit und Unvollendbarkeit seines Lebens fertig werden muß, und es bleibt dabei, daß ihm das nur gelingen kann, wenn die Gesellschaft nicht nur für menschenwürdige Lebensverhältnisse sorgt, sondern auch eine Wertordnung anbietet, anschaulich und vollziehbar macht, die seine moralischen und geistigen Kräfte mobilisiert.

Dies wiederum bedeutet, daß die verbindliche Artikulation eines solchen Lebensmodells mindestens ebensosehr eine staats- und gesellschaftspolitische Aufgabe ist wie die Sicherstellung politischer und sozialer Ansprüche, und es um so mehr wird, um so befriedigender diese Ansprüche erfüllt werden.

Ohne äußere Stützen und Hilfen, nur aus sich selbst heraus, ist der einzelne nicht imstande, ein Lebensmodell anzustreben, das der eigenen Natur abgerungen werden muß. Um ihn auf einen Weg zu bringen, der an Stelle von Selbst-Enthemmung Selbst-Beherrschung, an Stelle von immer neuen Ansprüchen an die Gesellschaft nun Ansprüche an die eigenen Kräfte stellt, reicht der bloße Appell nicht aus. Nur gemeinsam mit anderen Menschen und nur mit Hilfe gesellschaftlicher Institutionen, die seine Bemühungen stützen und in die gewünschte Richtung lenken, kann er hoffen, den Spielraum seiner individuellen Humanisierungsmöglichkeiten voll zu nutzen. Die »vierte Stufe der Freiheit« ist gerade deshalb, weil ihre Aufmerksamkeit dem einzelnen gilt, ganz besonders vom Aufbau einer Sozialordnung abhängig, die ihr Ziel nicht nur klar und verbindlich formuliert, sondern es auch mit allen Mitteln und in allen Bereichen fördert.

Wenn mehr Lebensqualität im Sinne von wertorientierter individueller Daseinsbewältigung angestrebt wird, müssen Staat und Gesellschaft die Priorität jener Programme, Tätigkeiten, Veranstaltungen und Einrichtungen sichern, die dieser Aufgabe dienen. Das wäre nicht einfach eine Art intensiverer Kulturpolitik im hergebrachten Sinn, das heißt das Abzweigen von mehr oder minder geringfügigen Etatmitteln zur Subventionierung von Theatern und Museen und etwas größeren Beträgen für Bildung und Wissenschaft, sondern würde den Aufbau eines ganzen Systems von rechtlichen und sozialen, materiellen und ideellen Maßnahmen nötig machen, die alle geistig-kulturellen Aktivitäten sichtbar an die Spitze der Wertskala rücken, das heißt mit ausreichenden finanziellen Mitteln und ausreichendem Prestige versehen. (122)

*

Wie freundlich man den Sachverhalt »Erziehung« auch zu umschreiben versucht, er meint immer, daß etwas im Menschen bezwungen, willentlich geprägt und diszipliniert werden muß. Im Überschwang der Hoffnungen, die man auf die verschiedenen Befreiungsprozesse gesetzt hat, deren letzter der Freisetzung des Selbst und seiner Erlösung von allen sogenannten Fremdbestimmungen galt, ist dieser Aspekt so vollständig ignoriert worden, daß wir heute vor einem Schulkonzept stehen, in dem Erziehung kaum mehr vorkommt.

Es ist kaum zu erwarten, daß aus Erziehungsstätten, deren Ziele Wissensvermittlung, soziale Tüchtigkeit und – seit einiger Zeit – politische Mündigkeit sind, Menschen hervorgehen, die eine klare Vorstellung von der Priorität geistig-spiritueller Werte und der Notwendigkeit personaler Disziplinierung haben. Auch das von allen antiautoritären Reformen angestrebte – und durchaus wünschenswerte – freiere und menschlichere Lehren und Lernen wird zwar die individuellen Talente differenzierter und unbefangener zur Entfaltung bringen als zuvor, aber nicht auch zugleich die Fähigkeit hervorbringen, mit diesen Talenten (denen ebensoviel Bedürfnisse entsprechen) umzugehen, weil dies die Einübung in jenes Werten, Entscheiden und Sich-Beherrschen verlangen würde, das von den Reformern als Manipulation und Repression verfemt wird.

Wenn der alte, noch heute manche Schulpforte zierende Satz »Nicht für die Schule, sondern für das Leben lernen wir« unter Leben nicht nur das berufliche, soziale und politische Geschäftigsein meint, dann muß die Schule nicht einfach nur Kenntnisse an den Mann bringen, sondern auch den Unterschied zwischen Wissen, Bildung und menschlicher Reife deutlich machen und eine klare Vorstellung von der existentiellen Rangordnung und humanen Leistungsfähigkeit der einzelnen Wissensgebiete und Fertigkeiten haben und weitergeben. Wer die Schule verläßt, müßte begriffen haben, daß die Fähigkeit, sich und andere zu verstehen, höher rangiert als die Kenntnisse in irgendeinem Wissensgebiet, und die Beschäftigung mit Literatur, Kunst, Philosophie und Religion für die Bewältigung der persönlichen Lebensprobleme ungleich wichtiger ist als die Aneignung irgendwelcher Fakten und Fertigkeiten. Sollte er im Laufe der Zeit vergessen, was der Rückversicherungsvertrag ist oder der A.c.I. oder das Geiger-Müllersche Zählrohr, läßt sich das schnell und leicht an Hand eines Lexikons wieder in Erinnerung rufen. Die Einübung in ein besonnenes Urteilen und Verhalten, in die Techniken der Selbsterkenntnis und Selbstbeherrschung, in eine ergiebige Beschäftigung mit Natur, Kunst, Literatur, Philosophie und Religion während der Jahre des Heranwachsens läßt

sich nicht nur nicht durch nachträgliches Selbststudium ersetzen, sondern kann überhaupt nur sehr schwer nachgeholt werden.
Eine Pädagogik, die auf die Formulierung eines verbindlichen Bildes vom Menschen, die auf legitime Autorität und Disziplin verzichtet, ist keine Erziehung, sondern nichts weiter als Beihilfe zu einer Selbst-Enthemmung, die den Menschen um seine eigentlichen Entwicklungsmöglichkeiten betrügt.
Setzen wir jene Verfassung voraus, die »Würde« nicht nur proklamiert, sondern auch definiert, dann versteht sich der Erziehungsauftrag der Schule von selbst. Sie hätte Lehrpläne und Lehrmethoden zu entwickeln, die sich über alle praktischen und sozial bedeutsamen Erfordernisse hinaus an der Rangordnung der existentiellen Herausforderungen orientieren, und sie müßte ein Unterrichtsfach einrichten, in dem dies alles zusammenfassend gelehrt und erörtert wird. Dieses für alle Schulen und Schüler obligatorische Fach wäre eine Art Lebens-, Verhaltens- und Wertlehre, in dem auch die Schule selbst zum Gegenstand der Betrachtung würde. Es wäre dies wiederum unsere »Ich-Instanz«, der den partiellen Sachaufgaben der Schule übergeordnete Ort, von dem aus Lehrer und Schüler Wert und Bedeutung der einzelnen Wissens- und Bildungselemente erörtern, in eine Beziehung zueinander setzen und auf die verschiedenen sozialen und individuellen Lebensziele hin bewerten könnten.
Will man den Menschen dazu bringen, aus sich das beste zu machen, muß man ihm zuvor sagen, wie er beschaffen ist; mit welchen Anlagen, Möglichkeiten und Schwierigkeiten er bei diesem Versuch zu rechnen hat. Gerade auf unseren Schulen, insbesondere den sogenannten »höheren«, beherrschen – hart nebeneinander – die beiden großen Irrlehren die intellektuelle Szene: der alte humanistisch-spiritualistische Glaube, daß das Gute sich einstellt, wenn man nur die rechte Einsicht hat und der neue humanistisch-sozialistische Aberglaube, daß es durch die Beseitigung mißlicher Lebensumstände freigelegt würde. Die Vermengung dieser beiden, sich logisch, aber nicht psychologisch ausschließender Überzeugungen ergibt dann bei den progressiven Schülern und Studenten jenen verbalen Radikalismus, der zwar die totale Systemveränderung zu seinem Programm

macht, aber im Grunde das Bekenntnis zu marxistischen oder allgemein-humanistischen Lehrsätzen für die menschheitserlösende Tat hält. (123)

*

Man kann natürlich auch die Forderung nach Privilegierung aller religiösen, philosophischen und weltanschaulichen Bestrebungen und Einrichtungen eine Ideologie nennen. Dies sei jedermann unbenommen, wenn er dabei imstande und willens ist, zwischen dem Bekenntnis zu einer bestimmten Lehre und der Entscheidung für die Sphäre unseres geistigen Lebens, in der eine ganze Reihe solcher Lehren zur Wahl stehen, zu unterscheiden.

Auch die Bindung des Staates selbst an eine Wertordnung, in der religiöse Orientierungen ganz oben rangieren, begünstigt nicht die Entstehung irgendeiner Staats-Ideologie, sondern verhindert sie. Nicht nur deshalb, weil diese kategoriale Bindung die verschiedenen inhaltlichen Möglichkeiten der Weltdeutung gleichberechtigt nebeneinander bestehen läßt und bestehen lassen muß, sondern noch aus einem tiefer anzusetzenden Grund. Die ausdrückliche Entscheidung für die Bedeutsamkeit des Religiösen stellt die Demokratie in jene sie transzendierende und relativierende Wirklichkeitserfahrung hinein, die jeden absoluten Wahrheits- und Herrschaftsanspruch von Staat und Gesellschaft unmöglich macht.

Freiheit als Freiheit zu verschiedenen Glaubens- und Lebenshaltungen und als Freiheit auch zum Versagen und zum Irrtum ist unbedingt nur gewährleistet, wenn sie bezogen ist auf die Überzeugung von der prinzipiellen Unvollendbarkeit und Unaufklärbarkeit des menschlichen Daseins. Ohne diese Verwurzelung und Absicherung in der Offenheit der Transzendenz ist jede Gesellschaft immer von der Machtergreifung dogmatischer und totalitärer Ideologien bedroht. (124)

*

Dem Destruktionsprozeß eines antistaatlichen Demokratismus und Liberalismus, der die Wendemarkte überschritten hat und sich rasch einer Situation zubewegt, in der die Rettung wiederum in einem totalitären System gesucht werden würde, kann nur entgegengewirkt werden, wenn der Staat seine Autorität zurückgewinnt; was etwas ganz anderes ist als der Versuch, einen autoritären Staat zu errichten.

Wenn der Staat nicht nur – wie es der Ideologie und Eigendynamik eines strikten Parlamentarismus entspricht – Vollzugsorgan der jeweiligen gesellschaftlichen Kräftekonstellation ist, sondern die Aufträge durchführen soll, die ihm die Verfassung gibt, muß er zur Gesellschaft die gleiche Distanz haben und halten können wie beim Aufbau des individuellen Daseins die personale Ich-Instanz zum pluralistischen Selbst. Er muß willens und in der Lage sein, die humane Wertordnung auch gegen das Nützlichkeits- und Rentabilitätsdenken und gegen Mehrheitsstimmungen zu repräsentieren und sich gegen das zu entscheiden, was irgendeiner die Mehrheit aktivierenden Interessengruppe im Augenblick gerade dienlich zu sein scheint.

Es ist also nötig, die Begriffe Gesellschaft und Staat, die im schillernden Oberbegriff »Demokratie« untergegangen sind, wieder auseinanderzudividieren und der überall unter liberalen wie sozialen Demokraten grassierenden Vorstellung, daß der Einfluß der Gesellschaft gestärkt, der des Staates zurückgedrängt werden müsse, zu widersprechen. Unsere parlamentaristische Theorie und Praxis bedarf einer Überprüfung, weil mit der historisch fälligen Beseitigung des autoritären Staates die Einsicht in die Unerläßlichkeit von staatlicher Autorität verlorengegangen und bis heute nicht wiedergewonnen ist.

Das Grundprinzip der parlamentarischen Demokratie ist die Herrschaft der Mehrheitsmeinung, die politisch durch regelmäßige Abstimmungen aller Bürger, ökonomisch durch die tägliche Abstimmung der Käufer festgestellt wird. Bis auf die von der Verfassung entweder der Änderung überhaupt oder doch dem einfachen Mehrheitsvotum entzogenen Grund- und Persönlichkeitsrechte ist der Staat das Vollzugsorgan wechselnder Mehrheiten in den Parlamenten.

Hält man jedoch für die entscheidende Trennlinie nicht den

Widerspruch zwischen den Interessen der Allgemeinheit und den Interessen des einzelnen, sondern den Gegensatz zwischen den elementaren Bedürfnissen des einzelnen und der Gesellschaft auf der einen und den humanen Aufgaben des einzelnen und der Gesellschaft auf der anderen Seite, dann besteht die Verantwortung des Staates vor allem darin, die Wertordnung gegen die Vitalordnung zu sichern. Alles, was der Staat unternimmt, um die geistig kulturellen Kräfte zu stärken – indem er bewußt ihre Sache zu der seinen macht –, kommt gleicherweise der Humanisierung der Gesellschaft wie der Humanisierung des einzelnen zugute. Nicht das Individuum begrenzt die gesellschaftlichen Interessen und diese die Bedürfnisse des Individuums, sondern die Entfaltung beider wird begrenzt und überformt durch ein verbindliches Bild vom Menschen. (125)

*

Es ist keine Utopie, sich eine Welt vorzustellen, in der es keine Kriege mehr gibt. Aber diese Hoffnung ist insofern ganz unrealistisch, als die sich in großen Teilen der Welt jetzt erst ausbreitende und verfestigende nationalstaatliche Strukturierung, zusammen mit dem Gegensatz zwischen reichen und armen, liberalistischen und kommunistischen Ländern die Völker auch zukünftig dazu zwingen wird, Kriege zu führen. Der Weg zum Weltfrieden (gemeint nicht als Ausbruch des Paradieses, sondern als Beendigung militärischer Auseinandersetzungen) führt leider nicht über die Verbreitung friedlicher Gesinnung, sondern nur über den Abbau souveräner Nationalstaaten mit sich befehdenden Ideologien und Wirtschaftssystemen; ein Ziel, das noch in sehr weiter Ferne liegt. (126)

*

Die vielen Gemäßigten immer noch verborgene Frontstellung verläuft spätestens seit dem Umkippen der Fortschrittsprozesse zwischen jenen, die alle Hoffnung weiterhin – und verbissener und doktrinärer als je zuvor – auf rigorose Demokratisierungs- und Sozialisierungsmaßnahmen, also die totale Systemveränderung setzen, und denen, deren Ziel die humane Stabilisierung und Optimierung des Daseins der hier und jetzt und unter diesen Verhältnissen lebenden Menschen ist, ohne daß sie deshalb aufhören, für die stete Verbesserung dieser Verhältnisse zu kämpfen.

Es gibt keinen Kompromiß zwischen einem Programm, das Humanität für eine inner- und einzelmenschliche Aufgabe und einem anderen, das ihre Verwirklichung für die Funktion einer kollektivistischen Gesellschaftsordnung hält. Bisher haben die Reformisten – gutgläubig und gutwillig wie Gemäßigte sind – immer noch nicht begriffen, daß sie ihr Ziel nicht durch milde Abwandlungen der radikalen Strategie und Taktik, sondern nur durch die unzweideutige Aussage eines Programms erreichen können, das dem Glauben an die Erlösungskraft immer besserer Lebensbedingungen bewußt den Willen zur Substantialisierung der Lebensinhalte konkreter Individuen entgegensetzt. (127)

*

V. NACHSICHT UND ANSPRUCH

Es gibt ein Kollektivschicksal und eine Kollektivverantwortung in dem Sinn, daß jeder Angehörige eines Volkes und Staates auch die Rechnungen mit begleichen muß, die gegen seinen individuellen Willen zustande gekommen sind.

Aber von Schuld (wenn der Begriff einen präzisen Sinn haben soll), kann man nur dann und dort reden, wo ein bestimmtes Individuum eine Tat begangen oder versäumt hat, die es ohne ernsthafte Gefährdung seines eigenen Lebens und des Lebens anderer hätte unterlassen oder tun müssen, um Unrecht zu verhindern. Die Untaten des Nazi-Regimes, seiner Helfershelfer aus dem eigenen Volk und aus anderen Völkern waren beispiellos, aber sie wurden von identifizierbaren einzelnen geplant und durchgeführt, nicht von »den« Nazis, nicht von »Mitläufern« und schon gar nicht von »den« Deutschen.

Wer die Jahre vor 1933 miterlebt hat oder imstande ist, sich die politische, wirtschaftliche und soziale Situation Deutschlands und seiner östlichen und südöstlichen Nachbarländer vorzustellen, wird begreifen, daß Hitler damals nicht Krieg und Terror und Konzentrationslager und Holocaust verkörperte, sondern den Retter vor der inneren Bedrohung durch die weltweite Wirtschaftskrise und vor der äußeren Bedrohung durch den Bolschewismus.

In Krisensituationen ist der Normalmensch gezwungenermaßen »Mitläufer«, weil er um seinen Arbeitsplatz, sein Einkommen, seine Familie, vielleicht um sein Leben fürchten muß.

Der Faschismus als Weltanschauung und bewußt vertretene und praktizierte Heilslehre war die Überzeugung einer fanatischen Minorität.

Die Mehrheit der deutschen und der ausländischen Mitläufer bestand aus Menschen, die mitmachten, weil sie glaubten, nur so überleben zu können oder die sich mit diesem oder jenem Element aus dem nazistischen Ideen-Konglomerat identifizierten (Elementen, die an und für sich in einer eigenen außernazistischen Tradition standen): dem Nationalismus, dem Anti-

kapitalismus, dem Anti-Intellektualismus, dem Anti-Kommunismus, dem Preußentum.
Ich halte Marxismus und Kommunismus für die verhängnisvollsten Bewegungen der Neuzeit, aber mir ist niemals die Idee gekommen, man müßte bei einer Befreiung der UdSSR nun »die« Russen für die Massaker der Stalinisten verantwortlich machen und alle Mitglieder der KPdSU und ihrer Gliederungen zur Rechenschaft ziehen.
»Die« Russen sind ebensosehr die Opfer einer sich im günstigen Augenblick der Macht versichernden Verschwörergruppe gewesen, wie es die Deutschen waren.
Die völkische, bodenverbundene, antikapitalistische und antiintellektualistische Botschaft des »Führers« entsprach nicht nur untergründigen Empfindungen vieler Deutscher, sondern fiel auch bei den vom Sowjetkommunismus bedrohten und von den westlichen Wohlstandsländern im Stich gelassenen slawischen Völkern auf fruchtbaren Boden. Erst Jahre nach der »Machtergreifung«, als Hitler seine Ostfeldzüge begann, nahmen sie die ja lange schon gedruckt vorliegenden rassistischen und terroristischen Drohungen des Nationalsozialismus langsam zur Kenntnis.

Wer sich in der Geschichte umsieht und die Menschen (sich selbst eingeschlossen) kennt, weiß, daß sie gerade in den für sie entscheidenden Situationen nicht sehen und nicht hören, was sie nicht sehen und nicht hören wollen.
Natürlich gab es schon in den zwanziger Jahren in Deutschland und anderswo Menschen, die Hitlers Kampf-Buch genau gelesen, das Unheil kommen sahen und davor gewarnt haben.
Natürlich gibt es immer Menschen, die klüger, mutiger, selbstloser sind als andere.
Das durchschnittliche Subjekt und Objekt der menschlichen Geschichte aber ist ein Wesen, das sich von augenblicklichen Befürchtungen und Stimmungen leiten läßt, das von einem Irrtum in den anderen fällt, das seine politischen Überzeugungen in der Familie, am Arbeitsplatz und Stammtisch, nicht auf Grund der Lektüre und Analyse von Büchern bildet, das auf Personen mehr anspricht als auf Sachaussagen, das auf Verspre-

chungen hört und nur selten imstande ist, Tatsachen zu beurteilen und sich ihre Konsequenzen auszumalen. (128)

*

Die Deutschen waren nicht kriegslüsterner und auch nicht antisemitischer als andere Völker, und sie haben Hitler nicht in den Sattel gehoben, weil sie sich einen zweiten Weltkrieg oder Auschwitz wünschten, sondern weil sie von ihm erhofften, wozu die Weimarer Demokraten unfähig schienen: ein Minimum an politischer Stabilität und sozialer Sicherheit.

Es waren die Nazis, die Interesse daran hatten, aus allen Russen bolschewistische Untermenschen zu machen, und es sind die Kommunisten, die bis zum heutigen Tage den Mythos vom genuin nazistischen Deutschen und vom Faschismus der bürgerlichen Welt lebendig zu erhalten versuchen.

Wenn man unter Faschismus eine Haltung versteht, die u. a. durch eine stupide Selbstgerechtigkeit und durch die besessene Jagd nach Todfeinden charakterisiert wird, trägt der Antifaschismus selbst faschistische Züge.

Was er heute als Faschismus bekämpft und denunziert, sind nur vordergründig die noch vorhandenen alten und die neuen Nazis. Er will alle treffen, die verhindern wollen, daß die ideellen und institutionellen Schranken und Sicherungen der Demokratie abgebaut werden und jenes Vakuum entsteht, in das dann die revolutionären Kader einbrechen können.

Es ist grotesk (und beängstigend), hier in der Bundesrepublik zu verfolgen, wie man noch heute mit antifaschistischen Parolen die unverdächtigsten Liberalen und Demokraten dazu bringen kann, die Kommunisten wie Menschheitsfreunde zu behandeln.

Man fürchtet nichts mehr als den Verdacht, ein »täglicher Faschist« zu sein und ist bereit, auch die Geschäfte der Kommunisten zu besorgen, um sich von diesem Verdacht zu befreien.

(129)

*

Als die Deutschen zu erkennen begannen, wen sie sich da ausgewählt hatten (etwa seit 1938, nach der »Reichskristallnacht«), fanden freie Wahlen nicht mehr statt, und war es für einen organisierten Widerstand viel zu spät.

Nur noch der einzelne konnte sich zur Wehr setzen. Unter der Voraussetzung, daß er bereit war, eingesperrt, gefoltert und getötet zu werden. Und daß er nach den Früchten seiner einsamen Demonstration und seines Opfers erst gar nicht fragte.

Wer wirklich weiß, was ein totalitärer, nach außen hermetisch abgeriegelter, nach innen bis in die Häuser und Familien hinein von Spitzeln und Hauswarten durchsetzter Staat ist, wird die Frage, warum die Deutschen (und auch die anderen Völker) weggesehen haben, als die Juden eingesammelt und abtransportiert wurden, für wirklichkeitsfremd halten müssen.

Was hätte der einzelne dagegen tun sollen?

Den Henkersknechten die Gummiknüppel und Pistolen entreißen? Auf der Straße protestieren? Bei der nächsten Polizeiwache Anzeige erstatten? Einen Leserbrief an seine Zeitung schreiben?

Ein totalitärer Staat ist das anschaulichste – und beklemmendste – Beispiel für meine Überzeugung, daß alle Möglichkeiten für eine Humanisierung der Welt nicht in der Forderung nach Heroismus in schweren Tagen liegen, sondern vielmehr in dem Versuch, es zu schweren Tagen nicht kommen zu lassen.

Soweit außerhalb der eigentlichen Nazi-Clique spezifische Schuldige für die Machtergreifung des Nationalsozialismus aufzufinden sind, lassen sich nur die deutsch-nationalen Politiker und Wirtschaftsführer und jene Demokraten der Weimarer Zeit ausmachen, die dem heraufkommenden Unheil nicht einen starken, selbstbewußten Staat entgegensetzten, sondern damit beschäftigt waren, die Republik zu schwächen.

(Den erbitterten Kampf aller Demokraten gegen alle haben die Bundesdeutschen bis heute vermieden. Mit der Schwächung ihres Staates sind die Super-Demokraten von heute jedoch ebenso eifrig beschäftigt wie die Radikal-Republikaner der Weimarer Zeit.)

(130)

*

Weil es einen selektiven Sog von der Spitze nach unten gibt, und weil in jedem Volk eine beachtliche Minderheit von potentiellen Sadisten und Mördern existiert, ist auch in jedem Volk ein Terrorregime möglich; nicht nur bei den Deutschen, den Russen oder den Kambodschanern.

Gelingt es einer Gruppe von Fanatikern, die Macht zu ergreifen, wirkt eine solche politische Gang wie ein Katalysator, der zur machtmäßigen und moralischen Umstrukturierung der ganzen Gesellschaft führt.

Der Brutalismus findet seine Agenten und Vollstrecker überall. In einer moralisch halbwegs intakten Gemeinschaft im Zaum gehalten durch Gesetz, Konvention und Strafandrohung, ihrer eigenen Anlagen vielfach gar nicht bewußt, drängen sie nun an die Oberfläche, sind aus diskriminierten Randfiguren plötzlich die Träger der Macht, schlüpfen in martialische Uniformen und beginnen durch physischen und psychischen Terror zu herrschen.

Fanatiker, Puristen und Bürokraten sind immer bereit, jedes denkbare Verbrechen zu begehen. Man muß ihnen nur die Gewißheit verschaffen, daß es sich dabei um Aufgaben handelt, die zum Schutz und zur Aufrechterhaltung der bestehenden oder zur Einführung einer neuen Ordnung unerläßlich sind.

Der politische Verbrecher unterscheidet sich vom echten Kriminellen durch sein Bedürfnis nach institutioneller oder ideologischer Legitimierung.

Daß es zu jener beispiellosen Vernichtung der Juden gekommen ist, liegt nicht an einer besonderen deutschen Veranlagung zu Mord und Sadismus. Es lag daran, daß eine verhängnisvolle historische Konstellation den Mann Hitler (und nicht Göring oder Goebbels oder Hugenberg) vorfand und dieser Mann Hitler mit seinem pathologischen Rassismus dann aus allen Schichten des deutschen Volkes jene Elemente herausselektierte, die jederzeit auf ein entsprechendes Signal hin ihrem Drang, Menschen leiden und vernichtet zu sehen, die Zügel schießen lassen.

Der genau abgrenzbare nazistische Macht- und Exekutionsapparat repräsentierte nicht die Deutschen, sondern nur sich selbst.

(131)

*

Das erste historische Anschauungsmaterial zum Thema Holocaust liefert uns das Volk Israel selbst. Das Alte Testament ist voll von Berichten, in denen Jahwe seinem Volk befiehlt, ein seinem Marsch ins Gelobte Land hinderliches Volk auszurotten. »Nichts blieb übrig; alles, was lebte, weihte er der Vernichtung.«

Aber schon in diesen biblischen Berichten (die ohne jeden moralischen Skrupel abgefaßt wurden) wird deutlich, daß jener brutale Wille zur Inbesitznahme der verheißenen Heimat von einer autokratisch herrschenden Priesterkaste immer wieder neu gegen das jüdische Volk durch massive Drohungen angefacht werden mußte.

Der gewöhnliche Jude hätte sich lieber mit den fremden Völkern angefreundet und vermischt.

Der unentwegte theologisch-ideologische Druck trieb die Juden des Alten Testaments von Gewalttat zu Gewalttat.

Ich glaube, daß eines der Grundübel der menschlichen Geschichte der Wille rassischer, völkischer oder religiöser Gruppen zur Absonderung und Autonomie ist. Jede Absonderung erzeugt sowohl in denen, die auf Autonomie bestehen, als auch in jenen, die sich ihr gegenübersehen, Aggressivität bis zum Haß.

(132)

*

Die Ideologisierung des Nationalstaates ist eines der größten Hindernisse für den Weltfrieden und wird wahrscheinlich eine der entscheidendsten Ursachen für den tragischen Tatbestand sein, daß die Menschheit den prinzipiell verwirklichbaren Zustand einer äußeren und inneren Befriedung niemals erreichen, sondern sich immer weiter von ihm entfernen wird.

Die übelsten Folgen hat der Nationalismus, wenn er sich mit Glaubens- und Gesinnungsansprüchen verbindet.

Die unbedingte moralische Priorität der Bindung an das Bekenntnis zu Jahwe oder Christus oder Mohammed oder Lenin setzt nicht nur – wie beim simplen Nationalismus – die nach innen geltenden sittlichen Prinzipien für das Verhalten zum Fremden außer Kraft, sondern zersetzt schließlich auch das

natürliche Bedürfnis des Menschen nach Frieden und Freundlichkeit überhaupt.
Das Hitler-Regime ist nicht durch eine nationalistische Innen- und Außenpolitik und nicht einmal durch die Auslösung des Zweiten Weltkrieges, sondern durch den Rassenwahn der nazistischen Glaubenslehre zu einem monströsen historischen Ereignis geworden.
Aber man muß festhalten: Unter den Juden und den Christen und den Muslims, unter den Deutschen und den Russen war es immer eine (psychopathische, nicht völkisch oder rassisch spezifische) Minderheit, die auf den ideologischen Auslöser wartete, um sich der Bürde der Zivilisation zu entledigen.
Der gewöhnliche Mensch praktiziert die Philosophie des »leben und leben lassen«, er ist mit seinen alltäglichen Sorgen beschäftigt, kämpft um etwas mehr Wohlstand, Ansehen und Glück und fällt den Ideologen nur zum Opfer, solange sie unverdächtige Versprechungen machen.
Bei diesem gewöhnlichen Menschen kommt die Zivilisationsdecke zum Einsturz, wenn ihn massive Bedrohungen – Hunger, Elend, Schmerzen – in die Enge treiben. In solchen Situationen sind dann auch ganze Völker fanatisierbar.
Wer sich darüber entrüstet, weiß nichts vom Menschen. (133)

*

Terroristische Herrschaftsformen entstehen, wenn eine Gruppe von intelligenten Verschwörern im Besitz einer absoluten religiösen oder politischen Wahrheit zu sein glaubt oder zu sein vorgibt, sie auf eine Krisensituation stößt, in der die Menschen Not und Unterdrückung erleiden oder zumindest begründete Angst vor Not und Unterdrückung haben, und es den Verschwörern gelingt, glaubwürdig klingende Versprechungen zu machen.
Um der Machtergreifung linker oder rechter Terrorregime vorzubeugen, müßte ein Staat drei Dinge tun. Er sollte in nicht zu verhindernden wirtschaftlichen Krisensituationen für eine gerechte Verteilung der Belastungen und für eine freiwillige Verzichthaltung der Bevölkerung sorgen; er müßte in allen ihm

zugänglichen Institutionen, insbesondere den Schulen und Hochschulen, eine ständige und umfassende Aufklärung über Wesen und Wirkung sich absolut setzender Glaubensüberzeugungen – seien sie sozialistisch oder faschistisch, christlich oder atheistisch, israelisch oder palästinensisch – betreiben, und er müßte schließlich jeden organisierten Zusammenschluß der Anhänger solcher Überzeugungen unterbinden.
Und es scheint mir auch – wenn man dies zu einem gesonderten vierten Punkt machen will – selbstverständlich, daß kein Anhänger solcher radikalen Ideologien im staatlichen oder öffentlichen Dienst geduldet wird.
Warum sollte ein Unternehmen jemanden beschäftigen, dessen leidenschaftlichstes Anliegen es ist, dieses Unternehmen zu schädigen und zu beseitigen?
Ich halte es für eine außerordentlich humane Lösung, wenn sich der Staat zur Abwehr von Staatsfeinden darauf beschränkt, sie zur Konsequenz ihrer eigenen Haltung gegenüber zu zwingen, nämlich einem verabscheuten Staat auch nicht zu dienen. (134)

*

Die so rätselhafte und erschreckende Umkehrung der Aufklärungs- und Befreiungsbewegungen in Theorien und Praktiken der Unmenschlichkeit, die sich gerade dann ereignet, wenn man unbeirrbar die Vollendung des Ideals anstrebt, hat meines Erachtens zwei Ursachen: das Pathos eines enthusiastischen Humanismus und das Ethos eines unkritischen Vernunftgebrauchs.
Treffen beide Impulse zusammen (und das ist bei der Konstitution des typischen Aufklärers zumeist der Fall), entsteht jenes gefährliche Gemisch von Rationalismus und Leidenschaft, das die üblen Folgen gewiß macht.
Es ist die emphatische Unbedingtheit, die emotionale Radikalität des humanistischen Impulses, die seine Transformation in zerstörerische Energie möglich macht.
Wer Aufklärung und Weltverbesserung, Emanzipation und Demokratisierung »leidenschaftlich« und »radikal« betreibt und betrieben sehen möchte, hat die Brücke zum (wenn nicht

physischen, dann doch mentalen) Terrorismus und Totalitarismus bereits geschlagen, auch wenn es ihm persönlich fern liegt, sie zu betreten.
Die Wurzeln aller Dinge – der menschlichen wie der außermenschlichen – liegen im prinzipiell Nicht-Aufklärbaren. Wer angesichts dieser Situation der menschlichen Erkenntnismöglichkeiten radikale Aufklärung fordert, weiß nicht, was er sagt oder versucht uns zu täuschen.
Seine Forderung läuft darauf hinaus, die ganze Wirklichkeit so zu behandeln, als wäre sie im Sinn der exakten Naturwissenschaften und der darauf gründenden Technik erschließbar und verfügbar.
Damit aber ist der Grund gelegt für den Absolutheitsanspruch aller weltanschaulich-politischen Lehren, die wissenschaftlich zu sein behaupten.
Selbst wenn sich in einem solchen radikale Aufklärung und totale Demokratisierung versprechenden System Elemente einer zutreffenden Beurteilung gesellschaftlicher Verhältnisse finden, kommt es dennoch zur Vergewaltigung und Zerstörung der menschlichen Existenz.
Sie ist immer sehr viel mehr und zuletzt etwas ganz anderes als die Summe von historischen Zwängen, sozialen Bedürfnissen und politischen Interessen. (135)

*

Was den heftigen Vorwürfen und idealen Forderungen der Aufklärer zugrunde liegt, ist der alte Glaube an die unbegrenzte und unbegrenzt gute Macht der Vernunft, wenn man sie nur zum Zuge kommen läßt.
Das wird angeblich geschehen, wenn man alle politischen und sozialen Zwänge beseitigt hat.
Der Radikale (oder auch Revolutionär), der sich durch tiefere Einsicht und durch Verzicht auf jeden Kompromiß bereits von jenen die angeborene Vernunft verdunkelnden Zwängen befreit hat, wird zum souveränen Gesetzgeber für die noch unterdrückte, mit Blindheit geschlagene, unaufgeklärte Welt.
Er kennt das Ziel und weiß den Weg.

Als Werkzeug und Vollstrecker der objektiven Vernunft hat er die Pflicht, alle sich der Einrichtung einer heilen Welt entgegenstellenden Widerstände zu beseitigen.
Das eindeutig vorgegebene Ziel verlangt einen eindeutigen Weg.
Und diesen Weg muß man sich unter Umständen freischießen, wenn man ihn durch Hindernisse versperrt findet. Die Aufklärung hat ihre Wendemarke erreicht. Der radikalste Anspruch auf mündige Selbstbestimmung fällt mit der radikalsten Form der Unmenschlichkeit – Mord und Totschlag – zusammen. (136)

*

Reife setzt die Verarbeitung jener Grenzerfahrungen voraus, die der heranwachsende Mensch noch nicht zustande bringt und der sogenannte moderne Mensch sein ganzes Leben zu vermeiden sucht: die Einsicht in das durchgehende Unvermögen des Menschen, das Wahre zu erkennen und das Richtige zu tun.
Es gibt nichts, was im Dasein des einzelnen und im Dasein der kleinen und großen Gemeinschaften nicht immer noch und immer wieder zu verbessern wäre, aber nur derjenige wird bei diesen Verbesserungsaktionen zu dauerhaften humanen Erfolgen kommen, der davon ausgeht, daß der Mensch immer nur Annäherungen an irgendeine vollkommene Lösung erreichen kann, daß seine Antriebe weit mehr emotionaler als rationaler Art sind und daß deshalb auch sein Wohlbefinden und seine seelisch-geistige Reife auf einer Ausbildung seiner Gesamtpersönlichkeit, nicht auf dem Training seiner Verstandeskräfte beruht.
Wenn die Vernunft vernünftig wird, weiß sie, daß sie mit dem Nicht-Vernünftigen rechnen muß, aber es nicht vernünftig machen kann.
Ihre größte Leistung besteht nicht darin, sich an Gewißheiten zu orientieren, wo sie sich Gewißheiten verschaffen kann, sondern das faktisch und das prinzipiell Nicht-Aufklärbare bei der Lösung eines individuellen oder sozialen Problems mit zu bedenken; nicht nur den einen, sondern auch den entgegengesetzten Weg zu gehen.

Wer den Menschen befreien will, muß wissen, daß er auch Bindung und Ordnung und Gehorsam und Dienst sucht und braucht; wer ihm Sicherheit verschaffen möchte, darf nicht vergessen, daß er ohne Freiheit, Risiko und Irrtum nicht wirklich menschlich existieren kann.
Das regulative Prinzip einer aufgeklärten Vernunft und Humanität heißt nicht Entweder–oder, sondern immer Sowohl–als-auch. Da unsere Natur, ihre Bedürfnisse und Interessen nicht eindeutig, sondern vieldeutig sind, kann es für sie radikale, totale oder absolute Lösungen nicht geben.
Ein lebendiger Mensch (beispielsweise ich) kann sehr wohl die ganz konkrete individualistische Freiheit lieben und zugleich für eine »autoritäre« Ordnung eintreten.
In einer Theorie sind die beiden Einstellungen schlecht zusammenzubringen. Da unsere rationalistische Wahrheit von der logischen Eigengesetzlichkeit der Begriffe lebt, muß schließlich die krumme Wirklichkeit zugunsten der Schlüssigkeit geradegebogen werden.
Sobald die Gesellschaftswissenschaften (was sich gar nicht vermeiden läßt) von der strengen Faktensammlung und Faktenanalyse zur Deutung und schließlich zur Prognose und Programmatik übergehen, schweben sie im luftleeren Raum reiner Begrifflichkeit, wenn sie es versäumen, sich immer wieder auf die Totalität menschlichen Lebens zurückzubesinnen.
Die modernen Gesellschaftswissenschaften versäumen dies nicht einfach; sie machen aus diesem Versäumnis ihr Programm. Bis heute war das Leben unrein; unvernünftig und unmoralisch. Von morgen ab könnte es – wenn man ihren Thesen und Ratschlägen folgt – endlich stimmig ablaufen. (137)

*

Die westlichen Gesellschaften sind von den Aufklärungs- und Emanzipations- und Demokratisierungsprozessen überrollt worden, ehe sie gegensteuern konnten. Sie wurden zu Gefangenen einer totalitären Freiheits- und Gleichheitsideologie, weil es ihnen nicht gelang, aus dem Konkurs der alten Ordnungen die Prinzipien der Werthierarchie, der Selbst-Beherrschung und der Institutionalisierung zu retten.

Eine rationalistische Politologie hat natürlich Schwierigkeiten, Freiheit und Zwang, Mündigkeit und Autorität, Gleichheit und Hierarchie in ein System zu bringen.
Aber diese Schwierigkeit ist behoben, sobald man begriffen hat, daß der einzelne Mensch ständig den Widerspruch von Selbstenthemmung und Selbstbeherrschung, von Begehrlichkeit und Verzicht, von Egoismus und Altruismus aushalten und austragen muß, und dieses Kunststück auch die Gesellschaft fertigbringen kann, wenn sie den widerstreitenden Prinzipien verschiedene Lebensbereiche und verschiedene Institutionen zuordnet.
Wenn es die Aufgabe eines humanen Staates ist, in das private Leben seiner Bürger nicht einzugreifen, sondern dessen freie Entfaltung und Gestaltung zu schützen, so bedeutet das noch lange nicht, daß die gleiche Art und das gleiche Maß von freier Entfaltung auch für ihre ökonomischen Interessen zugelassen werden müssen. (138)

*

Solange sich die Überzeugung von der Fähigkeit des Menschen, vernünftig und gut zu sein, noch mit dem Glauben an seine Sündhaftigkeit (das heißt mit der bewußten Erfahrung seiner gebrochenen Natur) verband, waren der moralischen Erwartung und den moralischen Dressurversuchen Grenzen gesetzt.
In dem Augenblick jedoch, in dem sich Vernunft- und Tugendglaube am Erfolgserlebnis von Wissenschaft und Technik orientieren und die Sündenlehre zu einem unverständlichen Mythos wird, kennen die ethischen Erwartungen keine Grenzen mehr und werden die ethischen Forderungen maßlos.
Die Ansprüche, die der Aufklärer an den einzelnen stellt (indem er seine eigene Person wegblendet und sich an die Adresse »des« oder »der« Menschen wendet), setzen die Prinzipien eines rationalistischen Lebensschemas in rigoristische Verhaltensregeln um und sind blind für die Unzulänglichkeit und Vielschichtigkeit der menschlichen Natur.
Die Pädagogik wird mehr und mehr von der Politik verdrängt, denn wenn der Mensch eine angeborene, selbsttätig funktionie-

rende Vernunftnatur hat, geht es natürlich nicht darum, an dieser Natur herumzumodeln, sondern entweder die äußeren Hindernisse aus dem Weg zu räumen, die ihrer Entfaltung noch im Wege stehen – die libertinistische, antiautoritäre Methode –, oder aber sie in eine vorgegebene, vernunftgemäß (also ihrem Wesen angemessene) durchorganisierte gesellschaftliche Ordnung einzupassen – die totalitäre Methode.
Das Schlüsselerlebnis des modernen Menschen ist nicht mehr die Unzulänglichkeit seiner individuellen Lebensbewältigung, sondern die sich immer noch und immer rascher mehrenden Erfolge der Gattung Mensch bei der Erforschung und Beherrschung der Welt.
Den anhaltenden oder gar sich mehrenden Krisen und Katastrophen der menschlichen Geschichte steht er deshalb ratlos und hilflos gegenüber, weil er sie eben von jenen Erfolgen her sieht und nicht im Zusammenhang mit existentiellen Mißerfolgen.
Auch die Psychologie (die diesen Zusammenhang herzustellen berufen wäre) führt zu dieser Erfahrung nicht hin, sondern von ihr weg, da sie wie jede andere Wissenschaft und Technik darauf angewiesen ist, sich an einzelne quantifizierbare und manipulierbare Elemente menschlicher Subjektivität zu halten.
Sie verhindert damit noch einmal und endgültig die Vergegenwärtigung der wahren Situation jedes Individuums, dessen Bestimmung es ist, denkend und handelnd nicht dem Sieg, sondern der Niederlage entgegenzugehen. (139)

*

Die gleiche Kausalität, die Wissenschaft und Technik möglich macht und die Herrschaft der menschlichen Vernunft über die Natur etabliert, bringt diese Vernunft am Ende um ihren Triumph.
Es ist zunächst die unüberseh- und unentwirrbare Komplexität der schon die einfachsten Phänomene bedingenden Ursachen, die ihren Machtanspruch sehr rasch illusorisch macht.
Wirkliche Sicherheit der Analyse, der Prognose und des Eingriffs gibt es nur im engsten Bereich der mathematisierbaren Forschung, also dort, wo es um eindeutige, aus einem komple-

xen Zusammenhang herauspräparierbare Realitätsstränge geht.

Sobald wir Physik und Chemie und die darauf gründenden Wissenschaften verlassen, befinden wir uns sogleich im Bereich der Hypothesen, Vermutungen und Möglichkeiten, nicht der Gewißheiten.

Die sogenannten Gesellschafts-, Geistes- und Kulturwissenschaften sind keine allgemeingültigen Interpretationen von Sachverhalten, sondern lediglich Faktensammlungen und Kataloge der widersprüchlichsten Vermutungen über die Bedeutung dieser Fakten.

Bei allen Vorgängen, die sich im und mit dem Menschen vollziehen, haben wir es mit einer solchen Vielfalt von inneren und äußeren Verursachungen zu tun, daß uns der konkrete Einzelfall völlig entgleitet und sich überhaupt nur über sehr allgemeine Tatbestände irgendwelche Mutmaßungen anstellen lassen.

Gerade dort also, wo es für den Menschen am wichtigsten wäre und gerade in dem Bereich, den die historische Aufklärung im Auge hat, bewegt man sich in einem weitgehend unaufklärbaren Gelände. (140)

*

Die Unentrinnbarkeit der Kausalität, des Entstehens und Vergehens aller Dinge in gesetzmäßiger Abhängigkeit voneinander macht aber in einem noch grundlegenderen Sinn alle Hoffnungen der Vernunft, die Herrschaft anzutreten, zunichte.

Mit jedem Atemzug, jeder Empfindung, jedem Gedanken und jeder Tat verstricken wir uns in immer wieder neue Probleme, schaffen wir – für uns selbst und für unsere Mitmenschen – immer wieder neue Schwierigkeiten und Leidens-Situationen. Unsere Begehrlichkeit ist der Motor eines Lebens, das nirgendwo endgültige Ruhe und Befriedigung findet. Zuletzt ist die Vernunft des Menschen dazu verurteilt, einem Drama zuzusehen, dessen tragischer Ausgang sich auf keine Weise – auch nicht durch Wissenschaft und Technik – verhindern läßt.

Erst wer das begriffen hat und nicht mehr vergißt, ist aufgeklärt zu nennen.

Die Errungenschaften der wissenschaftlich-technischen Zivilisation und gewisse Fortschritte bei der Durchsetzung vernünftigerer und gerechterer Gesellschaftsordnungen haben den Menschen immer mehr vergessen lassen, was er vorher wußte: daß die Welt insgesamt eine rätselhafte, undurchschaubare Sache ist und alles Bemühen, dieser Sache auf den Grund zu kommen, vergeblich bleibt.
Die völlig ins rationalistische Fahrwasser geratene Aufklärung hat die erforschbaren Teile der Wirklichkeit so stark ins Licht gerückt, daß das Nicht-Aufklärbare und Nicht-Machbare aus dem Blick der Menschen schließlich ganz verschwand.
Sie sind immer aufgeklärter und zugleich immer unerleuchteter geworden. (141)

*

Es ist jüdisch-christliche Überzeugung, daß sich Gott nicht verborgen, sondern offenbart hat. Er selbst hat den Menschen darüber aufgeklärt, was wahr und was falsch, was gut und was böse ist. Für alle bestimmt und von allen begreifbar, ist sein Aufklärungswerk in der Bibel niedergelegt.
Es ist also nur folgerichtig, daß man Metaphysik und Theologie als Wissenschaften betreiben zu müssen und zu können glaubte, das heißt der Überzeugung war, daß sich auch die übernatürlichen und göttlichen Wahrheiten rational begreifen und beweisen lassen.
Der empirische Rationalismus der Wissenschaften hat dann zwar diesem rein spekulativen Rationalismus nach und nach den Boden entzogen, aber damit auch den eigentlichen Gegenstand von Metaphysik und Theologie zum Verschwinden gebracht. Man hörte auf, sich für das, was von nun an verächtlich »Spekulation« genannt wurde, zu interessieren.
Daß auch dem Erkenntnisvermögen und der moralischen Motivationsleistung der wissenschaftlich verfahrenden und abgesicherten Vernunft – ja gerade ihr – enge Grenzen gezogen sein könnten, war – und ist – eine ganz unpopuläre Meinung.
Solchem Zweifel steht nicht nur das auf das objektiv Faktische geschrumpfte Blickfeld des Menschen entgegen, sondern auch

sein unverändert stark gebliebenes Bedürfnis nach umfassender und absolut gültiger Erkenntnis.
Nachdem mit dem Gottesglauben auch die Offenbarung als Aufklärung des Menschen durch Gott ihre Überzeugungskraft eingebüßt hat, muß nun die Aufklärung des Menschen durch sich selbst den auf das Offenbarwerden letzter Wahrheiten gerichteten Erkenntnisdrang befriedigen.
Die Aufklärung wird zur Ersatz-Metaphysik und Ersatz-Religion, das heißt, nach- und neben- und gegeneinander erhalten die verschiedenen Forschungs- und Zielobjekte der sich entwikkelnden Natur- und Gesellschaftswissenschaften den Rang höchster und universaler Wertsetzungen. (142)

*

Auf dem Glauben an die unbegrenzten Möglichkeiten von Wissenschaft und Technik ruht das ganze Gebäude der radikalen Aufklärung und des radikalen Humanismus.
Wenn man – wie es geschah und bis heute geschieht – die naturwissenschaftliche Kategorie des Richtigen ins Moralische überträgt, wird aus dem Richtigen das Gute.
Die Aufgabe jedes Menschenfreundes ist damit vorgezeichnet.
Als Ausgangslage haben wir eine noch von der Unvernunft beherrschte, ungerechte Welt der Ausbeutung und Unterdrükkung des Menschen durch andere Menschen und als Ziel eine vernünftig geordnete Welt, in der alle Individuen frei und glücklich miteinander leben werden.
Um dieses Ziel zu erreichen, muß man die Menschen über ihre jetzige Lage aufklären (oft scheinen sie gar nicht zu bemerken, daß sie unglücklich und geknechtet sind), sie veranlassen, ihre Unterdrücker und die zur Unterdrückung geschaffenen Institutionen zu beseitigen, das Eigentum neu zu verteilen und alle an allen Entscheidungen gleichberechtigt teilnehmen lassen.
Schafft man diese vernünftigen, jedermann einleuchtenden Voraussetzungen, so liegt es auf der Hand, daß am Ende das Ziel einer konfliktfreien Gesellschaft so sicher erreicht wird, wie der Erfolg eines naturwissenschaftlichen Experiments bei Einhaltung der richtigen Versuchsanordnung.

Und wie man bei einem wissenschaftlichen Experiment streng darauf achten muß, daß alle Einflüsse, die die erforderlichen Voraussetzungen verfälschen könnten, ausgeschaltet bleiben, so hängt auch der Erfolg des politischen Experiments davon ab, daß alle beeinträchtigenden Umstände beseitigt werden.
Wenn sich die Leidenschaft für das moralisch Vollkommene mit dem Glauben an die universale Leistungskraft der Ratio verbindet, ist das Ergebnis die Gewaltherrschaft eines Dogmatismus, der das, was er für das Gute hält, more geometrico durchzusetzen versucht: der kürzestes Weg zwischen zwei Punkten ist die gerade Linie.
Das Pathos des Humanismus macht radikal. Das Ethos des Rationalismus ist radikal. (143)

*

Würde jede Generation (was glücklicherweise nicht möglich ist) immer wieder von vorne beginnen müssen, kämen alle Gesellschaften über den Zustand einer nur durch den Selbsterhaltungstrieb mühsam gebändigten Anarchie nicht hinaus.
Es gibt nichts, was dem Menschen (seiner durchschnittlichen Verkörperung) an Gutem wirklich selbstverständlich geworden wäre. Ohne Hilfe zivilisierender Gewohnheiten und Zwänge ist er verloren.
Um seine Individualität frei zu entwickeln, braucht der Mensch die Basis einer gegebenen Lebensordnung. Entzieht man sie ihm schon im Jugendalter, wird er dadurch nicht etwa frei oder freier, sondern ganz und gar unfrei. Weil er nun ohne Kompaß direkt mit seinem naturwüchsigen Selbst konfrontiert ist und in den chaotischen Sog seiner widerstreitenden Triebe gerät.
Wertvorstellungen und Ideale können unzeitgemäß geworden sein; solange sie nicht durch neue und verbindliche Lebensmuster ersetzt werden, sind sie unerläßlich, um das Ich vor dem Zerfall zu retten und den Individualisationsprozeß zu schützen. (144)

*

Nur mit Hilfe von Gewohnheiten oder Zwängen, die sie sich auf dem Umweg über die Gesellschaft und den Staat auferlegen, sind die Menschen imstande, ihrer Selbstsucht und Bequemlichkeit dauerhafte Schranken zu setzen. Sie überlisten ihre Schwäche, indem sie aus ihrer besseren Einsicht Gesetze oder Sitten machen.

Der vernunftbegabte Mensch ist durchaus fähig, einzusehen, daß er Leben und Eigentum seines Nächsten nicht verletzen, daß er loyal und beständig und nicht unmäßig sein soll, daß er Opfer bringen, verzichten, seinen Geist stärken muß, aber er ist nur selten in der Lage, solches Verhalten seiner Natur ohne Unterstützung von außen abzuringen. Ohne den Zwang der Gewohnheit reicht die Kraft der meisten Menschen nicht einmal, sich täglich die Zähne zu putzen. (145)

*

Ob die Menschheit nur noch hundert Jahre oder aber eine unabsehbare Zeitspanne vor sich hat, das Leben des einzelnen endet immer und endet immer definitiv.

Vom gelebten Leben dieses einzelnen aus gesehen ist das Ziel allen Lebens die Niederlage.

Wer sich begierig ins Leben fallen läßt, wird diese Herausforderung nicht bestehen.

Er muß dem Tod ein Stück – ein winziges Stück – entgegengehen. Er muß sich mitten im Leben vom Leben befreien (um dann wieder zum Leben zurückzukehren). (146)

*

Es gibt keine leidende Menschheit, und es gibt kein glückliches Volk. Es gibt nur glückliche oder leidende Menschen

Jedes WIR existiert nur als und im Empfinden, Vorstellen und Verhalten eines ICH.

Ich kenne keinen Tatbestand, der so unwiderlegbar und für alle Politik und Pädagogik, aber auch für jede Lebens- und Erkenntnistheorie von so entscheidender Bedeutung wäre.

Es machen viele Menschen die gleichen Erfahrungen, als Erfahrungen bleiben sie dennoch Erfahrungen jedes einzelnen.
Man kann Berichte über Erfahrungen austauschen, aber nicht die Erfahrungen selbst.
Was in einem Mitmenschen vor sich geht, und wie es vor sich geht, läßt sich vermuten. Gewiß ist für mich nur das, was sich in mir selbst abspielt.
Zwischen einem Menschen, der leidet und einem anderen, der mit ihm Mitleid hat, klafft ein Abgrund, der unüberbrückbar ist. Das entschuldigt nicht, aber erklärt die oft monströse Gleichgültigkeit derer, denen es an nichts fehlt, gegenüber den Schmerzen jener, die elend und gepeinigt sind.
Nur in der konkreten menschlichen Person fallen Subjekt und Objekt der Menschenkenntnis zusammen.
Je umfassender und je genauer dieser konkrete Mensch die physischen, psychischen und geistigen Elemente und Prozesse seiner eigenen Natur durchschaut, um so mehr wird er von der Natur und Situation des Menschen überhaupt begreifen.
Je flüchtiger und verschwommener seine Selbsterforschung vor sich geht, um so mehr wird er in seinem Urteil und Verhalten von Vorstellungen und Anweisungen abhängig werden, die ihn von außen erreichen und um so anfälliger wird er für solche Ideen, die ihm eine kritische Selbstbesinnung auch weiterhin ersparen.
Gegen diese Manipulierbarkeit schützt auch kein angelerntes Wissen und keine bloße Intelligenz. Selbsterforschung und Selbstbestimmung meinen eine bewußte und präzise und gegen sich selbst ehrliche Verarbeitung der Erfahrungen, die man mit den Elementen und Antriebskräften, den Mängeln und Widersprüchen der eigenen Person macht.
Wer nicht imstande ist – oder daran gehindert wird –, zu sich selbst zu kommen, kommt auch nicht zu den anderen.
Eine starke soziale, scheinbar ganz auf die Bedürfnisse der Mitmenschen eingestellte Aktivität ist sehr häufig ein Zeichen von unterentwickelter, nicht etwa von ausgeprägter Kommunikationsfähigkeit.
Das trifft auf eine bestimmte, in der westlichen Hemisphäre verbreitete Art von gesellschaftlicher Betriebsamkeit ebenso zu

wie auf den politischen Aktivismus in den kommunistischen Ländern.

Die unentwegte direkte Bewegung auf den anderen zu, die das Fürsichsein und Zusichselbstkommen meidet, erreicht den anderen nur an der Oberfläche seiner Existenz.

Nun wird auch ein Mensch, der ganz in gesellschaftlichen Rollen und Tätigkeiten dieser oder jener Art aufgeht, von Erlebnissen nicht verschont werden, mit denen er – ob er will oder nicht – alleine bleibt.

Er scheitert bei der Bewältigung irgendeiner Aufgabe, er wird von anderen Menschen enttäuscht, eine schwere Krankheit reißt ihn aus allen gewohnten Beziehungen, ein ihm nahestehender Mensch stirbt.

Ist er bisher nicht »zu sich selbst« gekommen, werden ihn solche Erfahrungen in eine als ausweglos empfundene Isolation stürzen. Da er sich vollständig in den Aufgaben und im Betrieb des Tages eingerichtet hat, ist er in dem Augenblick, in dem seine Probleme sich in diesem sozialen Bezugssystem nicht mehr auffangen oder lösen lassen, wahrhaft verloren.

Ganz gewiß wird jemand, der sich in einer solchen Situation an Freunde halten kann, weniger verlassen sein als ein anderer, der sich dann nur von Menschen umgeben findet, die lediglich seine Interessen oder seine Weltanschauung teilen. Aber auch das Mitgefühl der Freunde stößt auf unüberschreitbare Grenzen.

Weder Schmerz noch Glück sind wirklich teilbar oder mitteilbar.

Die individuelle Autonomie und Ansprechbarkeit eines konkreten Nächsten, die wir brauchen, um uns verstanden und zugehörig zu fühlen, markiert zugleich die Grenze der Hilfe, die uns zuteil werden kann.

Der Nächste ist immer nur ein Nächster, d. h. ein möglicherweise sehr nahes, aber dennoch definitiv von uns getrenntes Wesen, mit dem wir uns nur verständigen, nicht aber vereinigen können. Weil er ein »Du« ist, kann er uns Gesellschaft leisten und trösten, aber als »Du« bleibt er immer auch der letztlich fremde Weggefährte. (147)

*

So sehr der Mensch auf die Gesellschaft des Menschen angewiesen ist, so schlimm stünde es für ihn, wenn er nur an dieser menschlichen und von Menschen geschaffenen Welt einen Halt finden könnte. Das, was über die Gemeinschaft der Menschen, über die begrenzte und befristete Solidarität der Sterblichen hinausgeht, ist die Natur insgesamt.

Sie bindet den Menschen hinein in eine alle Dinge und Wesen durch unvorstellbare Zeiten und Räume hindurch zusammenfassende Lebenseinheit. Sie bringt immer neue Individuen hervor und nimmt sie wieder zurück.

Geburt und Tod sind für den unter Menschen lebenden Menschen die unvermeidbarsten und zugleich bestürzendsten Trennungs- und Einsamkeitserlebnisse; in der Rückbindung an die Natur sind es nur Einschnitte, die die Kontinuität des Lebens nicht in Frage stellen, sondern bestätigen. Jede Absonderung ist nur ein oberflächliches Ereignis und nur von kurzer Dauer. Nichts und niemand kann aus der Welt herausfallen.

Wem es also gelingt, eine intensive Beziehung zur Erde herzustellen, zu den vielgestaltigen Schöpfungen der Natur um ihn herum und dem gestirnten Himmel über ihm, wird das Alleinsein nicht fürchten, sondern suchen.

Auch diese Kommunikation wird dem Menschen keine Schmerzen und Ängste ersparen, aber sie befreit ihn von der erschreckenden Vorstellung, nur in der sehr peripheren und sehr kurzlebigen Welt der Menschen zu Hause zu sein. (148)

*

Auch Sexus, Eros und Liebe sind keine sozialen Phänomene, sondern biologische und seelisch-geistige Ereignisse. Wer liebt, läßt alle anderen Menschen im Stich. Er hat nicht die Absicht, Moralität und Solidarität unter den Menschen zu verbreiten, sondern will die Vereinigung mit einem einzigen bestimmten Menschen, um sein Ich zu sprengen und in den anonymen Schoß alles Lebens zurückzukehren.

Wenn man, wie es heute geschieht, sexuelle Erziehung und Emanzipation nur betreibt, um die Menschen gesünder und kontaktfähiger zu machen, wird sich nun erst die große Frustration einstellen. Die solcherart aufgeklärten Generationen werden nämlich nicht wissen, wie sie die asoziale Leidenschaftlichkeit ihres Triebes deuten und rechtfertigen sollen. (149)

*

Wenn der Mensch dabei ist, die Tiere auszurotten oder sie nur noch als Nahrungsmittel zu produzieren, die Wälder abzuholzen, aus den Wiesen Kiesgruben und Baugelände zu machen, dann zerstört er mehr als seine physischen Lebensbedingungen; er zerstört den metaphysischen Grund seines Daseins.
Sobald er aus seiner Betriebsamkeit erwacht und jene Fragen ihn bedrängen, die kein gesellschaftliches Programm beantworten kann, erwartet ihn das Nichts.
Im Werden und Vergehen des auf Physik und Chemie, auf Materie, Fauna und Flora zurückgestuften Daseins hat das, was den Menschen als Menschen charakterisiert und aus der übrigen Natur heraushebt, keinen Platz mehr: seine Spiritualität. Sie geht verloren. Der Mensch muß sich von ihr trennen, um ins Allgemeine zurückzukehren, obwohl es doch gerade sein Wunsch ist, bei der letzten Vereinigung nichts zu verlieren, sondern alles zu gewinnen. (150)

*

Der Widerspruch zwischen der Lust, der zu sein und zu bleiben, der man ist, und dem Drang, das Gefängnis der Individualität zu sprengen, kann weder logisch noch existentiell getilgt werden.
Die an seine Personalität gebundene Bewußtheit, die es ihm möglich macht, die unio mystica zu denken, macht es dem Menschen zugleich unmöglich, sie wirklich zu vollziehen.
Soweit es jedoch eine Erfahrung des »Es«, eine Annäherung an den Seinsgrund geben kann, ist sie eine Erfahrung des einzelnen und des einsamen Menschen. Für diese Erfahrung steht die Figur des Mönchs, der sich von der Welt abschließt und »unmittelbar zu Gott« ist.
Wenn überhaupt, dann kann das menschliche Selbst sein definitives Eingeschlossensein in eine bestimmte Individuation nicht

in der Horizontalen, also in der Bewegung auf die anderen Menschen zu, sondern nur in der Vertikalen, in der Bewegung nach innen, auf die eigene Tiefe zu überwinden, in der er auf den alles mit allem verbindenden Grund des Seins stößt.
Es zeigte sich also, daß jede Art von gelungener menschlicher Kommunikation das Ernstnehmen der Autonomie des Individuums voraussetzt.
Wer sich der Lösung einer Sachaufgabe verschreibt oder in das Wesen eines Kunstwerkes einzudringen versucht oder selbst irgend etwas produziert, muß für sich sein.
Wer sich der Natur zuwendet, kann dies zwar in der Gesellschaft anderer tun; wenn es aber überhaupt zu einem Naturerlebnis kommt, ereignet es sich nur in einem sich absondernden einzelnen Menschen. Wer schließlich die mystische Vereinigung sucht, muß sich ganz auf sich und in sich selbst zurückziehen.
Betrachte ich den gleichen Zusammenhang von einer anderen Seite und stelle die Frage, wie weit es dem Menschen gelingen kann, seine Trennungsängste zu überwinden, so entdecke ich, daß es auch eine Hierarchie der Geborgenheitserfahrung gibt.
Wer Sicherheit und Bestätigung in der Beschäftigung mit irgendwelchen Gegenständen oder Aufgaben zu finden sucht, wird vor Enttäuschungen und dem Sturz in die Isolation besser bewahrt sein als derjenige, der sich ganz auf das Aufgehobensein in gesellschaftlichen Beziehungen verläßt.
Wer der Kommunikationskraft der Natur und des Kosmos vertraut, wird noch stärker und dauerhafter vor der Furcht, ins Leere zu fallen, geschützt sein.
Wer sich mit dem Weltgrund verbindet, ruht in jener alles umfassenden Einheit, in der auch seine spirituelle Natur geborgen ist.
Sollte diese Beschreibung zutreffend sein, bliebe zu fragen, welcher Lebensform eine Menschheit zustreben mag, für die mehr und mehr nur das Eingebundensein in rastlose gesellschaftliche Aktivitäten und Zerstreuungen übrigzubleiben scheint.
Daß ein einzelner Mensch auch ohne Metaphysik oder Naturbegeisterung oder Kunstverständnis ein ihn befriedigendes Leben führen kann, ist nicht zu bezweifeln.
Aber ich bin der Überzeugung, daß Menschen, die schließlich

gar keine kulturellen, gar keine philosophischen oder religiösen Interessen mehr haben, für die die Natur nur noch Kulisse für Freizeitgestaltung und »Einsamkeit« ein unverständlicher Begriff und sonderbarer Zustand ist, bedauernswerte Geschöpfe sind: weil sie sich um den vollen Ertrag ihres Lebens bringen.
Wäre es denkbar, daß der verhängnisvolle Zirkel einer solchen Massenzivilisation, in der die Dürftigkeit sich ständig selbst stärkt und bestätigt, noch einmal gesprengt werden kann oder wird sich die Menschheit endgültig in einer Welt einrichten, für die jeder Versuch eines Individuums, aus der Gesellschaft auszubrechen, um für sich zu sein und zu sich selbst zu kommen, Symptom einer schweren Erkrankung oder gar ein krimineller Akt ist? (151)

*

Jedes konkrete Individuum besteht aus Substanzen und Prozessen, die bis in den Anfang des Lebens, ja den Anfang der Welt zurückreichen.
In der pflanzlichen und tierischen Natur begegnet der Mensch seinem eigenen irdischen Ursprung und seiner irdischen Geschichte.
Er hat sie nicht nur physisch nötig, weil er von ihren Stoffen und Kräften lebt, sondern auch psychisch. Sie entlastet ihn von der Alleinschuld. Sie erinnert ihn daran, daß er unschuldig schuldig geworden ist.
Der Mensch, der allein in der Natur ist, und die anderen Menschen (oder die Gesellschaft) vergißt, ist exemplarischer ein Mensch, als derjenige, der sich in der Gesellschaft bewegt und seine Einsamkeit vergißt.
Nur der einsame Mensch weiß, daß er sterblich ist und weder der allgemeine Fortschritt noch seine persönliche Karriere ihn der Wahrheit und der Erlösung näher bringen. (152)

*

Wer den Blick allein auf die Erhaltung und Erhöhung des Menschen richtet, stößt ihn in die totale Isolation (was etwas anderes ist als Einsamkeit), die er nur ertragen kann, indem er sich als Partner einen allmächtigen Menschen-Gott erfindet oder indem er sich selbst zu Gott macht.

Wenn der spektakuläre monotheistische Überbau wegbricht und die Selbstüberschätzung ohne Umwege vom Menschen Besitz ergreift, fließen dem Herrschafts- und Fortschrittswillen zusätzliche Energien zu.

Ein totalitärer Politizismus kennt überhaupt keine Hemmungen und Rücksichten mehr, wenn sich seinem Machtwillen etwas entgegenstellt: seien es Menschen, seien es Dinge, sei es die Natur. (153)

*

Ich vermute, daß Menschen, die nur noch (was es trotz aller Verstädterung bisher nicht gibt, aber auf dem Mond oder auf einer Weltrauminsel einmal geben könnte) in einer von ihnen selbst gemachten und für sie bestimmten Umwelt aus Beton, Stahl, Glas und Chrom, Möbeln und Maschinen, aus Elektrizität und Chemie zu leben gezwungen wären, nicht lange existieren könnten.

Nicht aus mystischen, sondern aus ganz empirischen Gründen.

Der Mensch ist Natur-, nicht Kunstprodukt, ist ein Organismus, kein Apparat.

Er braucht die optische und sinnliche und seelische Korrespondenz mit anderen Organismen.

Er muß Gras und Bäume und Blumen und Tiere sehen, hören, riechen, anfassen, um seiner selbst gewiß zu sein, um sich wiederzuerkennen, um »zu Hause« zu sein.

Zunächst war der Mensch völlig von der außermenschlichen Natur abhängig, dann begann er, sie zu beherrschen und auszubeuten, und nun ist er in die letzte Phase eingetreten. Er braucht sie auf, verarbeitet sie zu Kunstprodukten, bringt sie zum Verschwinden.

Und damit auch sich?

Wenn der Mensch nur noch den Menschen als Gegenüber hat (was für das tägliche Leben aller Stadtbewohner bereits zutrifft),

werden die zwischenmenschlichen, die sozialen und politischen Probleme überwertig.
Der Mensch ist ständig mit dem und den anderen beschäftigt: ihre Aufmerksamkeit zu erregen, geliebt zu werden, Macht zu gewinnen, im Wettstreit der Beste zu sein, sie an Ansehen zu übertreffen, sich so oder so in Szene zu setzen.
Er sieht sich immer von anderen Menschen beobachtet, geprüft, bewertet, gefördert oder bekämpft, respektiert oder mißachtet.
In der Natur kreisen alle Dinge und Geschöpfe um sich selbst.
Dort ist der Mensch von Gefahren, aber nicht von Neid und Eifersucht, von Argwohn und Hinterlist, von Untreue und Verachtung bedroht.
Niemand erwartet irgend etwas von ihm. Er muß nichts »scheinen«; er ist, was er ist. (154)

*

Jede Politik, die ausschließlich die soziale Komponente im Sinn hat, ist im Grunde nichts weiter als Biologie: wie die menschliche Gattung (oder Teile davon) sich am effektivsten im Daseinskampf behaupten kann.
Alle sozialen und sozialistischen, aber auch alle (im Blick auf die Entwicklung des Zwischenmenschlichen) humanitären Programme haben die Biologie hinter sich.
Das ist ihre Stärke.
Bemerkenswert aber ist der Mensch nicht als ein Lebewesen, mit dem die Natur sich noch einmal reproduziert und variiert, sondern als ein Organ, mit dem sie imstande ist, sich selbst zu erblicken und zu befragen.
Eine menschliche Politik muß also als Ziel den Schutz, die Förderung, die Kräftigung und Schärfung des je einzelnen Empfindungs- und Erkenntnisvermögens haben.
Indem die Welt sich im Menschen sieht, verliert sie ihre Unschuld, wobei Unschuld heißt, daß sie bis dahin von ihrer Schuld nichts wußte.
In der Schaffung des Menschen, der alles an sich reißt und zerstört, kulminiert die Schuld der Welt und beginnt zugleich der Versuch, sie im einzelnen Individuum aufzuheben. (155)

VI. DIALEKTIK DER WÜRDE

Die heute propagierte und praktizierte »Erziehung zur Kritikfähigkeit« ist eine gute Sache, wenn damit die Auseinandersetzung mit der eigenen Person in Gang gesetzt wird. Sie ist eine schlechte Sache, wenn sie lediglich bezweckt, den Blick für die Schwächen der anderen zu schärfen, Ansprüche zu stellen und Rechte einzuklagen.

Gleiches gilt für die »Erziehung zum mündigen Staatsbürger«. Es ist gefährlich, die Pädagogik zu früh mit der Politik zu vermengen. Erziehung sollte vor allem den Willen zur Selbst-Verbesserung, nicht zur Welt-Verbesserung stärken.

Einer an den wahren Interessen des Menschen orientierten Erziehung hätten als erwünschte Eigenschaften zu gelten die alten Tugenden der Einsicht, Besonnenheit, Selbstbeherrschung, Standhaftigkeit, Zuverlässigkeit, Ausdauer, Achtsamkeit, Duldsamkeit, Geduld, Rechtlichkeit, Redlichkeit, Diskretion.

Als unerwünschte Eigenschaften müßte jede Erziehung und Selbst-Erziehung im Auge behalten: Begehrlichkeit und Aufbegehrlichkeit, Besserwisserei, Wichtigtuerei, Rechthaberei, Überschwenglichkeit, Rigorismus und Fanatismus, Rücksichtslosigkeit, Unrast, Unverschämtheit und Indiskretion.

Die Gegenüberstellung der beiden Kataloge macht deutlich, wie weit unsere heutige Erziehung von einer Erziehung, die diesen Namen verdienen würde, entfernt ist, und sie zeigt, daß es bei jeder sinnvollen Erziehung darum geht, den Drang des kindlichen und jugendlichen Menschen nach lustvoller Selbstentfaltung und Selbstbestätigung so umzuwandeln, daß die »Lust« nicht mehr durch unbekümmertes Ausleben spontaner Bedürfnisse, sondern durch das Vergnügen, über die Zulassung der Bedürfnisse frei entscheiden zu können, gewonnen wird, ohne daß deshalb irgendein Bedürfnis von vornherein als illegitim ausgeschlossen wäre.

Um einen solchen Reifeprozeß in Gang zu setzen, ist es nötig, dem heranwachsenden Menschen die Erfahrung zu vermitteln, daß die Pflege und Befriedigung jener Interessen, die nicht zu den elementaren gehören und sich nicht impulsiv melden, sondern erst entdeckt werden müssen, intensivere und dauerhaftere und fruchtbarere Freuden gewährt. Um Zeit und Energie für die »höheren Freuden« zu haben, muß man auf die elementaren durchaus nicht verzichten, aber man muß in der Lage sein, sie nur zum Teil oder später zuzulassen. (156)

*

Eines der dümmsten Gerüchte, die eine libertinistische Psychologie in die Welt gesetzt hat, ist die Annahme, daß menschliches Leben ohne Verdrängung von irgend etwas möglich sei.
Die Menschen unterscheiden sich nicht dadurch, daß die einen verdrängen und die anderen nicht, sondern wie und auf welches Vor-Bild hin sie ihre Verdrängungen handhaben.
Da die Anpassung des Kindes an die Realität früher stattfinden muß, als die Einsicht in die Notwendigkeit dieser Anpassung geweckt werden kann, kommt keine Erziehung ohne Zwang aus.
Sie kommt auch später nicht ohne Zwang aus, da Einsicht allein noch lange keine Verhaltensänderung hervorbringt.
Zwang in der Erziehung ist nur dann Terror und Unterdrükkung, wenn er unbeherrscht und ungerechtfertigt ausgeübt wird. Ein entschieden, aber ruhig und freundlich durchgesetztes Ge- oder Verbot wirkt wie eine natürliche Gegebenheit. Man registriert sie möglicherweise voller Unlust, aber man nimmt sie hin.
Im übrigen vollzieht sich Anpassung am besten durch Gewöhnung. Gewöhnung kommt ohne Einsicht aus und ist außerordentlich haltbar. (157)

*

Wenn Erziehung vor allem Vorbereitung auf eine geglückte Existenz des Menschen, nicht auf eine geglückte Berufskarriere ist, spielt das (ohnehin nicht bewältigbare) Problem der zureichenden Wissensvermittlung keine entscheidende Rolle.

In den allgemeinbildenden Schulen sollte man in die Grundzüge der jeweiligen Disziplinen eingeführt werden, dann aber lernen, wo man genauere Kenntnisse findet, wenn man sie braucht: in welchen Lexika, Handbüchern, Sachbüchern. Oder auch in welchen Fachschulen.
Wenn die Trennung zwischen dem allgemeinbildenden und dem ausbildenden Unterricht nicht durchgeführt wird, läßt sich voraussehen, daß eines Tages auch die letzten Reste von Allgemeinbildung, von »unnützem« Wissen, aus allen unseren Schulen herausgedrängt sein werden.
Bilden heißt, dem heranwachsenden Menschen beibringen, was er mit Hilfe der Kenntnisse und Fertigkeiten, die die Schulen lehren, aus seinem ganz persönlichen Leben machen soll und machen kann.
Die heutige Menschheit hält es für ein Unglück, wenn jemand nicht das Einmaleins kann, überläßt es aber dem Zufall, ob dieser Jemand irgendwann einmal auf die entscheidenden Fragen seiner Existenz stößt und darauf aufmerksam gemacht wird, daß man sich Ziele setzen, und diese nur durch Zwang gegen sich selbst erreichen kann. (158)

*

Der weltgläubige Politiker ist gezwungen zu glauben, daß es Wissenschaft, Technik und Medizin eines Tages schon schaffen werden.
Mit dem Ende aller Tüchtigkeit kann ein positivistisches System überhaupt nichts beginnen.
Manche halten in ferner Zukunft auch den Tod für überwindbar (was einigermaßen phantastisch ist und natürlich das Problem für diejenigen, die schon gestorben sind oder noch unabsehbare Jahrhunderte und Jahrtausende lang sterben werden, nicht im geringsten löst).
Die übliche Lösung ist die genetische Volte. Bevor das Ende des einzelnen in den Blick kommt, springt man schnell zur Generationsfolge über und faßt die Kinder und Enkel ins Auge. Und schon ist die Unsterblichkeit »des« Menschen auf beruhigende Weise gesichert.

Mit einem Wort: ein konsequent immanentistisches Lebenskonzept muß vor der Wahrheit die Augen schließen.
Seine Anhänger müssen so tun, als wäre es nur eine Frage der Zeit, bis der Mensch endgültig Krankheit und Tod besiegt, seine restlichen Unzulänglichkeiten beseitigt und die letzten Welträtsel gelöst hat.
Wer dieses Ereignis in eine sehr ferne Zukunft verlegt und bereit ist, sich mit den jetzt gegebenen Mängeln zu arrangieren, kann dennoch eine vernünftige Politik machen.
Aber auch der lässige Positivismus bringt nur eine (weltgeschichtlich) kurze Blüte der Humanität hervor.
Die Ausklammerung des mit dem menschlichen Dasein untrennbar verbundenen Leidens und Schuldigwerdens führt zum Verlöschen aller spirituellen Spannungen und zum Absacken der Interessen und Bedürfnisse auf immer niedrigere Stufen.
Die Ansprüche werden immer geringer. Die Vergnügungen immer ordinärer. (159)

*

Ohne alle Hoffnung auf Dauer und Unvergänglichkeit ist menschliches Dasein nicht möglich.
Die großen Tugenden sind Versuche, dem ewigen Wechsel und Zerfall Einhalt zu gebieten. Zuverlässigkeit, Treue, Loyalität, Disziplin, Besonnenheit.
Wir schätzen nicht den Opportunisten, der synchron zur Dynamik des ewigen Wandels lebt, sondern denjenigen, der sich diesem Wandel in den Weg stellt.
Aber auch das ist kein verläßliches Rezept.
Wohin führt bedingungslose Loyalität, wenn der Mensch, die Institution, die Sache, denen sie gilt, Treue nicht mehr brauchen oder nicht mehr wollen oder nicht mehr verdienen, weil sie selbst sich geändert haben?
Dennoch sind nicht Mobilität und Anpassung, sondern Beständigkeit und Treue die höheren menschlichen Tugenden. Wenn menschliches Leben human bleiben soll, darf es ein bestimmtes Entwicklungs-Tempo nicht überschreiten.
Die körperliche, seelische und geistige Entwicklung des Men-

schen vollzieht sich in Phasen, die individuell stark differieren, aber angesichts des gleichbleibenden Gesamt-Zeitraums nicht beliebig verringert oder ausgedehnt werden können.
Da geschichtliche und gesellschaftliche Prozesse – bedingt etwa durch wissenschaftlich-technische Fortschritte, wirtschaftliche und politische Umstände – eine Eigengesetzlichkeit haben, die zu großer Beschleunigung führen kann, bedarf es der Besonnenheit, der Beständigkeit, des Willens zum Bewahren und zur Dauer, damit diese Prozesse unserem Einfluß nicht entgleiten.
Es ist dies ein Problem, das sich besonders in der Neuzeit stellt, in der viele Entwicklungen, die technische, die medizinische (Bevölkerungszuwachs), die politische (Anspruch auf Mitbestimmung ohne Fähigkeit dazu) sich gegenseitig verstärken und beschleunigen.
Es ist unvermeidlich, daß Wissenschaftler, Techniker, Kaufleute so sehr von ihrer Sache beherrscht sind, daß sie sie weitertreiben, so lange und so schnell und so intensiv wie möglich.
Es ist Sache der Politiker, die blinden, nur ihrem eigenen Gesetz gehorchenden Entwicklungen zu steuern.
Um in der heutigen Welt besonnen reagieren und regieren zu können, muß ein Staatsmann – wenn er gewählt und solange er gewählt ist – ein großes Maß an Verantwortung und Macht haben.
Die Regierungen der zeitgenössischen Demokratien sind zu sehr von Parlaments- und Ausschußmehrheiten abhängig, die ihrerseits ständig unter dem Zwang stehen, Interessenpolitik machen oder sich der Volksmeinung anpassen zu müssen.
Es gilt jedenfalls ganz allgemein, daß nur eine starke Regierung, die einen starken Staat zur Verfügung hat, aber deshalb nicht undemokratisch sein muß, eine Politik machen kann, die die für mündig erklärten Bürger tatsächlich auf den Weg zur menschlichen Mündigkeit bringt.
Einzelne von ihnen auf den Weg bringt. (160)

*

Ich vermute, daß das Staats- und Bürokratie-Trauma, das in den liberalen Demokratien so außerordentlich gepflegt wird (natürlich muß man gegen staatliche und bürokratische Übergriffe ständig auf der Hut sein), mit der allgemeinen Fehlorientierung des modernen Menschen zusammenhängt. Man verteidigt um so verbissener äußerliche und formale Freiheiten, je unfähiger man wird, von den inneren Freiheiten, von den Gestaltungs- und Ausdrucksmöglichkeiten der Personalität des Menschen Gebrauch zu machen.

Die Frage, ob ich in einem freien oder unfreien Staat lebe, entscheidet sich nicht an seinem Anspruch, unter bestimmten Umständen Telefongespräche mitzuhören, sondern an seinem Verzicht darauf, mir das Telefonieren verbieten oder Telefongespräche bestimmten Inhalts unter Strafe stellen zu wollen. Auf die Kommunikations- und Meinungsäußerungsfreiheit kommt es an.

Der Übergang zwischen den fremden Einblicken entzogenen und entziehbaren und den solchen Einblicken zugänglichen Lebensäußerungen ist ohnehin fließend. Und ich meine, daß es mich sehr viel weniger belästigt, wenn jemand meine Telefonleitung anzapft, als wenn er hinter einem Busch in meinem Garten lauert.

Grotesk wird die hysterische Reaktion der veröffentlichten Meinung auf Gefährdungen der Privatsphäre, wenn man sich vergegenwärtigt, daß wir in einem Zeitalter allgemeiner Indiskretion leben. Alles soll durchsichtig sein, alle Türen sollen offenstehen, jedermann jederzeit bereit sein, den Besuch von jedermann zu empfangen.

Wie Mehrheitsprinzip und Bedürfnisherrschaft gehören Exhibitionismus und Voyeurtum in der Tat zu den Konsequenzen der Aufklärung und des Radikaldemokratismus. Was im Dunkel bleiben, sich der Einsicht, Kritik und Mitbestimmung durch die anderen entziehen will, kann in dieser Optik nur elitär und reaktionär sein.

Ein Reporter, der auf Schlafzimmer- und Ehegeschichten prominenter und nichtprominenter Zeitgenossen spezialisiert ist, wird nicht etwa des Lauschangriffs bezichtigt, sondern bewundert und hofiert.

Jedenfalls wird in den westlichen Demokratien die Privatsphäre – durch die Massenmedien, nicht durch den Staat – in einem

Ausmaß verletzt, das den Angehörigen dieser Länder wahrscheinlich gar nicht mehr bewußt ist.
Wer den Schlafzimmerspion als Agenten der Aufklärung und Emanzipation hinnimmt, aber bei der Entdeckung, daß ein Sympathisant der Terroristenszene beim Telefonieren überwacht worden ist, in Panik gerät, ist geistig verwirrt.
Es fehlen diesem Freiheitsfreund offenbar alle Maßstäbe, um entscheiden zu können, wo es tatsächlich um menschliche Werte und um menschliche Würde geht und wo um Einschränkungen, die zum Schutze eben dieser Werte und Würde nötig sind.
Vorgänge, die die intime Sphäre, etwa das Liebesleben eines Menschen, betreffen, sind sehr wohl von (für einen Außenstehenden gar nicht zu beurteilender) Bedeutung für seine »Selbstverwirklichung«. Hier sollten Duldung und Diskretion selbstverständlich sein.
Die Vorbereitung oder Durchführung von Straftaten aber betrifft nicht nur alle Mitglieder einer Gesellschaft, sondern dürfte auch die Persönlichkeitsentfaltung der Mitwirkenden eher beeinträchtigen und hat keinen Anspruch auf Toleranz und Diskretion.
Eine formalistische Toleranz, die nicht mehr nach dem Inhalt des zu Tolerierenden fragt, befördert nicht die Humanität, sondern gefährdet sie. (161)

*

Ist der oberste Richtwert die Summe der freien Entscheidungen der Mehrheit der Bevölkerung, so ergibt sich, daß man zukünftig auch auf diese freie Entscheidung (obwohl sie Ausgangspunkt und heiliges Grundprinzip der liberalen Demokratie ist) verzichten muß, wenn die Mehrheit der Wähler diesem Wunsch in freien und geheimen Wahlen durch die Favorisierung einer totalitären Partei Ausdruck verleiht.
Daß es zu einer derartigen Interpretation und Anwendung des Toleranzgebotes kommen kann, hat zwei Ursachen.
Einmal in der überragenden Bedeutung, die dem plebiszitären Prinzip im Befreiungskampf der Menschen und Völker bis zum heutigen Tage zugesprochen wird, und zum anderen in der

Tatsache, daß auch eine totalitäre Partei, solange sie noch um die Macht kämpft, sich an die demokratischen Toleranzregeln halten muß, und es damit allen Gutgläubigen schwermacht, sich ihre zukünftige Unduldsamkeit vorzustellen.
Ohne diese beiden, einem naiven Demokratismus immer innewohnenden Gefahren hätte sich in Deutschland die Machtergreifung der NSDAP niemals ereignen können.
Aus Unwissenheit oder in einer Krisensituation sind Menschen, die durchaus ihr Selbst- und Mitbestimmungsrecht schätzen, imstande, in einem letzten Akt ihres freien Willens für alle Zukunft die Unterwerfung zu wählen. (162)

*

Das Dilemma, in das der freiheitliche Demokratismus geraten mußte und geraten ist, ergab sich, weil seiner Optik der Unterschied zwischen der zu befreienden und der zu disziplinierenden Natur der Menschen und der Umschlag von der einen Aufgabe zur anderen entgeht.
Die entschiedenen Liberalen und Demokraten sind auch dann noch mit leidenschaftlichen Selbstverwirklichungs- und Mitbestimmungsproklamationen und -aktionen beschäftigt, wenn es längst nicht mehr darum geht, das »Selbst« gewähren zu lassen, sondern es zu reglementieren.
Es war – und ist – der Irrtum des Libertinismus (im Hinblick auf das Individuum) und des Demokratismus (im Hinblick auf die Gesellschaft), Selbst-Verwirklichung als Selbst-Enthemmung zu interpretieren und zu praktizieren. (163)

*

Es ist die Suche nach einem verbindlichen Menschenbild, die so vielen Freiheitsgläubigen als Bedrohung der Freiheit erscheint. So finden sich denn die Menschen am Ende ihres Befreiungskampfes auch von allen Werten und Orientierungen befreit und versuchen vergeblich, aus der Freiheit selbst ein Ziel und einen Maßstab zu machen. Vergeblich, weil das Befreitsein von allen

Zwängen nur die Voraussetzung für die nun erst zu leistende Inhaltsbestimmung menschlichen Lebens sein kann.
Wird eine solche Inhaltsbestimmung durch eine zum Selbstzweck erhobene Feiheit verhindert, macht sich das nun ungehindert in den Freiheitsraum eindringende menschliche Selbst, »wie es ist«, zum Inhalt.
Mit dem Resultat, vor dem wir heute stehen: das allgemeine Wertgefüge und Niveau der liberal-demokratischen Gesellschaften ist von der Durchsetzungskraft der elementaren menschlichen Triebe, vom Gewinn- und Machtstreben, vom Wunsch nach immer mehr Bequemlichkeit, Zerstreuung und Betriebsamkeit, vom Drang nach Pseudo-Lebensintensivierung durch Sex- und Crime-Sensationen, von der durchgehenden Unfähigkeit zu Verzichtleistungen und zur Aneignung personaler und geistiger Werte bestimmt. (164)

*

Das Jahr 1933 war keineswegs nur ein deutsches Ereignis, sondern eine allgemeine, das Schicksal der westlichen Demokratien betreffende Vorwarnung. Überall sind potentielle Mehrheiten auf dem Sprung, bei der ersten ernstlichen Krise die Flucht in die totale Ordnung anzutreten.
Soweit die lautstarke Verteidigung dieser und jener Freiheit durch radikale Gruppen nicht ohnehin nur den bewußt angestrebten Zweck hat, den Kollaps des freiheitlich-demokratischen Systems herbeizuführen, weist der außerordentliche Zulauf, den die verschiedenen marxistischen und neomarxistischen Heilsprogramme zu verzeichnen haben, darauf hin, daß die Demokratie einer wachsenden Zahl gerade derer, die sich für ihre entschiedensten Verteidiger halten, nicht etwa zu wenig liberal und zu wenig antiautoritär, sondern ganz im Gegenteil zu unordentlich und undiszipliniert erscheint.
Verzichtet die Gesellschaft auf jede allgemeinverbindliche Orientierung und Weisung und ist der einzelne nicht imstande, sie sich aus eigener Kraft zu geben, wird er die überkommenen Autoritäten nur beseitigen, um sich um so rückhaltloser einer neuen zu unterwerfen.

Das heißt, die ganz auf das Prinzip Freiheit eingeschworene Demokratie schafft durch das Gewährenlassen totalitärer Parteien nicht nur die politische Voraussetzung für eine legale Beseitigung der Freiheit; ihre Wert-, Ordnungs- und Autoritätsfeindlichkeit verursacht auch ein ständig wachsendes, unkontrolliertes Verlangen nach einem Lebens- und Gesellschaftssystem, das endlich und gründlich »Ordnung« herstellt.
Es gibt nur eine Chance, dem vorprogrammierten Umschlag der radikalen Demokratie in eine linke oder rechte Diktatur vorzubeugen. Die Demokratie muß auf ihren demokratischen Radikalismus verzichten und sich entschließen, die Prinzipien Autorität und Ordnung und Disziplin ausdrücklich in ihr Konzept mit hineinzunehmen.
Und sie muß sich entschließen, eine verbindliche Antwort auf die Frage zu geben, was der in den Besitz aller nur denkbaren Lebensgüter gelangte Bürger mit seinem vor Not und Unterdrückung gesicherten Dasein beginnen soll. (165)

*

Das Grundgesetz der BRD spricht in seinem ersten Satz von der Unantastbarkeit der menschlichen Würde.
Dies ist in der Tat jener oberste und allgemeinste Wert, den der Staat gegen alle gesellschaftlichen Interessen, gegen Mehrheitsmeinungen und Mehrheitsbestimmungen zu sichern und zu fördern hätte.
Da der Begriff »Würde« nicht weiter erläutert wird, sondern die Verfassung sogleich dazu übergeht, die zu garantierenden Menschen- und Grundrechte aufzuzählen, entsteht der Eindruck, »Würde« sei nichts weiter als ein anderes Wort für den verbrieften Anspruch des einzelnen, sich in Freiheit entfalten zu können.
Im Begriff »Würde« steckt aber jene anthropologische Dialektik, von der ich glaube, daß sie der demokratischen Emanzipationsphilosophie entgeht.
»Würde« meint keine beliebige, sondern eine humane Daseinsgestaltung; sie ist nur in bezug auf ihre Voraussetzungen ein

Akt der Befreiung, im Hinblick auf ihren Inhalt ist sie ein Akt der Disziplinierung der menschlichen Natur.

Diese andere Seite der Würde ist so unverzichtbar, daß jedes humane Demokratie-Konzept Proklamation und Förderung menschlicher Pflichten und Bindungen genau so zu seiner Aufgabe machen müßte wie die Garantie der Rechte und Freiheiten.

Verzichtet man auf die ausdrückliche Zumutung auch von Menschenpflichten, dann wird die Demokratie zu jenem Lebenssystem, das nicht an den äußersten Möglichkeiten des Menschen ausgerichtet ist, sondern von seinen gewöhnlichsten Bedürfnissen bestimmt wird. (166)

*

Es scheint mir nicht erlaubt, für das unbedingte Primat von Freiheit und Toleranz einzutreten und zugleich den Anschein zu erwecken, daß damit der einzelne und die Gesellschaft auf den höchsten Stand ihrer Möglichkeiten gebracht werden könnten.

Man kann nur das eine oder das andere haben, nicht beides zugleich.

Gibt man sich mit einer bedürfnisorientierten Lebensgestaltung zufrieden, dann genügt es, für die inner- und zwischenmenschliche Harmonisierung der sich auf Grund eigener Antriebsstärke durchsetzenden Wünsche und Interessen zu sorgen. Will man jedoch möglichst viele einzelne Menschen in eine Verfassung bringen, die ihre subtilsten (aber vital schwächsten) Interessen fördern soll, dann muß man sich zu einer Lebensphilosophie des Nicht-Alles-Gewährenlassens bekennen; – einer Lebensphilosophie und einer Politik, der nicht alles gleichgültig ist, sondern die Werte zu setzen und durchzusetzen versucht.

Wenn wir das permanente Zurückbleiben dessen, was man Selbst-Verwirklichung nennt, hinter den tatsächlichen Möglichkeiten menschlicher Selbst-Bestimmung vermeiden wollen, müssen wir bewußt und willentlich das individuelle wie das gesellschaftliche Leben auf ein humanes Modell hin gestalten. Damit entscheiden wir uns keineswegs gegen unsere Natur – nur setzen wir die Prioritäten und lassen sie uns nicht von ihr vorschreiben. (167)

*

Wenn wir festzustellen versuchen, wie der Mensch – zumindest insgeheim – sich wünscht, daß er wäre, so kommen die alten Tugenden und Talente eines besonnenen und beherrschten, geschmacks- und urteilsfähigen, von äußeren Umständen nicht beeindruckbaren, kritischen Situationen, Krankheit, Alter und Tod gelassen entgegensehenden homo sapiens zu Tage.

Für Gesellschaft und Staat ergäbe sich die Aufgabe, es nicht bei der Garantie der individuellen Entfaltungsfreiheit bewenden zu lassen, sondern ein solches inhaltlich bestimmbares Lebensmodell materiell, ideell und institutionell zu fördern.
Das Modell dieses Kulturstaates würde den Vorwurf tragen müssen, auf »Manipulation« aus zu sein, denn eine qualitative Demokratie könnte in der Tat nicht darauf verzichten, alle Möglichkeiten auszuschöpfen, um das für erstrebenswert erachtete Lebensmodell zu propagieren und seine Aneignung zu unterstützen. Wie die Geschichte unserer Zivilisation zeigt, ist der Mensch nicht stark genug, um in einer Umwelt, die vom freien Spiel der Kräfte, von der Begehrlichkeit und von ökonomisch-sozialer Tüchtigkeit geprägt wird, ein wertorientiertes Leben zu führen.
Auch die gesellschaftliche Ordnung müßte also so umgebaut werden, daß in ihr die humane Rangordnung sichtbar würde, und sie nicht gerade das fördert und belohnt, was der einzelne geringschätzen sollte.
Es genügt auch nicht, daß die Schule ein humanes Modell als bloßes Bildungsgut vermittelt; sie müßte es vielmehr zur Grundlage ihres Erziehungsauftrages machen. Erziehung wird erst zur Erziehung, wenn sie Werte einzuprägen und Verhaltensweisen einzuüben versucht. (168)

*

Wenn Toleranz nicht an sich selbst scheitern soll, muß sie sich nach zwei Seiten hin absichern: Gegen die, die ihr zu enge und gegen die, die ihr gar keine Grenzen setzen.
Tut sie dies nicht, werden diejenigen, die ihr vertrauen, entweder das Opfer eines zu lange und zu gutgläubig tolerierten totalitären Programms oder geraten in die Abhängigkeit jener Elemente und Antriebe der Natur und Geschichte, die ebenso stark und legitim wie – von den Entwicklungsmöglichkeiten des Menschen her gesehen – minderwertig sind.
Meint Toleranz Gleichgültigkeit, fordert sie absolute Nichteinmischung, strebt sie das Allesverstehen und Allesverzeihen und Allesgewährenlassen an, zerstört sie den einzelnen wie Gesellschaft und Staat: unmittelbar, indem sie auf wertende, planende und ordnende Herrschaft verzichtet – mittelbar, indem sie dem Totalitarismus die Macht zuspielt. Und letzteres nicht nur, weil sie politisch passiv ist, sondern auch aus psychologischen Gründen.
Es ist nämlich der wertblinde und entscheidungsscheue Libertinismus eine der Hauptursachen für jenes steigende Unbehagen, das viele Menschen auf ihrer vergeblichen Suche nach Werten, nach Ordnung und Autorität schließlich ins Lager linker oder rechter Heilslehren treibt.
Würde die Demokratie sich ein humanes Ordnungsmodell zu eigen machen, setzte sie keine der demokratischen Rechte und Freiheiten außer Kraft, sondern würde damit dem einzelnen behilflich sein, aus diesen Rechten und Freiheiten das Menschenmöglichste für sich und die anderen zu machen.
Sieht sie – was wahrscheinlicher ist – diese Aufgabe nicht, sind ihre Tage angesichts der nun beginnenden Phase des Planen-, Ordnen- und Verzichtenmüssens gezählt.
Schon nach der ersten ernstlichen Krise werden totalitäre Regime aller Schattierungen die Macht ergreifen und für ihre Art von Ordnung sorgen, und wird Toleranz das nostalgische Schüsselwort für ein vielleicht für immer vergangenes Goldenes Zeitalter geworden sein. (169)

*

Wenn heute die allgemeine Stimmung eine Wende zum Konservativen zeigt, zur Skepsis gegenüber dem Drang, unentwegt Veränderungen, neue Wege und neue Ziele anzustreben, so bedeutet dies, daß nunmehr wieder die Frage nach dem, was an menschlichen Gütern bewahrt zu werden lohnt, in den Vordergrund tritt.
In einem historischen Augenblick wie dem gegenwärtigen, in dem der Mensch aus der blinden Geschäftigkeit und aus dem rastlosen Eingespanntsein in wirtschaftliche, soziale und zivilisatorische Automatismen aufgeschreckt wird, bemerkt er plötzlich wieder die Behelfsmäßigkeit, Widersprüchlichkeit, Unsicherheit und Unverständlichkeit des menschlichen Daseins und beginnt nun nach den Dingen zu fragen, die für seine Existenz wirklich wesentlich und wichtig sind.
Meint die »Wendung zu den zu bewahrenden Werten« nicht die Besinnung auf allgemeine Erkenntnis- und Erlebnismöglichkeiten, die für das Leben des Menschen wichtiger sind als andere, sondern meint sie die Zurückbindung an ganz bestimmte Glaubens- und Lebensmaximen, dann haben wir das Modell eines restaurativen Konservativismus vor Augen.
Wer etwa alle Menschen zum christlichen Gottesglauben zurückführen oder die Unauflöslichkeit der Ehe oder das System einer patriarchalischen Familienordnung wieder allgemeinverbindlich machen möchte, müßte sich notwendigerweise totalitär verhalten, da er nur mit Gewalt die äußere Annahme solcher spezifischen Glaubensüberzeugungen und Lebensnormen durchsetzen könnte.
Diese Konsequenz ergibt sich nicht, wenn man sich – um bei den angeführten Beispielen zu bleiben – darauf beschränkt, den für das Dasein des Menschen außerordentlichen Wert einer religiösen oder philosophischen Orientierung wieder ins Licht zu rücken, oder die Tugend der Treue wieder aufzuwerten oder deutlich zu machen, daß irgendein System von Über- und Unterordnung in jeder sozialen Gruppe benötigt wird.
In diesem Fall bleibt die Freiheit der persönlichen Entscheidung für diesen oder jenen Glauben, für diese oder jene Verhaltensweise gewahrt.
Was eine solcherart konservative Haltung verbindlich machen

will, ist eine kategoriale Rangordnung der menschlichen Tugenden und Interessen, und zwar eine Rangordnung, wie sie sich aus der humanen Leistungsfähigkeit der verschiedenen Fähigkeiten, Bedürfnisse und Betätigungsbereiche des Menschen für die Entfaltung und Bewältigung seines persönlichen Daseins von selbst ergibt. (170)

*

Ich versuche, den Komplex »Konservativismus« genauer zu bestimmen.

Wir haben zunächst einmal jene Einstellung, die Ordnung, Stabilität, Sicherheit anstrebt und den Menschen in ein unverrückbares System von Institutionen und Verhaltensvorschriften hineinbinden will, weil sie an seine Fähigkeit, in Freiheit ein menschenwürdiges Leben zu führen, nicht glaubt.

Dieser Konservativismus hat Angst vor jeder Art von Freiheit, er reagiert auf deren Risiken und mögliche Übel mit der Flucht in die Ordnung.

Zu diesem Typ eines reaktionären, die Freiheit fürchtenden Konservativismus gehören linke ebensosehr wie rechte Ordnungssysteme. Nicht etwa nur – wie uns die professionellen Systemveränderer gerne glauben machen möchten – nationalistische und faschistische, sondern auch alle kommunistischen Regime verabscheuen die Freiheit und bauen auf »law and order«.

Es gibt sodann den oben beschriebenen restaurativen Konservativismus, den ich deshalb restaurativ nenne, weil er nicht nur ganz bestimmte, vergangene, historisch überholte Lebensformen, sondern auch Lebensinhalte wiederherstellen will.

Auch er hält wenig von der Freiheit des Individuums, aber nicht deshalb, weil er dadurch die Stabilität und den Fortschritt der gesellschaftlichen Entwicklung gefährdet sieht, sondern weil er dem einzelnen zu seinem eigenen Nutzen das mühevolle und gefährliche Suchen nach Zielen und Werten, die längst gefunden und bekannt sind, ersparen möchte.

Natürlich soll der Mensch sich frei entscheiden, aber zu einer Wahrheit, zu der es irgendeine Alternative gar nicht gibt.

Es zeigt sich also, daß zu einer konservativen Haltung, die nicht – reaktionär oder restaurativ – zum Konservativismus entarten will, die Überzeugung von der Unverzichtbarkeit der Freiheit gehört, und zwar der ganz konkreten Freiheit, ein kollektiv nicht vorgegebenes individuelles Glaubens- und Lebensmodell zu verwirklichen. (171)

*

Eine sich durch Mehrheitsentscheidungen selbstregulierende Gesellschaft ist so gut oder so schlecht, so reif oder so unreif, wie die Mehrzahl der sie bildenden Individuen.
Es ist falsch und selbstbetrügerisch, vom zivilisierten Zustand einer Gesellschaftsordnung auf die entsprechende humane Verfassung ihrer Angehörigen zu schließen.
Wahrscheinlich ist dieser Grundirrtum dafür verantwortlich, daß alle linken (und rechten) Humanisten, die endlich Ordnung in die menschlichen Dinge bringen wollen, so selbstgefällig sind und ihre menschheitserlösende Aufgabe für beendet halten, sobald sie eine in ihren Augen perfekte Verfassung, Wirtschafts- und Sozialordnung auf den Tisch gelegt haben.
Beim Ausbleiben von wirklicher Erziehung findet gerade bei wachsendem Wohlstand und wachsender Emanzipation lediglich ein stetiges Umsichgreifen unreifer Haltungen statt.
Die Menschen werden immer unlustiger, sich irgendwelchen Mühen zu unterziehen, sich irgend etwas von irgend jemand sagen zu lassen, geben den jeweils stärksten Bedürfnissen nach und greifen zu den nächstliegenden Zerstreuungen.
Anders gesagt: je besser alle materiellen und sozialen Probleme gelöst sind, um so länger dauert die Kindheitsphase. Bis sie schließlich alle Lebensalter prägt.
Hang zur Bequemlichkeit heißt natürlich auch Bedürfnis nach Ruhe und Frieden. In diesem begrenzten (und durchaus nicht unwesentlichen) Sinn bringt die Wohlstandsgesellschaft auch ein Wachstum an Humanität.
Aber es ist eine ganz passive Humanität, die keiner ernsthaften Belastung standhält. Jede größere Unsicherheit und Unbequemlichkeit wirft den Menschen aus der Bahn, stürzt ihn in Ängste, aktiviert seine Aggressivität. (172)

*

In allen archaischen und frühen Gesellschaften und in den alten Kulturen, in denen die große Mehrheit ständig in Not und Sorgen lebte, haben die Menschen starke spirituelle Bedürfnisse und Fähigkeiten entwickelt.
Sie waren zu Verzicht- und Disziplinierungsleistungen gezwungen und mußten ihrer bedrohten Existenz einen Sinn außerhalb angenehmer Lebensumstände suchen.
Wenn die Aufklärer glaubten und noch glauben, daß es Illusionen waren, mit deren Hilfe die Menschen ihr Elend kompensieren mußten, so beschreiben sie – verächtlich, aber zutreffend – den Mechanismus dieser Verinnerlichung. Sie übersehen aber, daß das »Wie« des Zustandekommens gar nichts an der außerordentlichen Tatsache ändert, daß die Menschen schon sehr früh ihr Talent entdeckten, sich von äußeren Umständen unabhängig zu machen und Befriedigung in immateriellen Aktivitäten zu finden.
Der bekannte Satz von Marx, daß »Religion das Opium des Volkes« sei, ist eine der dümmsten, menschen- und geistfeindlichsten Thesen der Menschheitsgeschichte.
Es ist ganz unwichtig, ob diese oder jene Religion wirklich etwas über »jenseitige« Dinge zu sagen weiß. Entscheidend war allein, daß der Mensch mit Mythos und Religion aus der Unzumutbarkeit seines kurzen irdischen Daseins ausbrach und es ihm gelang, an einen dieses Dasein übergreifenden und erträglich machenden Zusammenhang zu glauben.
Wenn heute etwas »Opium des Volkes« genannt zu werden verdient, dann die keiner metaphysischen Vision mehr fähige Weltgläubigkeit. (173)

*

Der vorneuzeitliche Mensch wurde mit der Rätselhaftigkeit und der Bedrohlichkeit der Welt und seiner eigenen Hinfälligkeit unmittelbar konfrontiert. Er war der Natur ausgeliefert und konnte seiner Angst nur Herr werden, indem seine Vorstellungskraft die erlittene Realität in eine von überirdischen Mächten durchwaltete Wirklichkeit einordnete, in der auch sein Schicksal und sein Ende aufgehoben waren.

Das Zeitalter der tatsächlichen oder vermeintlichen Beherrschung der Natur durch den Menschen hat den Weg der unmittelbaren Erfahrung des Ausgeliefertseins versperrt.
Was die Aufklärung triumphierend als Ende aller Illusionen feierte und wofür die Wissenschaft und Technik dann den Beweis antraten: daß die Natur von Gesetzen bestimmt wird, die durchschaubar und nützbar sind, hat die Fähigkeit des Menschen, seine wahre Situation zu begreifen, nicht etwa gestärkt, sondern geschwächt.
Die Natur als unverständliche Drohung ist eine immer zutreffende Chiffre für das Wesen der Wirklichkeit. Die Welt als vollständig aufklär- und verfügbarer Kausalnexus ist ein ganz unzutreffendes (und wahrhaft illusionistisches) Lösungsversprechen.
Je besser eine Gesellschaft mit ihren zivilisatorischen, technischen, wirtschaftlichen, sozialen Problemen fertig wird, um so nachdrücklicher muß sie dafür sorgen, daß die Menschen nicht bequem, blind und dumm werden. (174)

*

VII. WAS UNS TRÄGT, IST NICHT VERFÜGBAR

Die »letzten hundert Jahre«.
Wer käme angesichts der Gewißheit, daß es sehr bald keine Menschen mehr geben wird, sondern nur noch die Berge und Flüsse und Meere, die Pflanzen und Tiere und die Sterne, nicht auf den Gedanken, nun nach jenen Elementen des Evolutionsproduktes Mensch zu fragen, die seinen Untergang überstehen könnten, weil sie tieferen oder höheren, vor- oder »über«-menschlichen Schichten der Wirklichkeit angehören?
Wie Jahrhunderttausende lang wird sich nach einem kurzen Zwischenspiel des Blind- und Taubgewordenseins wieder das Bedürfnis einstellen, nach Erkenntnis und Erfahrung metaphysischer Zusammenhänge zu suchen und der Sicherstellung der physischen Lebensbedingungen nur soviel Aufmerksamkeit zu schenken als nötig ist, sie nicht zur alles verdrängenden Sorge werden zu lassen.
Da mein vorgestellter kosmischer Eingriff nicht im mindesten eine ganz neue und spektakuläre Lage schafft, sondern tatsächlich jeder Mensch zu jeder Zeit nur noch 50 oder 40 oder 30 oder 20 Jahre bis zu seinem ganz persönlichen Weltuntergang vor sich hat, gilt der Vorrang der Metaphysik heute wie gestern und morgen.
Jeder Mensch hat immer nur seine Zukunft. Wenn er sich nur als Homo faber begreift, hat er gar keine Zukunft. Soweit er in die Zeiten, die vor seiner Geburt liegen, zurückblickt, findet er sich dort nicht vor. Soweit er sich den Fortgang der menschlichen Dinge nach seinem Tode vorzustellen vermag: er wird ihn nicht erleben.
Wenn er eine Heimat hat, kann sie nur im Transzendenten liegen. (175)

*

Bewußtsein im rationalistischen Sinn ist totale Immanenz, der Punkt der äußersten Entfernung von der Wahrheit, da hier die totale Identifikation mit dem So-sein stattfindet.

Ich habe immer vermutet, daß die Steine und die Pflanzen und die Tiere der Wahrheit näher sind als die Menschen.
Der Mensch klebt mit seinem Intellekt an den Phänomenen; er ist ihr Gefangener.
Erst die Spiritualität – die Transzendierung des Denkens durch das Denken oder durch die Empfindung – macht den dumm gewordenen Geist wieder sehend.
Hier liegt die metaphysische Bedeutung der Naturerfahrung. Das Bewußtsein wird wieder in eine unmittelbare Beziehung zu den »von Haus aus« unverstört mit dem Seinsgrund korrespondierenden Dingen gesetzt.
Wenn der Intellekt auf die Natur trifft, entsteht die Naturwissenschaft. Die Natur wird reduziert auf das, was sich an ihr rational erfassen und technisch verwerten läßt.
Wenn der Geist (Bewußtsein aus der Totalität der menschlichen Existenz heraus) auf die Natur trifft, entsteht Naturfrömmigkeit. Die Natur ist Medium der Transzendenz.
Steine, Pflanzen und Tiere sind, was sie sind: Kristallisationspunkte eines immateriellen, aus dem Nichts ins Nichts fließenden Prozesses.
Wer sich der Natur überläßt, ist gerettet. Das Überdauernde und das Verborgene fangen ihn auf.
Etwas ganz anderes ist es, sich seinen Sinnen zu überlassen. Das ist reiner Immanentismus. Der Mensch, dem seine sinnlichen Erfahrungen nicht zur Brücke, sondern zum Gefängnis werden.
Auch der Verstand ist ein Sinnesorgan.
Aber nur, indem er sich – in der Paradoxie, im Absurden – selbst aufhebt, stößt er an das Geheimnis der Welt.
Für das Gemüt (als Inbegriff aller emotionalen Erfahrungen) ist die Natur die Brücke zum Verborgenen. Für den Intellekt (als Inbegriff aller rationellen Einsichten) die Ordnung des Kosmos.
Der Mensch, der keinen Sinn mehr für die metaphysischen und ästhetischen Dimensionen der Wirklichkeit hat, ist gezwungen, Sicherheit und Erlösung im Politischen, im Aufklär- und Verfügbaren zu suchen. (176)

*

Das Wissen des Wißbaren ist Sache der Wissenschaft. Das Wissen des Machbaren ist Sache der Technik und der Politik. Das Wissen des Nichtwißbaren und Nichtmachbaren ist Sache der Dichtung, Kunst, der Philosophie und der Religion.
Alle Macht den Philosophen?
Um Himmels willen nein!
Aber auf der obersten Plattform der Pyramide menschlicher Leitbilder sollten, allen sichtbar, in der Tat die Philosophen, die Dichter und Seher, die Weisen und die Propheten sitzen, nicht die Generaldirektoren und die Filmstars und auch nicht die (wenn sie nur dies sind) Nobelpreisträger für Physik und Chemie.
Anstatt vom Nicht-Aufklärbaren oder Nicht-Wißbaren kann man auch vom »Geheimnis« sprechen. Etwas für nicht aufklärbar halten, ist eine nüchterne Feststellung. Etwas für ein »Geheimnis« halten, ist ein Versprechen: daß sich im Nicht-Aufklärbaren die Lösung und Erlösung verbirgt.
Die Menschen unserer Tage haben vergessen, daß sie in einer geheimnisvollen, durch und durch phantastischen Welt leben.
Der präpotente Faktizismus des politischen wie des wissenschaftlichen Denkens verengt das Beziehungssystem, in dem der einzelne existiert, auf einen ganz schmalen und vordergründigen Bereich.
Die üblich gewordene kaltschnäuzig-zynische oder sentimental-moralisierende Sachlichkeit, mit der die heutige Avantgarde in Staat, Wissenschaft und Kunst das Leben, »wie es ist« präsentiert, verleiht den technischen und sozialen Aspekten einen Wirklichkeitsgrad und Wirklichkeitswert, der ihnen nicht zukommt.
Nur soweit es dem einzelnen gelingt, sich aus dem Bann dieses Faktizismus zu lösen, kann es für ihn einen Fortschritt seiner Einsichts- und Empfindungsfähigkeiten und einen Zuwachs an Haltung geben. Auch das pragmatischste Tun, auch der rationalste Erkenntnisakt werfen einen irrationalen Schatten und sind nur für denjenigen eindeutig, dessen Begreifen und Bezeichnen und Deuten an dem hängenbleibt, was sich greifen läßt. (177)

*

Ich bin nicht sicher, ob die sogenannten Offenbarungsreligionen – Judentum, Christentum, Islam – den modernen Säkularismus hervorgebracht haben (wahrscheinlich wäre er auch unter anderen Bedingungen fällig gewesen), aber sie haben mit ihm die Überzeugung gemein, daß das Geheimnis schließlich doch offenbar wird.

Die Aufklärung erfolgt entweder durch eine Mitteilung und Tat Gottes (Moses, Christus, Mohammed) oder durch die Anstrengung des Menschen selbst (Rationalismus).

In allen Aufklärungs- und Emanzipationsphilosophien steckt der alttestamentarische Enthusiasmus: wir werden schließlich herausbekommen, was Gott meint und will.

Das Aufklären und Aufgeklärtwerden hat im Verständnis eines (religiösen oder materialistischen) Offenbarungsgläubigen den Charakter der eigentlichen Bestimmung des Menschen.

Etwas aufklären, beleuchten, aus dem Dunkeln und Unbestimmten an den Tag bringen, gilt als eine der höchsten Tugenden.

Man könnte dieses Ethos das »Ethos der Indiskretion« nennen.

Es ist das beherrschende Ethos unserer Tage.

Die Philosophie hat endgültig alles Diskrete (Dunkle, Unbestimmte, Verschwiegene) ausgeschieden und sich in die Wissenschaft hinein aufgelöst.

Der Demokratismus setzt seinen Solz darein, alles »transparent« zu machen, und der Liberalismus sucht verbissen nach allerletzten Tabus, die noch enthüllt werden könnten.

Der Psychologismus hat unsere Hemmungen beseitigt. Die Menschen gefallen sich im Nacktsein. Sie halten ein exhibitionistisches Verhalten für den Höhepunkt der Wahrhaftigkeit.

Alles muß beleuchtet, ausgeleuchtet werden, offen liegen, öffentlich werden.

Im Gefolge einer hemmungs- und rücksichtslos gewordenen Neugier, deren Prototyp der Sensationsjournalismus ist, hat sich im Laufe des letzten Jahrzehnts die Vorstellung durchgesetzt, daß es eine hochmoralische Tat ist, jedermann seine »Geheimnisse« zu entreißen. Neugier, Voyeurtum und Sensationslust

gab es immer schon. Neu ist, daß auch diese menschlichen Schwächen nun zu Tugenden avanciert sind.
Aber die radikale Indiskretion ist eine unvermeidliche Begleiterscheinung der radikalen Aufklärung, der radikalen Emanzipation und der radikalen Demokratie.
Jene Teile der (prinzipiell aufklärbaren) Wirklichkeit, die dem Offenbarwerden und der Veröffentlichung entzogen sein wollen, repräsentieren Charakter und Funktion auch »des« Geheimnisses. Nur wer davon überzeugt ist, daß uns die letzte Wahrheit immer verborgen bleibt, wird es für selbstverständlich halten, daß es auch vorletzte Wahrheiten gibt, die diskret zu behandeln sind.
Im Schweigen und Verschweigen, im Verhüllen und Verhülltseinlassen muß nicht, aber kann sich die Einsicht bemerkbar machen, daß verborgene Tatsachen, die man aufdeckt, um sie dem Licht des Tages preiszugeben, ihre Wahrheit einbüßen.

Ganz unbeschädigt zu Tage und auf den Markt fördern kann man nur naturwissenschaftliche Fakten.
Was von allen anderen Dingen, insbesondere den menschlichen, aufgedeckt werden kann, sind nur halbe oder viertel Wahrheiten. Serviert man sie als ganze Wahrheiten, sind es ganze Lügen.
Indiskretion bekommt das, was sie sucht, gar nicht in den Blick.

(178)

*

Wer die Wahrheit für verborgen hält, gestattet auch seinem Gegner, Haltung zu bewahren. Er verlangt von seinen Anhängern nichts, was sie zu Mördern oder Sadisten machen könnte.
Die großen Lehrer streiten für ihre Überzeugung, aber sie errichten keine Dogmensysteme. Ihre Lehren bleiben offen, weil sie wissen, daß es eine erkennbare absolute Lösung nicht gibt.
Der Typus des progressiven Intellektuellen gehört zumeist zur totalitären Kategorie. Um radikal sein zu können, glaubt er an die absolute Gültigkeit seiner Doktrin. An die Stelle richtiger Haltung tritt das richtige Bekenntnis.

Das, was jemand zu glauben glaubt, nicht das, was er läßt und tut, wird zur höchsten moralischen Kategorie.
Der Glaube an die Verborgenheit der Wahrheit kann, eben weil sich die Wahrheit in keinem Lehrsatz fassen läßt, nur in einer bestimmten Haltung ausgedrückt werden.
Der Rang des Menschen zeigt sich in seiner Haltung, nicht in seinen Glaubensüberzeugungen. Haltung – Selbstbeherrschung, Mut, Fairneß, Geduld und Duldsamkeit, Diskretion – haben nur Menschen, bei denen es keine radikale und fanatische Bindung an irgendeinen Glauben gibt. (179)

*

Der heute herrschende Sexismus ist ein besonders eindrucksvolles Beispiel dafür, daß Humanität im Verzicht auf radikale Aufklärung und Offenlegung besteht. Was der Indiskrete zu sehen bekommt und zur öffentlichen Betrachtung freigibt, macht alle Beteiligten (den Überführten, den Überführer und das Publikum) nicht einsichtsvoller und empfindungsreicher, sondern dümmer und gemeiner.
Auch dann, wenn der Mensch längst das Geheimnis der Sexualität kennt (oder zu kennen glaubt), sucht er immer wieder das Verhüllte, bemüht er sich verzweifelt, den Vorhang wieder zuzuziehen.
Das Verhülltbleiben sexueller Vorgänge muß nicht Heuchelei und Prüderie und Verdrängung, sondern kann Zeichen der Schutzbedürftigkeit der bei der Enthüllung nicht sichtbar werdenden inneren Zusammenhänge sein.
Das Feigenblatt muß nicht bedeuten, daß man sich den Menschen geschlechtslos vorstellt oder wünscht, sondern läßt sich auch als Hinweis auf die Bindung menschlicher Geschlechtlichkeit an Seele und Geist verstehen.
Die konventionellste Liebesgeschichte ist der Wahrheit näher als jede Pornografie, da sie die Bedeutung der psychischen Begleitumstände jeder körperlichen Beziehung zwischen zwei Menschen richtiger wiedergibt.
Auch der nackte Mensch ist schön, wenn man ihn als Ganzen, nicht in der Perspektive einer Peep-Show sieht. Die Verengung

des Blickes auf die Genitalzone ergibt kein wahrhaftiges, sondern ein falsches Menschenbild.
Natürlich gab es (und gibt es noch) den Versuch, Sexualität zu leugnen und zu unterdrücken. Heute jedoch müßte Freud seine Lehre umschreiben, denn nun verdrängt ein aufdringlich ins Zentrum der Wahrheits- und Glückssuche gerückter Sexismus jedes Bedürfnis nach Zärtlichkeit, Eros, Liebe.
Kein Mensch will nur Sexgespiele, Mittel zur Abführung von Triebenergien sein, sondern als körperlich-seelisch-geistige Totalität begehrt, gebraucht, umarmt werden. (180)

*

Auch die nackte Haut, der unbekleidete Leib, ist für den Sensibilisierten eine Hülle, die das Geheimnis des anderen verbirgt. Versucht man einem Menschen die Haut abzuziehen, um hinter sein Geheimnis zu kommen, bringt man ihn um. Und der Tote nimmt sein Geheimnis mit.
Läßt man den Film rückwärts laufen, zeigt er, wie ein skalpierter Körper mit seiner Haut auch seine Geheimnisse wieder anzieht. Genau so, wie er, wenn er nun seine Nacktheit verbirgt und sich bekleidet, zu verstehen gibt, daß er Distanz und Zurückhaltung braucht, um menschenwürdig leben zu können.
Alle sogenannten Tatsachen verhüllen mehr, als sie offenbaren.
Tatsachen als Verhüllungen zu sehen und zu respektieren, und Hüllen als Hinweise auf das immer wieder entweichende Geheimnis zu begreifen, würde ich einsichtig und weise nennen.
Aufklärung findet immer wieder nur eine neue Oberfläche, einen neuen Schatten des Schattens.
Wenn der Mensch nirgendwo auf Kräfte und Zusammenhänge trifft, die er als seinem Zugriff (zunächst oder überhaupt) entzogen erlebt, wird sich in ihm nur schwer der Sinn für die Verborgenheit der Wahrheit und das Bedürfnis nach Diskretion einstellen.
Wer begriffen hat, daß alle Dinge und Vorgänge von der Wahrheit zeugen, aber nicht die Wahrheit sind, lebt in der Wahrheit. Wer glaubt, daß das, was Erfahrung und Vernunft in

den Griff bekommen, die Wahrheit sei, lebt in der Täuschung.
Weil die Wahrheit uns immer verborgen bleibt, hören wir auf, sie im Sichtbaren, Berechenbaren und Verstehbaren zu suchen.
Wir sind ein für allemal gefeit gegen die Versuchung, irgendeine begrifflich faßbare Erkenntnis, irgendein artikulierbares Rezept für absolut zu halten.
Die verborgene, nicht zu unserer Verfügung stehende Wahrheit ist die Garantie der Offenheit und der Freiheit unseres Denkens und Lebens – und macht verständlich, daß wir immer wieder irren und immer wieder versagen. (181)

*

Wenn die Schule die Aufgabe hat, dem heranwachsenden Menschen Kenntnisse über alle Lebensbereiche zu verschaffen, gehört dazu natürlich auch die Sexualität.
Das rationalistische Ethos der Aufklärung verlangt »Sachlichkeit«. Also versucht die progressive Pädagogik, dem Schüler nüchtern und forsch die Fakten zu präsentieren. Ein paar Kapitel aus der Genetik, der Anatomie und Physiologie werden ihm an die Hand gegeben.
Er erfährt nichts Unrichtiges, aber er erfährt das sachlich Zutreffende in der falschen Weise, nämlich herausgelöst aus dem physisch-psychisch-geistigen Gesamtzusammenhang, in dem die Sexualität im lebenden Menschen in Erscheinung tritt.
Die Schule ist keine Universität. Sie soll nicht Medizinstudenten mit den nötigen Kenntnissen ausstatten, sondern jungen Menschen helfen, erwachsen zu werden.
Die biologischen Fakten dürfen nicht verschwiegen, aber sie müssen bei der Erörterung der Sexualität sogleich mit den emotionalen, moralischen und ideellen Bedingungen und Möglichkeiten gelebten menschlichen Lebens verbunden werden, wenn sie die Wirklichkeit wiedergeben und dem Heranwachsenden helfen sollen, die Problematik seiner eigenen Sexualität zu verstehen.
Im übrigen konnte das Konzept einer »nüchternen« Sexualaufklärung und Sexualbetätigung in die Schulen nur eindringen, weil es sich zuvor dank dem Einsatz aller erklärten »Humani-

sten« in der ganzen liberal-demokratischen Hemisphäre durchgesetzt hatte.
Sexualaufklärung ist als eigener Unterricht unsinnig und auch im Rahmen des Biologieunterrichts falsch angesiedelt.
Ihren Platz hätte sie in einer Menschen- und Lebenskunde, die die biologischen Aspekte der menschlichen Natur zugleich mit ihren seelischen und geistigen Bedürfnissen ins Licht rückt. (182)

*

Was damals, als der große Aufstand gegen Prüderie, Heuchelei und Unterdrückung begann, mit uns und durch uns in Gang gesetzt wurde, war der exemplarische Fall einer Grenzüberschreitung.
Wir verpaßten den Punkt, an dem die Kampagne nicht ein Ende, aber eine neue Wendung hätte nehmen müssen, weil der sexualaufklärerische Aktivismus sich verselbständigt hatte, und die Frage, von wo an die Freisetzung der Sexualität den Menschen nicht frei, sondern abhängig macht, in Vergessenheit geriet.
Aus dem berechtigten Kampf gegen sexuelle Vorurteile, gegen Zensur, gegen die Diffamierung und Unterdrückung von Minderheiten wurde die Wegbereitung eines ordinären, brutalen und inzwischen total vermarkteten Sexualismus.
Wenn man die heutigen Progressisten vom »Bumsen« reden hört, so ist das, worüber sie betont rüde und lässig diskutieren, die gleiche widerwärtige Angelegenheit, die die manichäischen und prüden Jahrhunderte in die Niederungen des menschlichen Lebens verbannt haben.
Der Sexismus der Rüden entspringt der gleichen inhumanen Einstellung wie der Anti-Sexualismus der Prüden. Beide halten die Triebbedürfnisse des Menschen für bloße Biologie.
Das, was den Menschen deformiert, ist nicht die Verdrängung der Sexualität in dem einen, die demonstrative Offenlegung im anderen Fall, sondern ihre Abspaltung von der körperlich-seelisch-geistigen Totalität der menschlichen Natur.
Seele und Geist sind es, die den Sexus zu Eros und Liebe verwandeln, Vernunft und Wille sind es, die ihm Grenzen setzen, die verhindern, daß aus Sexualität rücksichtslose Ent-

hemmung, aus Eros und Liebe schwärmerisches Zerfließen wird.
Aus sich selbst heraus bringen Aufklärung und Emanzipation auch auf diesem Felde kein Mehr an menschlicher Reife hervor, sondern kippen ins Zerstörerische um. Die Bejahung der Sexualität ist eine Gefährdung, wenn der einzelne, der sie auslebt, ansonsten unreif bleibt. Nur die Entfaltung seiner gesamten Trieb- und Gefühlsanlagen ergibt ein Liebesleben, das ihn wirklich befreit.
Sexualität spielt in der Liebe manchmal die Hauptrolle, manchmal eine Nebenrolle, manchmal gar keine Rolle.
Romeo und Julia, Hero und Leander, Tristan und Isolde, – alle Liebespaare der Legende, Geschichte und Literatur wären wie Hans und Grete, von deren Dramen wir täglich in der Zeitung lesen, lächerliche Figuren, wenn Liebe nur eine Umschreibung für den Sexualtrieb wäre.
Natürlich ist es wahr, daß Menschen zusammen ins Bett gehen, um daran Vergnügen zu haben; natürlich ist es wahr, daß der Versuch, dies zu verdrängen oder zu verheimlichen, fehlschlagen muß. Und es ist auch wahr, daß unbefangene Sexualität weder unmoralisch noch abstoßend ist.
Aber diese Wahrheit ist nur eine Teilwahrheit, weil sie unterschlägt, daß es beim Menschen den von allen nichtsexuellen Empfindungen, Vorstellungen, Gedanken abgelösten reinen Sexualakt nicht gibt, daß er vielmehr Teil eines die ganze Existenz des Menschen umfassenden und prägenden Vorganges ist; so vielschichtig und vertrackt, daß er im Einzelfall gar nicht durchschaut werden kann.
Erst auf dem Umweg über die vermeintlich wissenschaftliche Entdeckung der totalen sexuellen Bestimmung des Menschen werden die Menschen sexualisiert; bemühen sie sich angestrengt (um wahrhaftig zu sein), der sexistischen Theorie durch eine forcierte sexistische Praxis die Beweise nachzuliefern.
Es gibt die ungeheure Flut der Aufklärungsliteratur und der pornografischen Publikationen nicht deshalb, weil die Menschen immer schon schiere Geilheit gewesen sind, sondern weil ihnen diese Geilheit als fortschrittlich und »wissenschaftlich bewiesen« eingeredet wird.

Die bloße Fertigkeit, den Geschlechtsakt zu vollziehen, erklärt nicht einmal die besonderen Bindungen und Beziehungen zwischen einem Zuhälter und seiner Favoritin.
Man muß viel Druck auf den Menschen ausüben, bevor man ihn dazu bringt, sich wie ein Sexbesessener zu verhalten, den Tag und Nacht nur dies eine und sonst nichts interessiert. (183)

*

Mitleiden und Freundlichkeit, Duldsamkeit und Zuwendung werden zuverlässig nur vom Gefühl getragen, nicht von irgendwelchen Vernunftgründen. Wer versäumt, diese Basis zu akzeptieren, dem helfen Appelle an die Vernunft gar nichts.
Die banale Tatsache, daß Leben vor allem anderen Er-Leben (und nicht Reflexion oder Kalkulation) ist, weist darauf hin, daß die Verwurzelung aller Erscheinungen der Kultur im Bios auf keiner Stufe gelöst wird, ihre Ziele und Inhalte lediglich in ein neues, nicht-naturalistisches Bezugssystem gehoben werden.
Wir stoßen auch beim Menschen auf einen Grundzug allen Lebens, nämlich den Gegensatz und die Spannung zwischen den verschiedenen Antriebskräften, die zur äußersten Entfaltung drängen und den regulativen Formprinzipien, die die Anarchie und damit die Selbstzerstörung des Lebens verhindern.
Das Leben muß sich auf allen Stufen immer auf mittleren Werten einpendeln, weil es sich nur so zugleich entfalten und erhalten kann. (184)

*

Das Verlangen nach Lebensintensität kann so leidenschaftlich sein, daß es weder Schmerz noch Tod fürchtet.
Verbinden sich Lebens- und Erlebensdurst mit der Imaginationsfähigkeit des Menschen, dann entstehen die Künste und die Literatur.
Imagination ist das Talent, unabhängig vom gerade gegebenen Sein in der Fantasie beliebige Gegenstände und Situationen aufzubauen, die auch, ohne »real« zu sein, die diesen Dingen und Situationen entsprechenden Erlebnisse auslösen.

Wenn der Mensch solche Fantasieprodukte auf einer Leinwand wiedergibt oder in einer Geschichte schildert, geht von diesen Fiktionen eine ähnliche Wirkung aus, stellen sich für den Betrachter – jedenfalls soweit und solange die Identifizierung stattfindet – die gleichen Erlebnisse ein, wie wenn es sich um eine reale Begegnung handeln würde.

In Kunst und Literatur schafft sich der Mensch ein Reservoir von Erlebnismöglichkeiten, auf das er jederzeit zurückgreifen kann.

Er macht sich damit nicht nur unabhängig vom zufälligen und zumeist dürftigen Erlebnisangebot seiner realen Existenz, sondern ist imstande, auf dem Umweg über Kunst und Literatur seine Erlebnisfähigkeit bis zu jenem Grad zu steigern und zu differenzieren, den der Künstler in seinem Kunstwerk erreicht hat.

Am Liebes- oder am Naturerlebnis des Kulturmenschen ist immer auch seine Bildung beteiligt.

Hier liegt übrigens der Grund für die Legitimität nicht nur, sondern für die Unersetzbarkeit der gegenständlichen Kunst und der »naturalistischen« Literatur.

Alle in der Begegnung mit den Dingen der Wirklichkeit begründeten Erlebnisse lassen sich nur durch erkennbare Reproduktionen dieser wirklichen Dinge auslösen.

Auch philosophische und religiöse Begriffe lösen Erlebnisse aus, aber nur dann und nur so weit, als sie beim Hörer oder Leser konkrete Wirklichkeitserfahrung artikulieren und aktivieren. Das ewige Sein, Gott, der Weltgeist, Zeit und Ewigkeit, das Wahre, das Gute, das Heilige – all diese Worte finden nur ein Echo, wenn sie an Erfahrungen erinnern, denen man diese Namen gegeben hat. (185)

*

Wenn man nicht nur alle Erlebnismöglichkeiten bewahren, sondern dem einzelnen Individuum auch ihre unerläßliche Steuerung sichern will, ist zweierlei vonnöten: ein Standpunkt außerhalb aller Lebens- und Erlebensabläufe und eine Wertordnung, die Entscheidungen erlaubt.

Weder im bloßen Gewährenlassen noch im Verdrängen, sondern einzig und allein in der abwägenden Reglementierung der verschiedenen Bedürfnisse läßt sich ein Zustand der einzelmenschlichen Empfindungs- und Bewußtseinsfähigkeit erhalten, der eine optimale Verwirklichung aller dieser Daseinselemente möglich macht.

Erlebnisfähig im vollen Sinn bleibe ich nur dann, wenn kein Erlebnis meiner Wachsamkeit und Lenkung entgleitet. Ich muß es einerseits geschehen lassen, andererseits steuern – wenn nötig aufhalten, umlenken können.

Etwas überwachen, lenken, gestalten im Hinblick auf einen Gesamtzusammenhang kann ich aber nur, wenn ich Werte und Prioritäten setze, wenn ich einen Maßstab und ein Modell habe, auf das hin ich mein Leben reguliere.

Dieses Bild vom Menschen kann unbewußt sein, geprägt von kulturellen und sozialen Konventionen; es kann bewußt sein und sehr spezifische, von den allgemeinen Konventionen abweichende Züge tragen. In jedem Fall liefert es die Form, die die vielen und widersprüchlichen Antriebe bremst, umleitet, zusammenführt oder trennt.

Erst das Zusammenwirken von Erlebnisbereitschaft und Erlebnisfähigkeit auf der einen, und einem an einem vorgegebenen Menschenbild orientierten Gestaltungswillen auf der anderen Seite läßt das entstehen, was man die Gefühlskultur eines Individuums nennen könnte, und was der Begriff »Gemüt« meint.

Gemütsbindungen entstehen, wenn Spontaneität und Besonnenheit zusammentreffen.

Das, was in vitalen Antrieben wurzelnd zum sofortigen und totalen Ausleben und Erleben drängt, wird – ehe es noch vom Menschen ganz Besitz ergreift – in Beziehung zu anderen Bedürfnissen, Interessen und Zielen gesetzt.

Dieser Vorgang ist nur in kurzen Phasen und für Augenblicke ein Bewußtseins- und Willensakt; der Raster, der die Emotionen filtert, mäßigt und einer Bewertung unterwirft, wirkt vielmehr wie eine zweite Natur des Menschen, nämlich selbsttätig. Er ist, soweit überhaupt vorhanden, durch Umwelt und Erziehung vorgeprägt.

Die Gesamtstruktur einer gemüthaften Haltung läßt sich gut am Beispiel der Heimatliebe verdeutlichen.
Ihre biologisch tiefste Verwurzelung liegt zweifellos im Erlebnis der Natur als der Umwelt, die Schutz und Sicherheit bietet, weil man sie kennt, weil man in sie hineingeboren und in ihr aufgewachsen ist.
Funktioniert der ideelle Raster, bildet sich auf dieser elementaren Grundlage eine bewußte Anhänglichkeit und Treue zur Heimat aus, die – ohne auf ihren Schutz noch wirklich angewiesen zu sein – aus der aufrecht erhaltenen realen Beziehung oder aus der erinnernden Rückwendung stabilisierende emotionale und auch moralische Kraft zieht.
Wird das Heimaterlebnis überwertig, entstehen Heimattümelei, Provinzialismus und Nationalismus, das heißt Haltungen, die sich einer partiellen Triebbefriedigung ganz überlassen und die Überwertigkeit dann durch einen ideologischen Überbau sowohl rechtfertigen als auch weiter steigern. (186)

*

Der Mensch ist immer auf der Suche nach existentiellen, ihn gegen die Anforderungen der Welt und schließlich gegen die Vergänglichkeit aller Dinge absichernden Bindungen; er sucht Bindungserlebnisse: in der Natur, in der Familie, in der Volks- und Gesinnungsgemeinschaft, in der Freundschaft und in der Liebe.
Er wehrt sich gegen den Verlust der Kontinuität und Identität seines Lebens durch ständig neue und wechselnde Reize und Beziehungen.
Da aber sein Leben ohne die Mannigfaltigkeit und Mobilität aller sinnlichen, seelischen und geistigen Talente ungelebt bliebe, muß er unentwegt ein Gleichgewicht zwischen Spontaneität und Beständigkeit, zwischen Wandelbarkeit und Treue herzustellen versuchen.
Dieser Balanceakt ist nur durchzustehen, wenn der Mensch eine humane Rangordnung verinnerlicht hat, also – ohne immer wieder neu darüber nachdenken und entscheiden zu müssen – alle Elemente seiner Natur ihren verschiedenen Funktionen und Wertigkeiten gemäß zum Zuge kommen läßt.

Gerade diese innere Koordinationsfähigkeit scheint beim neuzeitlichen Menschen besonders mangelhaft ausgebildet oder gestört zu sein. Charakteristisch für die Epoche ist ein Gefühlsdefizit, ein erschreckender Mangel an Gemütswerten.

An diesem Ergebnis einer unumschränkten Vorherrschaft rationalistischer und intellektualistischer Haltungen und Werte hat auch die Befreiung und Legitimierung des Trieblebens nichts korrigiert. Im Gegenteil.

Das Liebeserlebnis wird vom Sexualismus ebenso entwertet und zerstört wie von einer zum Programm erhobenen Vernünftigkeit und Sachlichkeit. Nicht minder vom Zeitgeist verpönt ist das Erlebnis der Natur, der Kunst, der Religion.

Zugelassen ist nur der blasierte Genuß vielfältig durchreflektierter, rational aufgearbeiteter Bedürfnisse.

Verlangt wird der totale Verzicht auf Naivität und Spontaneität, auf unmittelbares Ergriffensein von Dingen und Menschen.

Das, was unter diesem Zwang von der Wirklichkeit bleibt, sind Strukturen, Formeln, quantifizierbare Funktionalismen; was verlorengeht, ist die konkrete Wirklichkeit des ge- und erlebten Lebens, die immer komplex, widersprüchlich, im ganzen unaufklärbar ist, sich nur aus dem Ineinander und der Spannung physischer, psychischer und spiritueller Kräfte ergibt.

Eine der Folgen dieses Austrocknens unserer Erlebnisfähigkeit heißt »Langeweile«, ist die Empfindung des stagnierenden Lebens.

Wenn und wo sie sich einstellt, setzt als Gegenbewegung die Flucht in das Zerstreuungsangebot der Unterhaltungsindustrie, in die Pseudoerlebnisse des Aberglaubens oder in den Rausch ein.

Der Mensch braucht die Erfahrung gesteigerten, intensiven Lebens. Wird ihm diese vorenthalten, wird er sie in der Pornographie, im Drogengenuß, in der Beschäftigung mit okkulten Lehren suchen.

Der Glaube an fliegende Untertassen muß das Erlebnis des Numinosen ersetzen.

So entsteht eine Welt der seichten, weil nicht in den Tiefenschichten der Person wurzelnden und der überbordenden, weil durch keinen Willen begrenzten Gefühle. (187)

*

Da es dem Menschen auch zukünftig nicht gelingen dürfte, sich zu einem reinen Geistwesen zu läutern, sondern er auch weiterhin mit seinem Körper, dessen Talenten und Bedürfnissen leben muß, ist Er-Leben für ihn immer ein Zurückgreifen, Sich-in-Beziehung-Setzen zu seinen biologisch-physiologischen Grundkräften.

Er braucht Erlebnisse, weil nur sie ihm das Gefühl geben, wirklich zu leben.

Aber ein Lebens-Sinn stellt sich nur ein, wenn ihm auch ideelle Bedürfnisse zum Erlebnis und damit zu Werten werden, die aus einem allseits nach Verwirklichung drängenden menschlichen Selbst eine Person machen. (188)

*

Es liegt auf der Hand, daß erst der alte Mensch den vollen Kreis der Erfahrungen, den Menschen mit sich und den anderen Menschen machen, abgeschritten hat und überblicken kann.

Und das Alter selbst – eine Lebensspanne, die nach den »besten Jahren« zwei bis drei Jahrzehnte umfassen kann – ist eine Erfahrung, die man erst im Alter macht (wenn man sich Zeit dazu läßt).

Das Alter ist die Summe des Lebens. Es kann sie sein. Es sollte sie sein.

Die frühen wie die klassischen Kulturen hielten für die Alten eine angemessene Rolle bereit.

Da es keine Wissenschaft gab und daher auch nicht den Aberglauben, daß man geschichtliche Erfahrung durch vernünftiges Nachdenken ersetzen könne, waren ihre Angehörigen, um das Leben zu bestehen, auf die Erfahrungen jener angewiesen, die nicht das Getriebe bedienten, die nicht mehr in ihm tätig und tüchtig waren: den Medizinmännern und Schamanen, den Weisen und Priestern. Das waren fast immer die Alten oder besonders begnadete, Alterserfahrungen vorwegnehmende Außenseiter.

Daß gerade in der europäischen Neuzeit, in der die großen Entdeckungen gemacht wurden, in der die Landnahmen stattfanden, der Fortschritt in Gang kam, die Welt jenen gehörte, die

voller Tatkraft und Zuversicht waren, ihre Schießeisen und Ellbogen gebrauchten, sich und die Welt vorwärtsbringen wollten, ist nicht verwunderlich.
Aber es ist durchaus nicht selbstverständlich, daß sie die Tüchtigkeit, den Fortschritt, das Erfolgsstreben nun auch zum obersten Wert erhoben und die nicht mehr Tüchtigen ins Reservat des Lebensabends abschoben.
Die Neuzeit kann mit dem Alter nichts anfangen.
Entweder schlägt sie es dem Greisentum zu oder aber sie versucht, den Pensionsberechtigten durch Fitness-Training und Schulungskurse ins Lager der noch nützlichen Männer und Frauen zurückzuholen.
Daß die Altersphase (heute etwa zwischen dem sechzigsten und achtzigsten Lebensjahr) die letzte und reifste Phase eines voll gelebten Lebens sein kann, läßt sich in einem Lebenskonzept nicht unterbringen, dessen Zentrum nicht nur, sondern dessen sinngebender oberster Wert die aktive Mitwirkung an den Geschäften der Welt ist.
Der alte, sich dem Lebensende nähernde Mensch sieht dann, wenn er sein Altwerden annimmt, das Ende aller Tüchtigkeit vor sich und wird – welchem religiösen oder philosophischen Glauben er immer anhängt – auf dieses Ende hin zu leben und zu denken beginnen.

In jeder Kultur, die das menschliche Leben in einem solchen kosmisch-metaphysischen Zusammenhang sieht, ist das Alter Brücke zum Unbekannten.
Für eine radikal diesseitig orientierte Zivilisation, die den einzelnen aus den Augen verliert, sobald er wie ein Stafettenläufer seine Geschäfte dem nächsten übergeben und sich an den Rand der Aschenbahn zurückgezogen hat, ist alles »Religiöse« eine Art Freizeitbeschäftigung für Rentner oder gar ein Zeichen von Senilität.
So hat das Alter weder als Lebenserfahrung noch als Grenzerfahrung einen Sinn. Beides ist nicht gefragt oder nicht erwünscht.
Bevor der neuzeitliche Mensch die entscheidenden Erfahrungen des Scheiterns, der Vergänglichkeit und Vergeblichkeit seines Tuns verarbeiten kann, wird ihm die Legitimation entzogen, bei

der Aufstellung der Wertskala mitzuwirken, die für die Lebensgestaltung des einzelnen bestimmend sein soll.
Die Geschäftigen wollen unter sich bleiben und die Höchstwertigkeit ihrer Interessen nicht in Frage stellen lassen.
In der inzwischen von niemand angezweifelten Optik unserer Zivilisation kulminiert die Entfaltung des Menschen in seiner mittleren Lebensphase; dann, wenn er ganz auf seine Karriere, auf Steigerung des eigenen und des allgemeinen Wohlstands, auf Bedürfnisbefriedigung, Erfolg und Prestigegewinn konzentriert ist.
Wie wenn der letzte Abschnitt seines Lebens nur darin bestünde, den bis dahin erreichten Komfort in Behaglichkeit genießen zu können.
In Wahrheit sind die Probleme, die sich ihm nun stellen, mit den Erfolgen seiner »besten Jahre« nicht zu lösen.
Das Leben des einzelnen hat nun einmal ein Ende – und einen dem Ende zulaufenden Abstieg –, dem keine gehortete oder neuerliche Tüchtigkeit beikommt. (189)

*

Was Sterben und Tod in der diesseits- und geschichtsfixierten Zivilisation so unannehmbar machen, ist der von den Zurückbleibenden erweckte Anschein, sie beträfe das gar nicht. Die noch Lebenden verhalten sich so, als wären sie ewig Lebende und von der Unsterblichkeit gerade nur diejenigen ausgeschlossen, deren Tod unmittelbar bevorsteht oder gerade eingetreten ist.
Dabei haben die heute Sterbenden nichts als einen kurzen Vorsprung vor denen, die morgen oder übermorgen an die Reihe kommen.
Das Kind lebt naiv seinen Trieben, der Jugendliche entdeckt den Wert des Rationalen, bleibt jedoch weiterhin von seiner Emotionalität geprägt, der Erwachsene stellt sich auf das Zweckmäßige ein, wobei er Triebe und Gefühle ins Private abzudrängen und in Schach zu halten versucht.
Erst die Erfahrung des Scheiterns und der Undurchschaubarkeit der Welt machen aus dem biologisch und sozial Erwachsenen einen reifen Menschen.

Diese natürliche Hierarchie der Welterfahrung hat in allen Kulturen die Autorität der Alten begründet.
Um einen Staat zu schaffen, dessen Endzweck es ist, den sozialen Frieden zu sichern und die Produktion und Verteilung von Gütern zu organisieren, braucht man nur Intelligenz und technische Kenntnisse.
Um eine Gesellschaftsordnung zustande zu bringen, in der die Menschen befähigt werden, mit ihren Lebensproblemen fertig zu werden, und zwar unter den Umständen, die sich voraussichtlich während ihres kurzen Lebens nicht ändern werden, braucht man dagegen sehr wohl durch Erfahrung erworbene Einsicht in die Problematik der menschlichen Existenz.
Im Sozialismus und Kommunismus hat die Abwertung dieser Erfahrung ihre äußerste Ausprägung gefunden.
Der Blick auf Leben, das schon stattgefunden hat, irritiert bei dem Versuch, einer ganz von der Vernunft bestimmten Zukunft entgegenzusehen, denn das gelebte Leben weist nachdrücklich auf die »Unvernunft« und Unverfügbarkeit, auf die Mängel und Komplikationen und Nachtseiten allen menschlichen Tuns hin.

(190)

*

Der moderne Mensch geht – solange er die Kraft zu dieser Illusion aufbringt – rückwärts seiner Zukunft entgegen.
Das, was er nun als gelobtes Land vor sich sieht, sind wunderbarerweise die Träume des Knaben und Jünglings, der noch nicht begriffen hat, daß er sterblich ist.
Je schneller die rasch dahinfließenden Jahre ihn auf die unabwendbare Niederlage zutreiben, um so verbissener bemüht er sich, »dabei« zu sein.
Er will und soll, bis er unauffällig aus dem Verkehr gezogen wird, fit bleiben, tüchtig im Geschäft, in der Gesellschaft, in der Liebe, im Sport.
Doch erst wenn er erkennt, daß es für ihn keine Zukunft gibt, hat er wieder Zukunft (nämlich außerhalb der Geschichte) und kann Hoffnung schöpfen. (191)

*

Die Philosophen, die Weisen, die Mönche und Priester, die großen Dichter und Künstler versäumten nicht das Leben, sondern verkörperten seine äußersten Möglichkeiten.
Ihre Probleme waren nicht abseitig, sondern es waren die wirklichen Probleme der menschlichen Existenz. Und so konnte die Gesellschaft eine Rangfolge der Bedürfnisse und Werte verbindlich machen, die den Tüchtigen zwar herrschen, aber nicht zum Maß aller Dinge werden ließ.
Die Pyramide der Lebensalter und Lebenserfahrungen und Lebenswerte ist heute auf eine einzige, sich absolut setzende Position zusammengeschrumpft: den rundum gesunden und erfolgreichen, aufgeklärten und produktiven, smarten und cleveren »Packen wir's an«-Menschen.
Der aufgeklärte, fortschrittsgläubige Mensch sieht nicht, daß die durchgehende Unzulänglichkeit seiner Gattung ein Merkmal ihres Wesens und der mißlichen Situation ist, in der sie sich in der Welt vorfindet. (192)

*

Wie der alte, so ist auch der junge oder ganz junge Mensch »unnütz«.
Der Blick zurück auf die Kindheit ist der nostalgische Blick auf das reichere und intensivere Leben, auf einen Zustand, in dem noch alle Wege offen schienen, kein Ende in Sicht (also auch nicht verdrängt werden mußte), und es erlaubt war, selbstsüchtig zu sein.
Gehören Ichbezogenheit und Nutzlosigkeit womöglich zu einer vollkommenen Existenz?
Es scheint so, denn niemals mehr strahlt der Mensch so viel Selbstsicherheit, Charme und Schönheit, soviel unbefangenes Glück aus wie in jenen drei, vier Jahren, in denen er bereits alles wahrnimmt, erkennt und ordnet, aber dennoch noch ganz in sich ruht, bedenkenlos um sein eigenes Zentrum kreist, nicht die geringste Arbeit leistet, sondern nur spielt.
Das Kind ist immer ganz das, wovon es gerade bewegt wird.
Der junge Mensch nimmt die Außenwelt wahr, macht aber die Personen oder Sachen oder Ideen, die beeindruckend in sein Blickfeld geraten, zum Bestandteil des eigenen Ich.

Etwas anerkennen bedeutet ihm: es sich einverleiben.
Was draußen bleibt, ist unverständlich und feindlich.
Die immer noch wirksame kindliche Glückssuche und die starke Identifizierung mit einem Ideal sind die Ursache für den Radikalismus der Jugend. (193)

*

Das Kind kann sein selbstsüchtiges Glück nur deshalb leben, weil die Erwachsenen es in einem künstlichen Freiraum aufwachsen lassen.
Sobald dieser Freiraum nicht mehr gewährt werden kann, muß der Wille, weiterhin seinen Wünschen und Träumen nachgehen zu können, die Lebensansprüche der anderen Menschen bedrohen.
Das Ich des heranwachsenden Menschen muß daher aus der totalen Abhängigkeit der emotionalen und später auch der ideellen Bindungen gelöst werden.
Das muß man lehren und lernen, einsehen und üben. Von selbst – wie sich das libertinistische und antiautoritäre Pädagogen vorstellen – findet diese Befreiung nicht statt.
Da der Mensch auch unter den politisch, wirtschaftlich und zivilisatorisch angenehmsten Lebensumständen unzufrieden ist, sich Sorgen macht und leidet, muß man ihn sodann frühzeitig instand setzen, die jeweiligen Umstände zu ertragen (auch deshalb, weil grundlegende Änderungen im Laufe der Lebenszeit eines Individuums im allgemeinen nicht stattfinden).
Seine Fähigkeit und sein Wille, diese Umstände zu verbessern, werden dadurch nicht geringer, aber realistischer und unfanatischer werden. (194)

*

Nicht Weltkenntnis und Weltbeherrschung machen den Erwachsenen, sondern Selbsterkenntnis und Selbstkontrolle.
Der reife Mensch entdeckt, daß er vor allem seine eigenen Bedürfnisse, Interessen und Ideale argwöhnisch im Auge behalten muß, wenn er den rechten Weg nicht verfehlen will.

Im Auge behalten aber kann man nur das, wovon man sich gelöst hat, wozu man Abstand hält.
Wer in seinen Geschäften und seiner Geschäftigkeit ganz aufgeht, ahnt nicht, daß er seine Geschäfte vielleicht erfolgreich, aber nicht wirklich befriedigend (für die Sache, für ihn selbst, für den Auftraggeber) erledigen kann.
Jenes Stück Wahrheit und Erlösung, das in jeder gelungenen Arbeit steckt, setzt eine innere Unabhängigkeit, Gelassenheit und Sicherheit voraus, die sich nur jenseits aller Betriebsamkeit entwickeln kann.
»In den besten Jahren« ist sie nur zu erwerben und zu erhalten, wenn man seine Geschäfte immer wieder unterbricht und sich unnützen Dingen zuwendet.
»Unnütz« meint: von Nutzen nur für den müßigen Menschen selbst. (195)

*

In allen Kulturen sind nicht die Arbeitstage, sondern die Feiertage, die Feste, der Sabbat, die Höhepunkte des Lebens. Weder in der Natur noch im Paradies wird gearbeitet. Ein Fest feiern bedeutet, daß man sich arglos des Lebens erfreut und sich zugleich seine Kürze, Unzulänglichkeit und Unbegreiflichkeit bewußt macht.
Der Erwachsene, der in dieser Weise zu feiern weiß, kehrt in seine Kindheit zurück und nimmt das Alter vorweg.
Es ließe sich behaupten, daß alles »Eigentliche« in der Kindheit, den Mußestunden des Erwachsenseins und im Alter stattfindet: die zweckfreie Entfaltung des Selbst und die (fruchtlose) Suche nach dem vollkommenen Leben und der vollkommenen Erkenntnis.
Dem entsprechen die Daseinsbereiche der Sinnenfreuden, des Spiels, der Künste, der Philosophie und der Religion.
Alle großen Werke der Dichtung, der bildenden Künste, der Musik, Philosophie und Metaphysik verdanken ihre Entstehung und Wirkung einer glücklichen Vereinigung von kindlicher Selbstvergessenheit mit der bohrenden Selbstvergegenwärtigung des Alters.

Wenn wir Kindheit und Jugend mit der Natur, die vita activa des Erwachsenendaseins mit der Zivilisation in Beziehung setzen, wäre das Alter vor allem die Phase jener Bemühungen, in der der Mensch den Zugang zu überzeitlichen Wahrheiten und die kindliche Unschuld durch Verarbeitung seiner Schuld wiederzugewinnen sucht. (196)

*

Es ist die Rückbindung ans Kindsein und Jungsein, die den Geist des Erwachsenen davor bewahrt (bewahren sollte), sich mit der Vernunftrolle zu begnügen. Nicht die Ratio, sondern Phantasie und Spekulation sind die Eigenschaften, mit deren Hilfe der Mensch bis zu den Grenzen seiner Erkenntnis- und Ausdrucksmöglichkeiten vorstößt. Der Erwachsene sollte sie so nützen wie das Kind seine Sinne. Als Medium seiner Selbst- und Welterfahrung jenseits von Rationalität und Moralität.
Am Ende entdeckt die Vernunft die Undurchschaubarkeit, die Vergänglichkeit und Vergeblichkeit der Welt.
So findet sich der Mensch, nachdem er die Gesetze der Realität begriffen und seinen Platz in ihr eingenommen hat, in der unnützen und zweckfreien Selbstbezogenheit seiner Kindheit wieder.
Es geht nicht um seine Karriere, sondern um sein Heil. (197)

*

Mit dem Siegeszug von Aufklärung, Wissenschaft und Technik, der Allgegenwart des Planens, Organisierens, Verteilens ist alle Macht den Tüchtigen zugefallen.
Die gleichberechtigte, gleiche Chancen bietende Teilnahme aller am allgemeinen Leistungs- und Mitbestimmungswettbewerb macht zwangsläufig Intelligenz als Faktenkenntnis und Kombinationsfähigkeit, Erfolgsstreben und Durchsetzungswillen, Geschäftigkeit und Engagiertheit zu den erstrebenswerten Tugenden und konzentriert die Hoffnungen von jedermann nicht etwa auf inneres Wachstum, sondern lediglich auf Wohlstand und Geltung.

Unsere Welt ist die Welt der Erwachsenen, die mächtig werden, weil sie unreif bleiben.
Die Tatsache, daß die Tüchtigen mit ihren Erfolgen heute nicht mehr fertig werden und ihnen die in Gang gesetzten Fortschrittsprozesse ins Unkontrollierbare entgleiten, zeigt, daß sie niemals vom Ganzen der Welt und vom Wesen des Menschen her zu denken gelernt haben, daß sie für das Nichtverfügbare blind gewesen sind und im Machbaren auch dann noch weitergemacht haben, als ihre Betriebsamkeit schon längst nicht mehr dem Wachstum, sondern der Zerstörung menschlicher Lebensbedingungen diente.
Daß nicht alles, was machbar ist, auch gemacht werden darf, begreift man nur, wenn man weiß, daß alles Wesentliche unverfügbar ist, und es eine zur Vital-Ordnung querliegende Wert-Ordnung menschlicher Interessen durchzusetzen gilt.
Weder die naturwissenschaftlich-technische Intelligenz, der wir alle Errungenschaften der Neuzeit verdanken, noch die Organisatoren und Manager dieses Fortschritts sind aus sich selbst, aus ihren eigenen Denkmöglichkeiten heraus imstande, ihrer Wirksamkeit Grenzen zu setzen.
Als die Wissenschaftler und Techniker, Generaldirektoren und Politiker ein Signal zur Umkehr hätten geben müssen, zu Anfang dieses Jahrhunderts, legten sie mit der Erfindung immer neuer Techniken, mit der Ausplünderung der Erde, der Industrialisierung und einer hemmungslosen Bedürfnisweckung erst richtig los.
Schon vor fünfzig oder gar vor hundert Jahren hätte man entdecken können und Konsequenzen daraus ziehen sollen, daß die Erde nur für eine begrenzte Zahl von Menschen Platz hat, daß Rohstoffe und Energiequellen zu Ende gehen und die Verarbeitung von Natur in Zivilisation die menschlichen Lebensmöglichkeiten nicht mehr erweitert, sondern zerstört.
Aber die fortschrittsbesessene Menschheit glaubte, daß die pompösen Betonpisten, mit denen sie die Erde überzog, geradewegs ins Paradies führen würden. (198)

*

Die Wirklichkeit hat es immer mit einzelnen Menschen zu tun, und deren Leben ist von Mängeln und Irrtümern bestimmt. Auf welche Weise sollte diese Summe individueller Unzulänglichkeiten jemals ein Leben aller im immerwährenden Glück ergeben?
Es ist möglich (und notwendig), Unzulänglichkeiten sozialer, politischer, wirtschaftlicher Art zu beheben oder zu mindern, indem man herauszubringen versucht, welche Umstände sie verursacht haben. Bei jeder solchen Untersuchung stößt man sehr schnell auch auf jene Ursachen, die nicht eliminierbar, weil in der menschlichen Situation begründet sind.
Man kann Steuerbelastungen gerechter verteilen, die Presse freier machen, die Gleichheit der Chancen in der Bildung und Ausbildung erhöhen. Sobald die Absicht, für mehr Freiheit, Gleichheit und Gerechtigkeit zu sorgen, sich von einem konkreten Problem löst, wird daraus sofort – mangels der Korrektur eben durch ein bestimmtes Objekt – ein utopisches, an der Wirklichkeit nicht nur vorbeiplanendes, sondern diese Wirklichkeit bedrohendes Konzept. (199)

*

Normalerweise liegen die Wünsche und Pläne des einzelnen Menschen im Bereich des von ihm oder doch des prinzipiell Durchführbaren.
Wenn er scheitert, liegt es an seinen persönlichen Mängeln, nicht daran, daß das, was er erstrebt hat, überhaupt unmöglich wäre.
Andere schaffen, was er nicht schafft.
Schule, Beruf, Organisationen und Institutionen, in denen wir tätig sind, stellen uns Aufgaben, die lösbar sind, auch wenn wir in diesem oder jenem Fall bei der Lösung versagen.
Und dies alles vollzieht sich in einem Raum, der sich ausmessen läßt, den wir überschauen.
Wir versuchen zu tun, was wir für unsere Pflicht halten, versuchen zu verstehen, was um uns herum vor sich geht, versuchen die richtigen Entscheidungen zu treffen, uns unseren

Mitmenschen gegenüber fair und ehrenhaft zu verhalten, uns anzupassen oder auch auf unserer Position zu bestehen.
Wir tun – mit mehr oder weniger Erfolg –, was zu tun ist.
Es hat kein Ende.
Nein: als ob es kein Ende hätte.
Das ist gut so.
Was immer Leben und Tod bedeuten, worin der Sinn des Lebens bestehen mag: Mit unserem Dasein an einem bestimmten Ort zu einer bestimmten Zeit fällt uns eine bestimmte Rolle zu, die wir zu spielen haben, damit das Stück weitergeht, und im Weitergehen unser Dasein trägt und bestätigt. (200)

*

Gesetzt den Fall, die Welt ginge morgen unter und wir wüßten es. Würden wir den Apfelbaum wirklich noch pflanzen?
Die Welt geht unter.
In jedem Augenblick für die unzähligen Menschen, deren Leben gerade erlischt.
Wir leben in einer Welt der unentwegten Weltuntergänge.
Worin unterscheidet sich ein Mensch, der sein Leben lebt, als ob es eine Ewigkeit dauert, von einem anderen, der alles im Bewußtsein seines baldigen, jederzeit möglichen Abschieds tut?
Ich glaube, daß ein Mensch, der sein Leben im Wissen um dessen Begrenztheit und Kürze lebt, nicht nur ein zutreffendes Bild seiner Lage hat, sondern mit dieser Wahrheit auch intensiver lebt.
Wer schon im Frühling Herbst und Winter am Werk sieht, wird dies nicht ohne Trauer tun, aber das Licht, die Farben, die Gerüche der sich erneuernden Natur werden ihn stärker treffen als jenen, der immer aufs neue den ewigen Frühling angebrochen wähnt.
In den zyklischen Prozessen der Natur liegt Trost und Drohung – oder Verzweiflung – zugleich. Auch wenn der Frühling vergeht, weiß man, daß es ihn wieder geben wird.
Die gradlinig historische Sichtweise muß alle Hoffnung auf eine nie eintretende Zukunft konzentrieren, weil sonst die Verzweiflung über die Nie-mehr-Wiederkehr jedes Augenblicks unerträglich wäre. (201)

*

Kommt es darauf an, die Menschen reifer und spiritueller zu machen? Ist es für sie wichtig, differenzierter denken, subtiler empfinden, genußvoller leben zu können?
Man vermißt nicht, was man nicht kennt.
Genügt es nicht, dafür zu sorgen, daß sie ein Dach über dem Kopf, genügend zu essen haben, sich unterhalten können, wie es ihnen beliebt, daß sie seichtere oder gehobenere Freuden suchen, lesen oder nicht lesen, sich für Kunst, Philosophie, Religion interessieren oder nicht interessieren dürfen?
Sie werden geboren, leben ein wenig und sinken wieder ins große Schweigen zurück.
Ist es also falsch und verwerflich, »nur« das Glück der vielen anzustreben?
Nicht das Glücklich-sein-Wollen soll man den Menschen ausreden, aber den bequemen (obwohl durch jede Erfahrung widerlegten) Aberglauben, daß Unabhängigkeit und Wohlbefinden, Einsicht und Gleichmut erreichbar wären, indem man »lebt und leben läßt«.
Was die Menschen sehr rasch als ihre wahren Interessen erkennen würden, wenn sie die »letzten hundert Jahre« vor sich hätten, sind immer ihre wahren Interessen. (202)

*

Vielleicht sind es wirklich die »letzten hundert Jahre«, die uns bevorstehen?
Man soll sich von der den Menschen ganz natürlichen Begabung, optimistisch zu sein, nicht täuschen lassen. Auf dem Hintergrund etwa noch der Lebensbedingungen zu Beginn dieses Jahrhunderts ist der Zustand der Welt und des Menschen am Ende des gleichen Jahrhunderts beängstigend zu nennen.
Doch auch wenn es noch Jahrtausende sein sollten, die den Menschen auf diesem Planeten zugedacht sind, werden sie den Tag, an dem auch nur eine deutliche Mehrheit von ihnen das Erreichbare aus ihren seelischen und geistigen Anlagen gemacht hat, nicht erleben.
Da es immer nur um diesen ganz konkreten einzelnen geht, muß alle humane Wirksamkeit darauf abzielen, diesem einzelnen zu

helfen. Er allein ist das »Anliegen« jeder sinnvollen Politik, nicht die Gesellschaft oder der Staat oder die Nation.
Ich wünschte, daß jeder einzelne nicht Visionen von der phantastischen Zukunft der Menschheit, von neuen allgemeinen Fortschritten, sondern daß er eine Vision vom Verlauf seines eigenen konkreten Lebens hat.
Nicht eine Vorstellung von seinem noch erreichbaren weiteren Wohlstand, nicht eine Vorstellung von seiner noch möglichen Karriere, sondern eine Vision von dem, was er in seiner Lebenszeit noch imstande sein könnte, sich an moralischer und geistiger Kraft, an Mut, Ausdauer und Selbstbeherrschung anzueignen.
Das ist meine Utopie. (203)

*

QUELLENNACHWEIS

E = EUROPA UND DIE ANARCHIE DER SEELE. Kurt Desch Verlag, München, 1946
U = DIE ZUKUNFT DES UNGLAUBENS, Zeitgemäße Betrachtungen eines Nichtchristen. Mit dem erweiterten Briefwechsel Friedrich Heer–Gerhard Szczesny. Paul List Verlag, München, Ausgabe 1965
B = DAS LEBEN DES GALILEI UND DER FALL BERTOLT BRECHT. Ullstein Verlag, Frankfurt/Berlin, 1966
V = CLUB VOLTAIRE, Jahrbuch für kritische Aufklärung IV. Rowohlt Taschenbuch Verlag, Reinbek bei Hamburg, 1970
G = DAS SOGENANNTE GUTE, Vom Unvermögen der Ideologen. Rowohlt Verlag, Reinbek bei Hamburg, 1971
D = DIE DISZIPLINIERUNG DER DEMOKRATIE ODER DIE VIERTE STUFE DER FREIHEIT. Rowohlt Verlag, Reinbek bei Hamburg, 1974
S = MÖGEN ALLE SORBEN GLÜCKLICH SEIN, Tagebuch einer Machtergreifung. Paul List Verlag, München, 1980

Die durch einen Schrägstrich verbundenen Seitenzahlen bezeichnen Anfang und Ende des Textblocks, dem das jeweilige Zitat entnommen ist.

1	E	7, 20, 27, 54, 81, 97, 102, 104, 108	11	B	81	24	U	71/72
			12	B	90/94	25	G	36/37
			13	U	18/19	26	D	123
			14	U	64 u. 76	27	G	83
2	S	71/77	15	U	91/92	28	D	182
3	S	39/40	16	U	95/96	29	G	46
4	G	14/15	17	U	106	30	S	117/118
5	S	23	18	U	138/143	31	S	100/101
6	S	136	19	U	152/156	32	U	78/79
7	S	52	20	U	238/243	33	S	243/245
8	S	277/280	21	U	290	34	G	192
9	S	99	22	D	112	35	G	123/124
10	V	11/13	23	D	113/114	36	S	64

37	S	69/70	75	G	84/85	113	D	120/121
38	G	162	76	G	92/93	114	D	127/132
39	G	176/177	77	G	95/96	115	D	135/136
40	S	32	78	G	98/99	116	D	142
41	D	177	79	G	100	117	D	144/150
42	D	214	80	G	113/115	118	D	152/153
43	G	208/209	81	G	129/130	119	D	153/154
44	G	26	82	G	132	120	D	154/155
45	G	22/23	83	G	144/146	121	D	165/167
46	S	162/163	84	G	146/147	122	D	168/174
47	S	11/17	85	G	149/150	123	D	178/186
48	D	174/175	86	G	157	124	D	192/193
49	D	115/119	87	G	158	125	D	195/200
50	G	161	88	G	163/164	126	D	209
51	G	33/35	89	G	164/165	127	D	212/213
52	D	89/91	90	G	167	128	S	146/149
53	G	118/121	91	G	170/171	129	S	149/150
54	U	267	92	G	174/175	130	S	151/152
55	D	15/16	93	G	182	131	S	152/153
56	D	202	94	G	184/185	132	S	153/154
57	S	42/51	95	G	197/198	133	S	156/157
58	S	45/46	96	G	202	134	S	158
59	S	259/260	97	G	212/219	135	S	28/30
60	S	115	98	D	19/21	136	S	33/34
61	G	24/25	99	D	25/26	137	S	65/66/249/
62	G	29/31	100	D	29/30			53/54
63	G	39	101	D	32	138	S	47/48
64	G	40	102	D	39/43	139	S	58/59
65	G	44	103	D	48/50	140	S	59/60
66	G	54	104	D	54/56	141	S	60/61
67	G	59	105	D	58/59	142	S	62/63
68	G	61	106	D	69/72	143	S	56/57
69	G	63	107	D	74/75	144	S	121/122
70	G	66	108	D	84/85	145	S	125
71	G	70/71	109	D	93/95	146	S	41
72	G	73/74	110	D	96/97	147	S	165/168
73	G	75/76	111	D	101/104	148	S	170
74	G	79	112	D	106/107	149	S	170/171

150	S	171/172	168	S	111/112	186	S	188/189
151	S	172/174	169	S	113/114	187	S	190/191
152	S	196/197	170	S	83/84	188	S	192
153	S	197/198	171	S	84/85	189	S	209/213
154	S	194/195	172	S	138/139	190	S	215/216
155	S	196	173	S	139/140	191	S	216
156	S	235/236	174	S	141/142	192	S	217/218
157	S	236	175	S	143/144	193	S	220
158	S	237	176	S	200/201	194	S	221
159	S	251/252	177	S	253/254	195	S	223
160	S	231/232	178	S	254/256	196	S	223/224
161	S	92/95	179	S	279	197	S	225/226
162	S	101/102	180	S	257/258	198	S	226/228
163	S	104	181	S	258/259	199	S	228
164	S	105/106	182	S	179/181	200	S	228/229
165	S	106/108	183	S	180/183	201	S	229/230
166	S	108/109	184	S	185/186	202	S	287/288
167	S	109/110	185	S	186/187	203	S	164

STICHWORTVERZEICHNIS

Dieses Register ist ein Leitfaden. Weder erfaßt es alle im vorliegenden Sammelband erörterten Probleme noch weist es auf alle Textstellen hin, in denen von den aufgeführten Begriffen die Rede ist. – Die Ziffern geben die Numerierung des jeweiligen Zitats an, nicht die Seitenzahlen.

Hildegard Hamm-Brücher

Mut zur Politik – weil ich die Menschen liebe

Herausgegeben von Paul Noack im Auftrag der Stiftung Theodor-Heuss-Preis e. V.

269 Seiten, Leinen

»In sieben Kapiteln sind hier Hildegard Hamm-Brüchers engagiert-liberale Bekenntnisse zu Freiheit und Widerstand, zu Unbequemlichkeit und Toleranz, zu Zusammenarbeit und couragiertem Streit gesammelt. Die Bandbreite der Anmerkungen, die die Politikerin zu machen hatte, reicht weit genug, um ein abwechslungsreiches Lesebuch zur bundesrepublikanischen Geschichte in Ausschnitten zustandezubringen. »Mut zur Politik« will Hildegard Hamm-Brücher sich und anderen machen, und sie beruft sich dabei auf Vorbilder wie die Weiße Rose oder Männer wie Thomas Dehler und Gustav Heinemann. Sie warnt vor den Gefahren für unsere noch gar nicht richtig auf die Probe gestellte Demokratie. Sie reflektiert ihren Einsatz für eine reformierte Bildungspolitik und die Gleichberechtigung der Frauen.«

Hessischer Rundfunk